"十四五" 职业教育国家规划教材

"十三五" 职业教育国家规划教材
"十二五" 职业教育国家规划教材

物流单证与结算

（第4版）

主 编 曹 军 陈兴霞

中国财富出版社有限公司

图书在版编目（CIP）数据

物流单证与结算/曹军，陈兴霞主编．—4版．—北京：中国财富出版社有限公司，2023.7（2024.1重印）

（"十四五"职业教育国家规划教材）

ISBN 978 - 7 - 5047 - 7727 - 0

Ⅰ．①物…　Ⅱ．①曹…　②陈…　Ⅲ．①物流—原始凭证—职业教育—教材 ②物流—结算业务—职业教育—教材　Ⅳ．①F252

中国版本图书馆 CIP 数据核字（2022）第 107523 号

策划编辑	张　茜	责任编辑	白　昕　郑泽叶	版权编辑	李　洋
责任印制	尚立业	责任校对	杨小静	责任发行	敬　东

出版发行	中国财富出版社有限公司			
社　　址	北京市丰台区南四环西路 188 号 5 区 20 楼	邮政编码	100070	
电　　话	010 - 52227588 转 2098（发行部）	010 - 52227588 转 321（总编室）		
	010 - 52227566（24 小时读者服务）	010 - 52227588 转 305（质检部）		
网　　址	http://www.cfpress.com.cn	排　版	义春秋	
经　　销	新华书店	印　刷	北京九州迅驰传媒文化有限公司	
书　　号	ISBN 978 - 7 - 5047 - 7727 - 0/F · 3562			
开　　本	787mm×1092mm　1/16	版　次	2023 年 8 月第 4 版	
印　　张	17.75	印　次	2024 年 1 月第 2 次印刷	
字　　数	454 千字	定　价	56.00 元	

编写人员

主　编：曹　军　辽宁农业职业技术学院

　　　　陈兴霞　辽宁农业职业技术学院

副主编：邱学林　辽宁农业职业技术学院

　　　　张俊清　辽宁农业职业技术学院

　　　　于倩颖　辽宁农业职业技术学院

参　编：张冰华　辽宁省交通高等专科学校

　　　　高　飞　盘锦职业技术学院

　　　　丛祥安　辽宁农业职业技术学院

　　　　周　祺　辽宁经济职业技术学院

　　　　高　慧　新疆石河子职业技术学院

　　　　赵金科　大连中远海运集装箱运输有限公司

　　　　李中帅　辽宁京邦达供应链科技有限公司

主　审：殷向阳　沈阳中深集团

修订前言

习近平总书记在中国共产党第二十次全国代表大会上指出，坚持把发展经济的着力点放在实体经济上，推进新型工业化，加快建设制造强国、质量强国、航天强国、交通强国、网络强国、数字中国，构建优质高效的服务业新体系，推动现代服务业同先进制造业、现代农业深度融合。现代物流业正是融合运输、仓储、货代、信息等产业的复合型服务业，是支撑国民经济发展的基础性、战略性产业，是国民经济各个产业得以发展的重要支撑和纽带，是国家基础设施网络的重要组成部分，是现代化经济体系的重要支撑。因此，现代物流管理人才的培养就显得尤为重要了。随着我国物流行业的快速发展，原来物流业务的形式已越来越不适应现代物流产业的发展，迫切需要先进的运营模式、组织方式和管理技术，迫切需要对物流单证与结算活动进行新的组织安排，以提高物流的运行效率与效益。为此，现代企业对物流单证、仓储保管、跟单、配送、理货、运输调度等岗位的要求越来越高。

习近平总书记在中国共产党第二十次全国代表大会上又指出，教育是国之大计、党之大计，培养什么人、怎样培养人、为谁培养人是教育的根本问题，育人的根本在于立德，全面贯彻党的教育方针，落实立德树人根本任务，培养德智体美劳全面发展的社会主义建设者和接班人。因此，我们始终坚持为党育人、为国育才的宗旨，立足物流单证与结算岗位，遵循物流人才培养规律和物流业务流程规律，以立德树人为根本任务，在注重知识传授与技能培养以及职业素养形成的基础上，对原"十三五"职业教育国家规划教材《物流单证与结算（第3版）》进行了修订，注重融合现代物流管理及相关专业课程内容与"1+X"职业能力标准，侧重对接物流行业的新技术、新流程、新规范、新要求，增强学生为全面建设社会主义现代化国家服务的决心与能力，以培养服务于国家经济发展、满足"一带一路"倡议需要、具有职业精神、能更好地适应现代物流企业发展要求的物流人才。

通过此次修订，本教材的主要特点如下。

1. 坚持为党育人、为国育才的宗旨，以立德树人为根本任务，培养学生工匠精神，全面提升学生为党、为国服务的决心与能力。

2. 本教材此次修订依旧坚持物流职业教育的特色，紧紧围绕物流单证与结算岗位的要求，以培养学生物流单证与结算操作能力为主线，尽可能实现物流单证与结算教学和学生应职岗位零距离，突出质量为先原则，提升学生的职业精神和工匠精神。

3. 为确保本教材内容与岗位深入融合，我们组建优质教材开发小组，小组人员由专业教师、企业物流单证与结算岗位的人员组成。教材开发小组深入开展企业物流单证与结算岗位调研，实施校企合作开发，及时将物流单证与结算发展的新技术、新流程、新规范、新要求纳入教材，同时对接"1+X"职业能力标准，以书证融通、课证融通的理念来指导教材的编写，增强学生的"适岗"能力。本教材配备相关物流企业案例，是满足课程培养目标的教材。

4. 为达到培养目标，完善物流单证与结算课程及相关实践教学内容和环节，本教材设计一系列与章节内容相关的案例，穿插"小知识""小问答""小技巧""归纳总结""思考与训练"等，使学生手、口、脑并用，充分调动学生课堂学习的积极性，促进学生对知识的理解，从而使学生在学习过程中将知识转化为技能，并体现课程的实用性与前瞻性。

5. 为适应物流高职教育教学改革的需要，本教材的修订注重以真实岗位的典型工作任务为载体，组织教学单元。

6. 本教材的修订本着以就业为指导，以项目为引领，以任务为导向的要求进行。

本教材的使用建议如下。

1. 高职育人是一项为党育人和为国育才的系统工程，在教学过程中要始终坚持以立德树人为根本任务，以"课程思政"和"三全育人"为主线。

2. 在教学任务实施与评价中，侧重学生职业道德、职业素养、职业能力、创新能力和独立思考能力的培养。

3. 在教学任务实施与评价中，采用项目统领、任务导向、分组教学，引导学生学习相关的理论知识和操作技能。

4. 在教学任务实施与评价中，课堂理论教学与基地实践应用相结合，体现"学中做"和"做中学"的职业教育理念。

5. 本教材参考学时为72学时。

本教材既可作为高职高专物流管理相关专业的教材，以及电子商务专业、国际贸易专业的参考教材，也可作为物流工作者及物流爱好者的参考用书。

本教材的修订由曹军和陈兴霞担任主编，二人负责本教材大纲的修订及修订原则的拟订和部分教材内容的修订编写工作，并对整个教材进行统稿。副主编邱学林、张俊清和于倩颖协助主编对本教材进行修订和校对。曹军编写修订前言、项目一中的任务三；陈兴霞编写教学情境、项目一中的任务二；邱学林和李中帅编写项目一中的任务四，邱学林编写项目二中的任务二；张俊清编写项目二中的任务三；于倩颖和赵金科编写项目一中的任务五；张冰华和丛祥安编写项目一中的任务一；高飞和高慧编写项目二中的任务一；周祺编写附录。

本教材在修订过程中参考了大量资料，借鉴了众多学者的研究成果，恕不一一列出。本教材的修订得到了物流企业、中国财富出版社有限公司的大力协助，在此表示衷心感谢。同时，由于编者水平有限且时间仓促，本教材难免存在不足之处，敬请广大读者批评指正。

编　者

2023 年 5 月

目录 *contents*

教学情境

山东风华物流有限公司位于山东省青岛市，是提供物流一体化解决方案的全产业链综合物流服务商，主要为彩电、IT（信息技术）及家具产业链提供仓储、装卸、干线运输、区域性分拨配送、进出口代理等服务，公司立足山东，辐射北京、天津、河南、河北、安徽、辽宁等地区，集中陆海空优势，加大国际物流合作。公司地址：山东省青岛市高科园海尔路888号。开户银行：中国农业银行青岛市分行。账号：1034160111155296985。税号：370000901512346Z。法人代表：刘旭华。公司电话：0532－8930705/8939438。传真：0532－8939773。电子邮箱：sdfhwl@163.com。

在山东风华物流有限公司全国庞大的运输网络中可统一调配的车辆达15000多辆，山东风华物流有限公司在全国设立了38个大型区域物流分拨中心，可使用的仓储资源面积达到270万平方米。

一、山东风华物流有限公司的主要业务

山东风华物流有限公司的主要业务包括国内国际运输、仓储服务、国际货代、报关报检代理、保险代理等。

（一）国内国际运输

1. 国内国际海运服务

（1）提供整柜海运服务，专为整装运输设置的专业服务；

（2）提供个性化的门到门多式联运解决方案；

（3）提供散货拼箱海运服务，专为拼装运输设置的专业服务；

（4）特殊项目运输服务，为各种复杂的大型的需要特别处理的货物设置的特殊运输服务，如化工危险品运输等。

2. 国内国际空运服务

（1）提供空运舱位、报关、制单、出运服务；

（2）提供工厂提货、进（出）口清关（转关）、检验检疫、机场地面操作及派送服务；

（3）提供进口制单、报关、转运及门到门送货服务；

（4）提供空运货物包装、仓储（保税）、分拨服务；

（5）提供海、陆、空多式联运服务；

（6）提供包机、鲜活、挂装、特种及保税货物运输服务。

3. 国内国际陆路运输服务

山东风华物流有限公司陆路运输服务覆盖国内 100 多个城市及国外 50 多个国家及地区。依托自主研发的运输管理系统，可以实现网上订单和货物运输状态在线实时查询，行车动态可及时有效地反馈客户，为生产及销售环节的企业客户提供接驳中转、运输、分拣、组装拼柜、装配、包装等一条龙即时配送服务及整车货物运输服务。

（二）仓储服务

1. 普通仓储服务

山东风华物流有限公司拥有现代化物流中心，以及多个站台式和地面式钢结构库房和露天堆场，自有标准化托盘近 1500 个。公司仓库储存条件优越，不仅能满足一般货物的储存要求，而且具备足够的库房条件和管理经验储存特殊货物和对储存条件要求较高的高端货物。

2. 保税监管仓储服务

山东风华物流有限公司在沈阳经济技术开发区拥有一家公共保税仓库——沈阳经济技术开发区公共保税仓库，面向沈阳市企业提供保税仓储服务。经过多年的运营与发展，沈阳经济技术开发区公共保税仓库在物流方案定制、仓库管理、分拨配送、多式联运等方面积累了大量经验，与来自国外的世界 500 强企业、国内知名制造业企业建立了稳定的合作关系。

（三）国际货代

山东风华物流有限公司可以提供进出口货物的国际货代业务，包括揽货、订舱、中转、集装箱拼装和拆箱、结算运杂费及运输咨询等业务。

（四）报关报检代理

山东风华物流有限公司为客户提供进出口商品一站式报关报检服务。

山东风华物流有限公司具有经海关批准专门接收进出口货物收发货人的委托资格，可代办进出口货物报关、纳税，代办减免税，代理企业海关注册，代办外商、外国常驻机构物品的通关手续，制订疑难进出口商品通关解决方案。

（五）保险代理

山东风华物流有限公司代理承保各种货物运输保险，并能根据客户需求制订保险策略和接受客户委托代理投保。货物运输险理赔网络遍及全球，服务及时、全面、完善，保险方案周密、实用，保险费率合理。

二、服务报价

（一）运输成本费用

山东风华物流有限公司的运输成本费用按直接负责运输的人员的工资、运输设备的折旧成本、运输过程中所耗费的燃料费及动力费、装卸搬运费、高速路桥等通行费、车辆保险费和维修费、年检费等加总计算。

（二）仓储成本费用

山东风华物流有限公司的仓储成本费用主要有：保管费、仓库管理人员的工资和福利费、折旧费、场地租赁费、仓储设备购置费与修理费、装卸搬运费、管理费和仓储损失等。其中，托盘使用费为 0.21 元/（天·个）；立体货架费为 5.42 元/（天·货架）；一般货物仓储费为 5 元/天；备件货位费为 0.25 元/（天·货位）；验收区费用为 0.6 元/（天·平方米）。

（三）出货成本费用

山东风华物流有限公司的出货成本费用根据产品的下列费用计算。
配送单制作费：包括分拣、装箱、包装的费用。
出货送货运费：包括运输费和搬运费。
中间费用：包括叉车装卸和第三地暂存等产生的费用。

（四）信息系统费用

每个单件（SKU）的信息系统费用主要由以下几个方面产生：创建、维护客户主数据，创建、维护物料主数据，创建、维护批次主数据，创建收发货订单，汇总与分析各项历史数据，提供各项报表等。
常态使用费按保存每个单件（SKU）信息 5 元/次收费。

（五）折扣

对于货物数量大、服务时间长的客户可酌情予以折扣，最大折扣系数为 0.85。

（六）管理成本、税金、利润

每次结算时在上述成本加全的基础上加收 15% 的管理成本、税金、利润。
特别注明：一旦上述计算条件发生重大变化，需要重新核算成本、制定折扣系数。

三、客户的义务

（1）提供货品的保质期等相关属性的资料。
（2）货物到空港前 72 小时提供 Packing List & Commercial Invoice（装箱单及商业

发票）。

（3）每次进货拆箱和出货检验时委派产品专家和工程师到现场指导。

四、单据及付款条件

一般情况下，山东风华物流有限公司将在每次货物到达时开发票给客户。客户收到发票后，将物流费用电汇至山东风华物流有限公司账户，电汇请汇至以下地址。

单位名称：山东风华物流有限公司

税号：370000901512346Z

开户银行：中国农业银行青岛市分行

账号：10341601111155296985

如为长期客户，按合同约定执行。

五、山东风华物流有限公司开展业务一角

2020年1月5日，在广州贸易洽谈会上，山东风华物流有限公司（乙方）与美国AVAYB产品的中国驻北京代理商——北京普源信息有限公司（甲方）达成合作意向，由山东风华物流有限公司为其产品承担国内国际运输、通关、仓储、配送等服务，费用由北京普源信息有限公司支付。2020年1月10日，双方协商一致，在北京普源信息有限公司签订了物流服务合同，合同约定由山东风华物流有限公司提供相关物流服务及配套服务等。合同主要内容如下。

（1）山东风华物流有限公司负责国内国际运输、仓储服务、国际货代、报关报检代理、保险代理、配送等业务。

（2）北京普源信息有限公司负责联系美国公司按时提交产品，并保证产品的质量、规格、数量、包装符合要求，提供相关技术资料与信息等，同时在货物到北京空港前72小时提供Packing List & Commercial Invoice，在进货拆箱和出货检验时委派产品专家和工程师到现场指导。

（3）费用支付。山东风华物流有限公司提供的相关物流服务及配套服务包括上述国内、国际段各项内容，物流费用为货品货值的2.8%。一旦成本计算发生重大变化，山东风华物流有限公司有权重新核算成本、制定折扣系数。

（4）单据及付款条件。物流费用的结算时间：货物到达后20日内结清所有的物流费用，山东风华物流有限公司将在货物到达后10日以内把发票寄给北京普源信息有限公司，北京普源信息有限公司收到发票后，于10日内将物流费用电汇至山东风华物流有限公司账户。

（5）违约责任。如北京普源信息有限公司未按时向山东风华物流有限公司提交保质、保量的货物或未支付物流服务费用，北京普源信息有限公司应向山东风华物流有限公司支付违约金。如山东风华物流有限公司未按规定完成相关物流服务及配套服务，山东风华物流有限公司应向北京普源信息有限公司支付违约金。

（6）合同生效及其他。本合同经双方代表签字加盖公章后生效。本合同一式两份，双

方各执一份。合同期限自 2020 年 1 月 10 日（起始日期）起 3 年有效。合同未尽事宜，双方协商解决，发生纠纷时如双方协商不成可申请法院裁决。

北京普源信息有限公司（甲方）　法定代表人：赵阳
公司联系方式：010 - 6666501/6666502　传真：010 - 6666502
电子邮箱：zhaoyangl@163.com
地址：北京市朝阳区光华路 888 号
开户银行：中国建设银行北京金融街支行
账号：11001030700056028936
税号：91110000101112310B

山东风华物流有限公司（乙方）　法定代表人：刘旭华
山东风华物流有限公司联系方式：0532 - 8930705/8939438　传真：0532 - 8939773
电子邮箱：sdfhwl@163.com
地址：山东省青岛市高科园海尔路 888 号
开户银行：中国农业银行青岛市分行
账号：1034160111155296985
税号：370000901512346Z

六、企业对物流单证与结算岗位人员的要求

（1）具有良好的职业道德，认同企业文化，爱岗敬业，诚实守信，客观公正，有大局观，遵纪守法。

（2）能熟练运用办公软件，细心谨慎，熟悉物流单证与结算的岗位职责、内容和流程，认真履职。

（3）根据企业物流业务及时、准确完成物流单证与结算岗位的任务。

（4）进行相关物流单证（如合同、发票、装箱单、原产地证等）的编制、获取、审核及管理。

（5）收集和整理各种物流单证，完成相关物流单证的核对，并能对物流单证进行处理和基础数据的录入及归档。

（6）跟踪相关物流单证，统计核对相关数据。

（7）具有良好的团队协作能力，能及时发现物流单证与结算过程中存在的问题，并能妥善地解决问题，同时具有计划、组织、协调、沟通、核算与决策的能力。

项目一　物流单证操作

　　现代物流企业是国民经济的重要细胞，它是支撑国民经济发展的基础性、战略性产业，是国民经济各个产业得以发展的重要支撑和纽带，是国家基础设施网络的重要组成部分，是现代化经济体系的重要支撑。因此，它的高质量生产运营决定着我国社会经济活动的生机和活力，对实现习近平总书记在中国共产党第二十次全国代表大会上指出的"从现在起，中国共产党的中心任务就是团结带领全国各族人民全面建成社会主义现代化强国、实现第二个百年奋斗目标，以中国式现代化全面推进中华民族伟大复兴"具有重要意义。物流企业经营者与管理者为加强企业经营与管理，需要掌握大量相关业务信息和流程，这就需要相关物流单证人员通过一定的媒介对物流信息进行采集、处理、分析、应用、储存、传播与跟踪，即对物流活动中的信息进行获取和编制等活动，从而形成物流服务合同、仓储单证、分拣单证、包装单证、配送单证、运输单证、报关报检单证、保险单证、结算单证等相关物流单证，物流单证是物流活动中形成的单据和凭证，是物流管理工作的重要依据，因此物流单证管理岗位就显得尤为重要了。

内容简介

　　本项目主要是根据物流活动过程设计并编制各种物流单证，为企业物流管理工作提供依据。物流单证主要包括物流服务合同、仓储单证、分拣单证、包装单证、配送单证、运输单证、报关报检单证、保险单证、结算单证等。

任务一　认知物流单证

知 识 目 标

- 了解物流单证的种类
- 掌握物流单证的含义与作用
- 掌握物流单证员的工作内容与职责

能 力 目 标

- 能对物流单证有正确的认知

素 质 目 标

- 增强爱岗敬业、精益求精的工匠精神，提升为党、为国和为企业服务的决心与能力

任务引入案例

2020 年 6 月，我国山东济南机械设备有限公司与德国 Dürr 公司签订了进口三套设备的国际贸易合同，以欧元计价结算，采用 FOB 价（离岸价），目的地为山东济南机械设备有限公司所在地。此国际贸易合同生效后，山东济南机械设备有限公司委托山东风华物流有限公司全权负责此项合同的物流业务。2020 年 12 月月末，三套进口设备运抵青岛港，2021 年 1 月中旬运到山东济南机械设备有限公司所在地。

【思考】山东风华物流有限公司在负责此项物流业务过程中，需要取得和填制哪些物流单证？这些物流单证在此项物流业务过程中起什么样的作用？

任务目标

对物流单证有正确的认知。

任务分析

1. 掌握物流单证的含义与作用，了解物流单证的种类。
2. 掌握物流单证员的工作内容与职责。
3. 具有良好的职业道德、职业态度和团队精神，能够发现物流单证编制和填写过程中存在的问题，并能正确处理问题，同时具有计划、组织、决策、协调等社会能力。

任务导读

一、物流单证的含义、作用和种类

(一) 物流单证的含义与作用

单证通常是指业务处理过程中使用的所有单据、票据、凭证。狭义的单证指单据和信用证；广义的单证则指各种文件和凭证。

物流单证是指物流活动过程中使用的所有单据、票据、凭证。

合同双方凭借这些单证来处理货物的交付、仓储、包装、运输、保险、商检和结汇等业务。

物流单证是物流管理或物流工程中关键的环节之一，体现为对内的表格、单证的设计和对外的标准与规范，单证的编制与填写是现代物流管理、物流工程中必不可少的重要组成部分。

物流活动的监控离不开单证，表格与单据是物流信息流的可视形式。单证在物流公司内部是操作员所执行的指令、状态记录的载体；是管理层传达指示的载体；是物流质量监控人员收集反馈、评价质量的载体。单证在公司外部则是不同物流主体沟通的工具，明晰快捷的单证体系能够大大提高物流企业的管理效率。物品交接时，交接人双方必须于单据上签章确认，以便追溯。物流单证需要保持整洁，除交接人员的签章、收发信息及过账号码外，单证上不得有其他字迹，更不得乱涂乱写。

(二) 物流单证的种类

物流单证通常有两类：一类是状态记录单证，一般由现场操作员填写，现行的物流单证大多数为状态记录单证；另一类是质量控制单证，由客户或管理人员填写，这类单证的作用是监控分析，为管理决策提供依据，促进物流流程改进及提高物流服务质量。质量控制单证通常是在状态记录单证的基础上进行汇总、分析得到的。随着智慧物流的发展，物流单证正向电子化方向发展，物流状态和流程控制全程数据化和透明化，体现出流程数据化、一切数据流程化、全程物流智能化的特点。

对于物流企业来讲，物流单证是企业进行物流活动的基本工具，更是体现企业经营管理水平高低的重要标志。

二、物流单证员的工作内容

物流单证员的工作内容主要是物流单证的编制、取得与填制等。

物流单证的编制是指对企业经营活动中涉及的单证通过合理规划和周密构思及各种方式将其名称、形式与内容表达出来的过程。

物流单证的取得是指根据物流作业管理的任务要求，从企业外部客户或内部客户手中获得相关物流单证的过程。

物流单证的填制是指企业物流人员根据物流作业管理的任务要求，填写物流单证的过程。

物流单证员的具体工作还包括审证、审单、交单和归档等一系列业务活动，贯穿于物流活动的全过程，具有工作量大、涉及面广、时间性强和要求高等特点。

涉及合同、订单、报关、报检、运输、仓储、银行、保险等的各个环节，无一不是通过各种单证来传递信息的，物流单证员操作技能的高低直接关系到企业物流业务的管理与控制机制能否实现，以及业务结算、结汇的时效和成败。

三、物流单证员的工作职责

根据物流业务的内容，物流单证员的工作职责主要有如下几方面。

（一）负责公司物流业务相关合同的核销归档工作及各项结算的核销归档工作

具体职责如下。

（1）负责公司物流业务相关合同、结算台账的建立及记录。

（2）负责相关物流单据及海关单证的保管及文书处理。

（3）负责相关合同的平衡测算及业务处理。

（4）负责根据业务要求制作、审核各种物流单证。

（5）负责公司进出库商品的出入库手续办理及仓储、运输、配送工作的安排。

（二）协助相关部门及客户进行进出口业务的申报工作及进出口商品的对账工作

具体职责如下。

（1）配合相关部门及客户提供进出口业务申报资料。

（2）协助相关部门及客户执行税务处理。

（3）配合相关部门及客户协调与境外政府机构的工作关系。

（4）负责公司商品进出口手续的办理。

（5）配合业务人员处理涉外事务。

（6）负责商品进出口运输安排与跟单。

随着物流公司的船代、货代业务的深入展开，物流单证员的工作更加繁杂，也更加重要。

归纳总结*

本任务的归纳总结如图 1-1-1 所示。

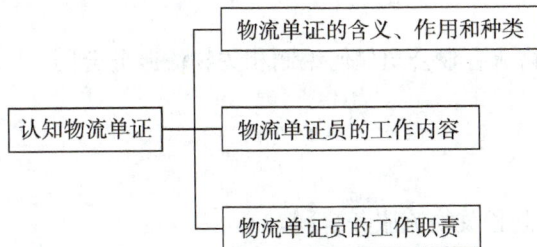

图 1-1-1　认知物流单证的归纳总结

思考与训练

一、判断题

1. 物流单证是指物流活动过程中使用的所有单据、票据、凭证。（　　）
2. 物流单证员的主要工作内容是进行物流单证的编制、取得与填制等。（　　）

二、思考题

1. 谈一下物流单证在企业管理中的作用。
2. 如何做好物流单证员的工作?

任务二　物流服务合同的编制与应用

知识目标

● 了解物流服务合同的种类及特征
● 掌握物流服务合同的主要内容
● 掌握物流服务合同的一般格式

能力目标

● 能够运用所学的知识，结合实际工作任务编制一份物流服务合同

素质目标

● 增强爱岗敬业、精益求精的工匠精神，提升为党、为国和为企业服务的决心与能力

任务引入案例

2020 年 1 月 5 日，在广州贸易洽谈会上，山东风华物流有限公司（乙方）与美国

---

* 每个任务的归纳总结以重点知识点为基础编制，不与正文内容一一匹配。——编者注。

AVAYB 产品的中国驻北京代理商——北京普源信息有限公司（甲方）达成合作意向，由山东风华物流有限公司为其产品承担国内国际运输、通关、仓储、配送等服务，费用由北京普源信息有限公司支付。2020 年 1 月 10 日，双方协商一致，在北京普源信息有限公司签订了物流服务合同，合同约定由山东风华物流有限公司提供相关物流服务及配套服务等。

【思考】山东风华物流有限公司如何编制相关物流服务合同？

任务目标

通过学习能正确编制相关物流服务合同。

任务分析

1. 掌握相关物流服务合同的含义、特征。

2. 能正确编制采购合同、仓储合同、配送合同、运输合同、第三方物流合同和物流保险合同等。

3. 具有良好的职业道德、职业态度和团队精神，能够发现编制相关物流服务合同过程中存在的问题，并能正确处理，同时具有计划、组织、决策、协调等能力。

任务导读

合同是进行市场交易的主要形式，合同制度是市场经济的基本法律制度。《中华人民共和国合同法》（以下简称《合同法》），共计二十三章四百二十八条。2020 年 5 月 28 日，十三届全国人大三次会议表决通过了《中华人民共和国民法典》（以下简称《民法典》），自 2021 年 1 月 1 日起施行。《合同法》同时废止。《民法典》共七编 1260 条，主要包括总则、物权、合同、人格权、婚姻家庭、继承、侵权责任以及附则。其中《民法典》合同编相关规定是在原有《合同法》的基础上，贯彻全面深化改革的精神，坚持维护契约、平等交换、公平竞争，促进商品和要素自由流动，完善起来的合同制度。《民法典》合同编共 3 个分编、29 章、526 条。

一、合同编制的基本知识

（一）合同的含义与意义

1. 合同的含义

合同是民事主体之间设立、变更、终止民事法律关系的协议。

合同的特征主要表现为合同的主体是民事主体；合同是一种民事法律行为；合同以在民事主体之间设立、变更、终止财产性的民事权利义务为目的。

民事主体是民事法律关系主体的简称，是指参加民事法律关系享受权利和承担义务的人，即民事法律关系的当事人。民事主体一般包括自然人和法人等。法人包括企业法人、机关、事业单位和社会团体法人。其他组织包括个体工商户、农村承包经营户和个人合伙。

作为民事法律关系的主体，必须具有民事权利能力和民事行为能力。所谓民事权利能力，就是指法律所规定的，自然人或社会组织参加民事法律关系、享有民事权利和承担民事义务的资格。所谓民事行为能力，就是指民事主体以自己独立的行为取得民事权利、承担民事义务的资格。自然人的行为能力分三种情况：完全行为能力、限制行为能力、无行为能力。法人的行为能力由法人的机关或代表行使。

依法成立的合同，受法律保护。依法成立的合同，仅对当事人具有法律约束力，但是法律另有规定的除外。

2. 合同的意义

合同编在《民法典》中具有十分重要的地位。这种重要主要体现在两个方面。一是在整个民法体系中的重要性。这主要体现为四个"最"：条文数量最多，《民法典》共1260条，合同编就有526条，条文数接近整个《民法典》的"半壁江山"；复杂程度最高，涉及极为复杂的理论和实践问题；裁判运用最多，在司法和仲裁实践中，合同案件远多于其他民事案件；规则的变动幅度最大，与《合同法》相比，合同编增加了136条，删除了37条，修改了153条。二是在社会经济生活中的重要作用。它是民事主体实现意思自治的重要工具，是优化营商环境的重要方式，是促进社会主义市场经济健康有序发展的重要保障，更是推进国家治理体系和治理能力现代化的重要手段。

（二）合同的订立

合同的订立是民事主体之间依法就合同的主要条款，经过协商一致，达成协议的法律行为。

1. 合同的订立原则

（1）民事主体资格合法原则。这是指订立合同的当事人及其代理人必须具有法定的订立合同的权利。

（2）内容合法原则。这是指必须遵照国家的法律、法令、方针和政策签订合同，合同内容和手续应符合《民法典》中有关合同的具体规定。

（3）平等互利原则。合同的订立必须坚持平等互利的原则。

（4）自愿与协商一致原则。

2. 合同的订立形式

当事人订立合同，可以采用书面形式、口头形式或者其他形式。

书面形式是合同书、信件、电报、电传、传真等可以有形地表现所载内容的形式。

以电子数据交换、电子邮件等方式能够有形地表现所载内容，并可以随时调取查用的数据电文，视为书面形式。

合同文本采用两种以上文字订立并约定具有同等效力的，对各文本使用的词句推定具有相同含义。各文本使用的词句不一致的，应当根据合同的相关条款、性质、目的及诚信原则等予以解释。

3. 合同订立的内容

合同订立的内容就是合同当事人之间达成的权利与义务的协议内容。由当事人协商约定的，且不违反国家法律和公序良俗及第三人利益的内容都可以成为合同的内容。

我国《民法典》合同编第四百七十条明确规定，合同的主要内容如下。

（1）当事人的姓名或者名称和住所。合同当事人即合同主体，是每一份合同都必须具备的，没有当事人的合同在现实生活中是不存在的。因此，合同的条款必须载明当事人的姓名或名称和住所。如果是由自然人签订的合同就必须写明对方当事人的姓名、住所等情况，如果是由法人签订的合同，就必须写明双方当事人的名称和办公场所。

（2）标的。合同标的是指合同当事人的权利、义务所共同指向的对象。合同如果不规定标的，就会失去目的，而失去标的的合同也就变得毫无意义。依照法律规定和司法实践，合同的标的条款必须清楚地写明标的的名称，以使标的的特定化能够界定权利义务的量。合同标的的种类很多，可以是货物，可以是货币，可以是劳务，可以是智力成果。

（3）数量。所谓数量，就是合同标的数量的多少。在通常情况下，合同标的数量的多少与合同所涉及金额的大小有着直接的联系，而合同涉及金额的大小与合同当事人法律责任的大小有着必然内在联系。因此合同标的数量当然是合同主要条款。因此，双方当事人在签订合同时，标的数量必须确切，那么怎样才能做到数量确切呢？首先，合同当事人必须选择好双方能够共同接受的计量单位；其次，合同当事人必须确定好双方能够共同认可的计量方法，是以单位个数、重量、面积，还是以长度、容积、体积等其中的某一种来计量标的；最后，就合同的数量而言，应当协商议定合理的磅差或者尾差。总之，就合同标的数量问题，在合同中必须确切。

（4）质量。合同标的的质量即合同标的的质的规定性。质量问题区别着不同标的物的性质，是这一标的区别于同类另一标的的具体特征。标的的质量需要详细、具体。尤其是标的的技术指标、质量要求、规格、型号等都要明确、详尽，不得有误。一般而言，合同标的有国家标准的按国家标准执行，没有国家标准的按部颁标准或行业执行标准执行，没有部颁标准或行业执行标准的按地方标准执行，没有地方标准的按企业标准执行，没有企业标准的可按双方约定标准执行。

（5）价款或者报酬。价款或者报酬是合同标的物的价金，这种价金可能是合同一方当事人让渡合同标的物所应接受的价金，也可能是合同另一方当事人取得合同标的物所应当支付的价金。当然，由于合同的多样性，并非每一种合同都涉及价款和报酬的问题。因此，合同当事人在协商签订合同的过程中，必须对价款或者报酬的问题协商一致，若未达成一致，则表明合同没有成立。

（6）履行期限、地点和方式。所谓履行期限是指合同当事人履行合同中所规定义务的时间界限，亦即合同义务完成的时间。同时，也是确定合同当事人是否违约的衡量标准之一。合同履行期限，因其规定的程度不同，可以分为即时履行、定时履行、在一定期限内履行和分期履行，如果是分期履行还应当写明每期履行的准确时间。

所谓履行的地点是指履行合同义务的地点。合同履行的地点对每一合同都是比较重要的，特别是对于交易行为或者运输合同。因为，履行的地点是确定合同是否实际履行的依据，是确定运输费用由谁负担、风险由谁承担的依据，有时是确定标的物所有权是否移转、何时移转的依据。

所谓履行的方式是指履行合同义务的具体方法。合同履行的方式对于每一合同的实际履行都是比较重要的。例如，合同履行的方式是一次交付还是分期分批交付，是交付实物还是交付标的物所有权凭证，是铁路运输还是空运、水运等，合同履行的方式关系到当事人的物质利益，合同条款中应当写明。

（7）违约责任。所谓违约是指违反合同约定义务的当事人，依照法律所应当承担的民事责任，也就是说，违反合同的当事人之所以要承担违约责任，不是出于合同当事人的约定，而是由合同的法律效力所决定的。即合同中没有约定违约责任的条款，不等于合同当事人对违约行为可不承担责任。违约责任条款的作用是不言自明的，它对当事人的利益保护关系重大。因此，合同对违约责任应予以明确。

（8）解决争议的方法。所谓解决争议的方法，是指合同当事人因涉及合同的履行、变更和终止等问题发生争议或者纠纷时，在双方当事人协商不能解决的情况下，通过何种途径来解决争议或者纠纷的约定，对于保护合同当事人的合法权益，提高民事流转关系的效力都是十分重要的。就我国目前法治建设的情况来看，解决合同争议的方法主要包括仲裁、民事诉讼和调解等。

4. 合同订立程序

合同订立程序是指当事人各方相互表达诉求，并就合同条款通过协商达成协议的过程。

当事人订立合同，可以采用要约、承诺方式或者其他方式。

（1）要约是希望与他人订立合同的意思表示，该意思表示应当符合下列条件：一是内容具体确定；二是表明经受要约人承诺，要约人即受该意思表示约束。

发出要约的当事人为要约人，受领要约的当事人为受要约人，简称受约人。

（2）承诺是受要约人同意要约的意思表示。承诺的内容应当与要约的内容一致，否则视为新的要约。承诺一旦生效，合同立即成立。

（三）合同的效力

合同的效力即合同的法律效力，是指法律赋予依法成立的合同具有约束当事人各方乃至第三人的强制权力。

1. 有效合同

有效合同是指符合法律规定的生效条件的合同。合同有效应具备的条件主要有：一是订立合同的行为人具有相应的民事行为能力；二是双方当事人意思表示真实；三是不违反法律、行政法规的强制性规定，不违背公序良俗。

2. 无效合同

无效合同是指不具有法律约束力和不发生履行效力的合同。其特征是具有违法性，自始就不具有法律效力。合同无效的条件，一是订立合同的行为人不具有相应的民事行为能力；二是以虚假的意思表示实施的民事法律行为；三是违反法律强制性规定或违背公序良俗；四是造成对方人身伤害或者因故意或重大过失造成对方财产损失；五是恶意串通，并损害国家、集体或第三人利益，损害社会公共利益；六是以欺诈、胁迫方式损害国家利益。

（四）合同违约责任

1. 合同违约责任的含义

合同违约责任是指合同当事人一方不履行合同义务或履行合同义务不符合合同约定所应承担的责任。承担合同违约责任必须要有违约行为。

2. 承担合同违约责任的形式

签订了合同之后，合同中有约定违约责任的，违约方应当按照合同约定承担违约责任，合同中没有约定违约责任或者约定不明确的，一般按照《民法典》合同编的规定承担违约责任。承担合同违约责任的形式主要有以下五种。

（1）继续履行。一方存在违约的行为时，非违约方已经履行合同义务的，可以要求违约方继续履行合同。

（2）采取补救措施。标的质量不符合约定的，受损害方根据标的的性质及损失的大小，可以合理要求对方承担修理、更换、退货、减少价款或者报酬等违约责任。

（3）赔偿损失。一方当事人不履行合同义务给对方造成了损失，应当依法赔偿非违约方所受损失。

（4）定金责任。给付定金的一方不履行债务或者履行债务不符合约定，致使不能实现合同目的的，无权要求返还定金；收受定金的一方不履行债务或者履行债务不符合约定，致使不能实现合同目的的，应当双倍返还定金。

（5）违约金责任。可以由当事人约定或者法律直接规定，在一方当事人不履行合同时向另一方当事人支付一定数额的金钱。

（五）物流服务合同的含义与特征

1. 物流服务合同的含义与特征

物流服务合同是指民事主体之间，针对约定的物流服务行为设立、变更、终止民事权利义务关系的协议。

物流服务合同是合同的一种类型，但又有别于其他合同，因此，物流服务合同除具有合同的一般特性外，还具有如下自身特征。

（1）物流服务合同是双务有偿合同。双务是指合同双方当事人相互享有权利，同时又相互承担义务；有偿则是指当事人在享有合同权利的同时必须承担相应的代价。物流企业以收取服务费用来盈利，所以服务不能是无偿的。

（2）物流服务合同是诺成合同。相对于实践性合同而言，只要物流服务合同双方当事人就合同的内容协商一致，合同即告成立，而无须以交付标的物作为合同成立的要件。

（3）物流服务合同是提供劳务的合同。物流服务合同的标的不是物，而是物流企业向物流服务需求者提供物流服务的行为。虽然在物流企业为用户提供服务的整个过程中，经常会出现用户的货物被物流企业实际占有的情况（如保管、运输等），但货物的所有权并不发生转移，物流企业没有处理货物的权利，必须按物流服务需求者的要求完成物流服务项目。

（4）物流服务的一方是特定主体。合同的主体是两方或多方当事人，根据合同自由的原则，法律对于合同当事人没有过多的限制性要求。但基于订立合同的要求，物流服务合同的一方应是特定主体，即依法成立的专门提供物流服务并收取报酬的企业法人或其他组织。

（5）物流服务合同对第三方有约束作用。根据合同相对性的原则，合同通常只对双方当事人具有约束作用，但物流服务合同有其特殊性。物流企业作为服务商，在订立合同的另一方当事人并非收货人的情况下，通常要向第三方——收货方交付货物，收货方可以直接取得合同规定的利益，同时也应自觉受合同规定的收货期限、地点等条款的约束。

（6）物流服务合同通常是格式合同。格式合同又称格式条款，是当事人为了重复使用而预先拟定，并在订立合同时未与对方协商的合同（条款）。在交易频繁的商业、服务业、公用事业等领域，服务商不可能与个别消费者逐一订立合同，因此，格式合同被广泛采用。

2. 物流服务合同的形式与内容

（1）物流服务合同的形式。根据司法实践，物流服务合同应优先采用书面形式订立，有法律特殊规定的从其规定。

（2）物流服务合同的内容。物流服务合同包括约首部分、主文部分、约尾部分。物流服务合同主文部分至少应包括以下内容。

①合同标的，即物流服务内容。

②合同各签订方应为本合同履行所提供的条件（如设施、场地、人员、安全保障体系、信息系统等）。

③服务期限。

④服务履行方式。

⑤服务费用及结算方式。

⑥不可抗力的处理约定。

⑦保险。

⑧违约责任。

此外，物流服务合同主文部分还可根据需要增加例外条款、保密条款、补充条款、合同附件等内容。

小知识

订单与合同

订单是货物购销者或服务供需方就某一标的达成的协议。订单的形式多种多样，包括合同、确认书、协议书、备忘录、意向书等。

合同是民事主体之间设立、变更、终止民事法律关系的协议。

现代物流企业在经营活动中可能涉及的物流服务合同类型很多，主要包括采购合同、仓储合同、配送合同、运输合同、第三方物流合同、物流保险合同等，不同合同具有不同的内容。

二、采购合同的编制

（一）采购合同的含义与特征

1. 采购合同的含义

采购是企业经营的一个重要环节，同时也是企业获取利润的重要来源。一方面，企业为保证生产的顺利进行需要通过采购获得资源；另一方面，由于采购活动也会发生各种费用，因此要对采购过程进行组织、指挥、协调、控制等活动，从而降低采购成本。采购过程既包含商流，又包含物流，采购是物流管理的内容之一，是物流活动的起始点之一，其重点放在如何与供应商订立采购合同上。

采购合同是买卖合同的一种。我国《民法典》合同编第二分编典型合同中专门对买卖合同作了规定，这是我国在采购与销售方面的最基本的法律制度。

买卖合同是出卖人转移标的物的所有权于买受人，买受人支付价款的合同。买卖合同包括供应、采购、预购、购销结合及协作、调剂等形式。

采购合同是商业、工业或其他经济组织为了生产或经营，采购原材料或产品而订立的合同。采购合同中一般是采购方作为甲方，销售方作为乙方。

根据《民法典》第六百四十六条、第六百四十七条的规定，法律对其他有偿合同的事项未作规定的，参照适用买卖合同的有关规定，互易等转移标的物所有权的合同，也参照适用买卖合同的有关规定。

物资采购有时涉及生产周期较长的物资，因此物资采购合同的期限一般较长，有时是分期分批地成交。

2. 采购合同的特征

采购合同具有合同的一般法律特征，这些特征表现了合同的共同属性。但是采购合同还具有自己的特征，使其与其他种类的合同相区别。采购合同主要有以下特征。

采购合同是转移财产所有权或经营权的合同。所谓转移财产所有权是指双方当事人在采购合同中，约定一方当事人在交付物资时，同时将该物资的财产所有权（即占有权、使用权和处分权）转移给另一方当事人。这样，一方当事人就失去财产所有权，而另一方当事人获得财产所有权。所谓转移经营权是指在国有企业之间发生采购合同关系时，由于财产属于全民所有，因此，一方交付物资，只是向对方转移财产的经营管理权，所有权仍属于国家。这一特征是采购合同的主要的和本质的法律特征。

（二）采购合同双方的权利与义务

采购合同应清楚地规定供需双方交货、接货的各种要素，货款结算方式及履行的经济责任。

1. 采购方的主要义务与权利

（1）采购方应按采购合同规定支付供货方的货款，即按约定的数额、时间、地点和方式支付价款。逾期付款的应按照中国人民银行有关延期付款的规定向供货方偿付逾期付款的违约金。

（2）采购方违反合同规定拒绝接受送货的，应当承担由此造成的损失。供货方按照约定将标的物运送至采购方指定地点并交付给承运人后，标的物毁损、灭失的风险由采购方承担。

（3）采购方应承担由于其错填到货地点或接货人等所造成的损失，承担供货方或运输部门因处理采购方提供的错误信息而实际支出的一切费用。

（4）采购方收到标的物时应当在约定的检验期限内检验。没有约定检验期限的，应当及时检验。

（5）供货方按照约定将标的物置于交付地点，采购方违反约定没有收取的，标的物毁损、灭失的风险自违反约定时起由采购方承担。

（6）因标的物不符合质量要求，致使不能实现合同目的的，采购方有权拒绝接受标的物或者解除合同。采购方拒绝接受标的物或者解除合同的，标的物毁损、灭失的风险由供货方承担。

（7）标的物毁损、灭失的风险由采购方承担的，不影响因供货方履行义务不符合约定，采购方请求供货方承担违约责任的权利。

（8）供货方交付的标的物不符合质量要求的，采购方有权要求供货方承担违约责任。

2. 供货方的主要义务与权利

（1）供货方应该按采购合同规定的标的名称、规格、数量、质量、产地、品牌等交付标的物及其相关技术资料，交付提取标的物的有关单证和资料。

（2）供货方应当按照约定的地点交付标的物。

（3）标的物毁损、灭失的风险，在标的物交付之前由供货方承担，交付之后由采购方承担，但是法律另有规定或者当事人另有约定的除外。

（4）提前交付的货物、多交付的货物或不符合合同规定的货物，采购方在代为保管期内实际产生的保管费、保养费等及非因需方保管不善而发生的损失，由供货方承担。

（5）供货方所交货物不符合合同规定的，如采购方同意接收，应当按质论价，如采购方不能利用，应根据具体情况，由供货方负责修理、包换或包退并承担因修理、调换或退货发生的实际费用。不能退换的按不能交货处理。

（6）包装不符合合同规定的，由此造成的货物损坏、丢失或其他费用，均由供货方承担。其他由供货方大意造成的交货地点、交货时间等错误及因此产生的额外费用，均由供货方承担。

（7）供货方有权要求采购方按采购合同规定支付供货方的货款。

（8）由于采购方错填到货地点或接货人等所造成的损失，供货方有权要求采购方承担。

（三）签订采购合同应注意的事项

（1）签订采购合同前，应对对方的主体资格、履约能力和信用情况进行认真审查，判断对方当事人是否具有订立合同的相应的民事权利能力、民事行为能力、履约能力及信用情况，这是非常重要的。

（2）签订采购合同时，一定要仔细阅读相关条款，最好能有利于己方，对一些有歧义、不合理的条款要和对方落实清楚，以免出现问题时，解决起来比较麻烦。

（3）要求对方在合同上注明产品的品牌、型号、单价、数量，在标注产品的数量时，最好将产品的基本计量单位标注清楚，方便验货时核对产品的数量。

（4）签订采购合同时，双方都要加盖单位公章。

（5）对特定条款加以注明。如退换货的办理方式、违约责任说明、送货时间等均应约定清楚。属于可以再加工的产品的退换货事项也要加以约定，现在市场上的惯例是加工产品概不退货。

（6）签订采购合同时，一定要注明结算方式和时间。

（7）了解和落实退补货原则。现在市场上的供货方对于退补货问题，都会有一些约定。对于富余的产品或者不足的产品，要尽快与供货方协商办理，以免出现退不了和没有相同型号的问题。

（8）签订采购合同时，一定要注明产品的等级和产地，防止供货方以次充好。

（9）适当地交一些定金，等货送到家，验收无误后再付全款。同时最好约定产品不符合要求可无条件退货，以及退回定金。

（10）签订合同时双方都要有诚心条款（如未能完全履行合同的处理意见等）。

（四）采购合同的样本

对于采购合同，可在《民法典》规定的范围内根据合同双方的需求及采购物资的特点，自行设计。常见的采购合同样本如下。

采购合同

合同编号：　　　　　　　　　　签约地点：

甲方（买方或采购商）：
法定代表人：
地址：
乙方（卖方或供应商）：
法定代表人：
地址：

依据《民法典》及其他相关法律法规，遵循平等、自愿和诚信的原则，双方就以下货物采购事宜经协商一致，订立本合同，以资共享。

第一条　采购产品的名称、规格型号、数量等

序号	名称	规格型号	品牌及产地	单位	数量	单价	备注
1							
2							
3							
4							

序号	名称	规格型号	品牌及产地	单位	数量	单价	备注
5							
6							
合计：							
人民币（大写，元）：							

第二条　产品的技术标准

产品的技术标准（包括质量要求），按下列第（_____）项执行：

1. 按国家标准执行；

2. 按部颁标准执行；

3. 按企业标准执行；

4. 有特殊要求的，按甲乙双方在合同中商定的技术条件、样品或补充的技术要求执行。

第三条　产品的包装标准和包装物的供应与回收

国家或业务主管部门有技术规定的，按技术规定执行；国家与业务主管部门无技术规定的，由甲乙双方商定。产品包装费由（_____）负责。

第四条　产品的交货单位、交货方法、运输方式、到货地点（包括专用线、码头）和接货单位（或接货人）

1. 产品的交货单位：_____。

2. 交货方法，按下列第（_____）项执行：

（1）乙方送货；

（2）乙方代运；

（3）甲方自提自运。

3. 运输方式：_____。

4. 到货地点（包括专用线、码头）和接货单位（或接货人）：_____。

甲方如要求变更到货地点或接货单位，应在合同规定的交货期限（月份或季度）前30天通知乙方，以便乙方编制月度运输计划；必须由甲方派人押送的，应在合同中明确规定；甲乙双方对产品的运输和装卸，应按有关规定与运输部门办理交换手续，并进行记录，双方签字，明确甲方、乙方和运输部门的责任。

产品运输和装卸费由（_____）负责。

第五条　产品的交（提）货期限

产品的交（提）货期限：_____。

规定送货或代运的产品的交货日期，以乙方发运产品时承运部门签发的戳记日期为准，当事人另有约定者，从约定；合同规定甲方自提产品的交货日期，以乙方按合同规定通知的提货日期为准。乙方的提货通知中，应给予甲方必要的途中时间，实际交货或提货日期早于或迟于合同规定的日期，应视为提前或逾期交货或提货。

第六条　产品货款的结算

产品货款的结算：产品货款、实际支付的运杂费和其他费用的结算，按照中国人民银行结算办法的规定办理。

（用托收承付方式结算的，合同中应注明验单付款或验货付款。从运输部门向收货单位发出提货通知的次日起算，验货付款的承付期限一般为10天。凡当事人在合同中约定缩短或延长验货期限的，应当在托收凭证上写明，银行从其规定。）

第七条　验收方法

1. 验收时间：_____。

2. 验收手段：_____。

3. 验收标准：_____。

第八条　产品安装、调试与验收

1. 乙方派遣技术人员按合同规定的日程完成采购物品的安装和调试工作，并对甲方人员进行技术指导，保证采购物品达到预定的性能指标，从而完成验收工作。

2. 在安装和调试过程中，甲方应积极配合，在乙方技术人员的指导下配合乙方进行安装、调试和验收。

3. 乙方安装、调试完毕后，甲方组织人员对采购物品进行验收测试，将验收测试情况记录在《采购物品验收报告》中。如果甲方发现采购物品存在缺陷，双方应当视问题的严重性给出合适的处理措施。

（1）如果采购物品存在严重的缺陷，则退回给乙方。乙方应当给出纠正缺陷的措施，双方协商第二次验收的时间。乙方应当对甲方进行相应的赔偿。

（2）如果采购物品存在一些轻微的缺陷，则乙方应当给出纠正缺陷的措施，双方协商是否需要第二次验收。

4. 当所有的采购物品都通过甲方的验收后，双方责任人签字认可，采购物品正式交付给甲方。之后，甲方将验收款支付给乙方。

第九条　品质保证与维护

1. 乙方保证提供给甲方的采购物品是全新的、技术先进的、质量良好的、性能稳定的、数量符合约定的。

2. 乙方承诺质量保证期：采购物品通过验收之日起，六个月内可保修。由于甲方不当的操作或修理造成的后果不由乙方承担。

3. 在质量保证期内，乙方负责对其所售设备进行维护或维修，不收取任何费用。保证期结束后乙方依然负责对所售设备进行维护或维修，其间产生的材料费用由甲方承担。在保证期结束后，一旦甲方要求进行升级和改造，乙方保证提供相应的服务，此项费用由甲方承担。

4. 如果采购物品在保证期内出现质量问题，乙方收到甲方的维护要求后，在24小时内做出响应；遇有严重技术问题、重大故障，需要现场维护，乙方应在24小时内到达甲方现场（在交通允许的情况下）。

第十条　乙方的违约责任

1. 乙方不能交货的，应向甲方偿付不能交货部分货款的____%（通用产品的幅度为1%～5%，专用产品的幅度为10%～30%）作为违约金。

2. 乙方所交付产品名称、规格型号、质量不符合合同规定的，如果甲方同意利用，应当按质论价。

3. 乙方逾期交货的，应比照中国人民银行有关延期付款的规定，按逾期交货部分货款计算，向甲方偿付逾期交货的违约金，并承担甲方因此所受的损失。

4. 乙方提前交货的产品、多交的产品和名称、规格型号、质量不符合合同规定的产品，甲方在代保管期内实际支付的保管费、保养费等及非因甲方保管不善而发生的损失，应当由乙方承担。

5. 产品错发到货地点或接货人的，乙方除应负责运送至合同规定的到货地点或运交给合同规定的接货人外，还应承担甲方因此多支付的一切实际费用和逾期交货的违约金。乙方未经甲方同意，单方面改变运输路线和运输工具的，应承担由此增加的费用。

6. 乙方提前交货的，甲方接货后，仍可按合同规定的交货时间付款；合同规定自提的，甲方可拒绝提货。乙方逾期交货的，乙方应在发货前与甲方协商，甲方仍需要的，乙方应照数补交，并负逾期交货责任；甲方不再需要的，应当在接到乙方通知后15天内通知乙方，办理解除合同手续，逾期不答复的，视为同意发货。

第十一条　甲方的违约责任

1. 甲方中途退货，应向乙方偿付退货部分货款____%（通用产品的幅度为1%～5%，专用产品的幅度为15%～30%）的违约金。

2. 甲方未按乙方通知的日期或合同规定的日期提货的，应比照中国人民银行有关延期付款的规定，按逾期提货部分货款总值计算，向乙方偿付逾期提货的违约金，并承担乙方实际支付的代为保管、保养的费用。

3. 甲方逾期付款的，应按照中国人民银行有关延期付款的规定向乙方偿付逾期付款的违约金。

4. 甲方违反合同规定拒绝接货的，应当承担由此造成的损失和运输部门的罚款。

5. 甲方如错填到货地点或接货人，应承担乙方因此所受的损失。

第十二条　不可抗力

甲乙双方的任何一方由于不可抗力的原因不能履行合同时，应及时向对方通报不能履行或不能完全履行的理由，在取得有关主管机关证明以后，允许延期履行、部分履行或者不履行合同，并根据情况可部分或全部免予承担违约责任。

第十三条　合同生效与终止

1. 本合同双方授权代表的签字日期，即为本合同的生效日期。如双方签字日期不一致，以最后签字方的签字日期为合同的生效日期。

2. 本合同的采购物品保证期的届满日期，即为本合同的终止日期。但保密条款、争议解决和双方未了的债权和债务不受合同期满的影响，并且守约方有权提出索赔。

第十四条　争议解决方式

本合同在执行中如发生纠纷，甲乙双方应协商解决，解决不了时，双方均可向合同签署地人民法院起诉。

第十五条　合同确认

本合同一式____份，甲乙双方各持____份，自合同各方授权代表签字之日起生效。

甲方（买方或采购商）：_____（公章）

代表人：_____　　开户银行：_____

账号：_____　　　　电话：_____

　　　　　　　　　　　　　　　　　　　　年　　　月　　　日

乙方（卖方或供应商）：_____（公章）

代表人：_____　　开户银行：_____

账号：_____　　　　电话：_____

　　　　　　　　　　　　　　　　　　　　年　　　月　　　日

小问答

合同中的甲方、乙方，哪方代表接受服务方？哪方代表提供服务方？

三、仓储合同的编制

（一）仓储合同的含义与特征

1. 仓储合同的含义

仓储合同是保管人储存存货人交付的仓储物，存货人支付仓储费的合同。在仓储合同关系中，存入货物的一方是存货人，保管货物的一方是保管人，被交付保管的货物为仓储物。仓储保管是一种商业行为，保管人通常是有仓储营业资格的企业，被称为仓储营业人。

2. 仓储合同的特征

仓储合同是一种特殊的保管合同，它具有保管合同的基本特征，同时又具有自己的特征。

（1）仓储物所有权不发生转移，只是货物的占有权暂时转移，而仓储物的所有权或其他权利仍属于存货人。

（2）仓储合同的保管对象必须是动产，不动产不能作为仓储合同的保管对象。这也是仓储合同区别于保管合同的显著特征。

（3）仓储合同的保管人，必须具有依法取得的从事仓储业务的资格。仓储是一种商业行为，有无仓储设备是保管人是否具备营业资格的重要特征。仓储设备是指可以用于储存和保管仓储物的设施。仓储营业资格是指保管人必须取得专门从事或者兼营仓储业务的营业许可。

（4）仓储合同是双务、有偿、诺成合同。仓储合同的双方当事人互负给付义务，一方提供服务，另一方给付报酬和其他费用。

（二）仓储合同双方的权利与义务

仓储合同双方的权利与义务可以理解为一方的义务是另一方的权利。

1. 保管人的主要义务

（1）保证仓储物完好无损。保管人应按合同约定的保管条件和保管方式妥善保管仓储物，不得擅自改变保管条件和保管方式。对于易燃、易爆、有毒、有腐蚀性、有放射性等危险物品的保管，保管人应当具备相应的资格和保管条件，并应依照法定或者约定的要求进行储存操作，否则若造成毁损，由保管人承担赔偿责任。保管人发现仓储物有变质或其他损坏的危险的，应当及时通知存货人或仓单持有人，此危险危及其他仓储物的安全和正常保管的，保管人应当催告存货人或仓单持有人做出必要的处置，情况紧急的，保管人可自行做出必要处置，但应当将该情况及时通知存货人或仓单持有人。

（2）对库场因仓储物保管而配备的设备，保管人有义务加以维修，保证仓储物不受损害。

（3）在由保管人负责对仓储物进行搬运、看护、技术检验时，保管人应及时委派有关人员到场。

（4）在仓储期间，存货人或仓单持有人要求检查仓储物或者提取样品的，保管人应当允许。

（5）保管人对自己的保管义务不得转让。

（6）保管人不得使用保管的仓储物，不对此仓储物享有所有权和使用权。

（7）保管人应做好入库的验收和接受工作，一旦接受存货人的储存要求，保管人应按时接受仓储物入场，办妥各种入库凭证手续，配合存货人做好仓储物的入库和交接工作。

（8）仓储期间届满，保管人应当将仓储物返还给存货人或交付给仓单持有人，如仓储合同未约定储存期间，则存货人或仓单持有人有权随时提取仓储物，保管人也有权随时要求存货人或仓单持有人提货，但应给予必要的准备时间。

2. 存货人的主要义务

（1）存货人应确保入库场的仓储物数量、质量、规格、包装与合同规定内容相符，并配合保管人做好仓储物入库场的交接工作。

（2）按合同规定的时间提取委托保管的仓储物。

（3）按合同规定的条件支付仓储费。

（4）存货人应向保管人提供必要的货物验收资料。

（5）对于危险品，必须提供有关此类货物的性质、注意事项、仓储预防措施、仓储应急方法等。违反此项义务的，保管人可拒收仓储物，也可采取相应措施以避免损失，由此而产生的费用由存货人承担。

（6）由于存货人的问题造成退仓、不能入库场的，存货人应按合同规定赔偿保管人。

（7）由于存货人的问题导致不能按期发货的，由存货人赔偿逾期损失。

（三）签订仓储合同应注意的事项

1. 合同保管人的资格确定

在仓储合同中，保管人必须是经工商行政管理机关核准登记的专营或兼营仓储业务的法人组织、个体工商户等，未经核准登记而擅自从事仓储业务的，属超越其经营范围的经济活动，依法应确定为无效。因此，存货人在寻找仓储合同的对方及订立合同时，应首先查明对方是否具有从事仓储业务的资格，并且是否在其营业执照上写明。凡是营业执照上没有仓储业务资格的，存货人不可与之订立仓储合同。

2. 合同签订双方的资信审查

对方现有的、实际的经营状况也是签约前审查的重要内容。经济生活中存在大量的虽有主体资格但经营状况不佳、不能履行合同义务的企业。为避免被欺诈，签约时应直接派人到对方企业或通过信函、电报、电话进行资信调查，或借助当地工商机关、公安机关、该企业的主管部门等了解其信用及履约能力。在对对方资信情况了解确切后，再决定是否签约。

3. 仓储合同标的物的合法性审查

标的物违法将导致仓储合同无效。因此，在订立仓储合同时，保管人应确切地知晓存货人存放的是什么物品，防止存货人利用仓储公司存放违法物品。凡是法律禁止流通的物品以及未经正式批准而被存货人占有的限制流通物，保管人不得为其提供仓储场所。这要求保管人加强对入库仓储物的验收工作。

4. 代理人资格审查

在与代理人以被代理人名义签订仓储合同时，当事人应注意审查对方是否具有代理资格，凡对方是无权代理的，不可与之订立仓储合同。

（1）审查其是否具有授权委托书。在授权委托书中，应当载明代理人的名称、代理事项、授权权限、授权期间，并由委托人或法定代表人或主要负责人签名、盖章。

（2）审查代理人是否在授权范围内代订仓储合同，凡是超越代理权限而订立合同的，将因无权代理而导致合同无效。

5. 合同书条款的审查

签订合同时应完备地审查合同中有无错误及不明确之处。双方在签约时，一定要对仓储合同的主要条款进行全面协商，达成一致。与仓储有关的仓储物检验、包装、保险、运输等事项，必须在合同中明确规定或另定合同。在签约时，双方一定要仔细审阅合同语言是否明确，有无可能产生歧义，有无误写，主要条款是否都写进了合同，以防止日后引起纠纷或上当受骗。

以下是在签订合同主要条款时应具体注意的事项。

（1）主体方面。签约双方的名称要写全，不能简写。要核实保管人是否有仓储营业资格，实际保管人与保管人是否一致，代理签约者是否具有代理资格，防止仓储物被骗取。

（2）仓储物的品名、品种、规格、数量、质量、包装方面。应详细填写仓储物的品名、品种、规格、数量、质量、包装等，防止只填写仓储物名称，其他不填写。这关系到因保管不当或因其他保管事由而产生的索赔。

（3）仓储物验收内容、标准、方法、时间、资料方面。首先，要逐项认真写明存、取仓储物的验收内容、标准、方法、时间等，以免保管责任不明确，发生纠纷。其次，要注意写明仓储物的验收期限，验收时间与仓储物实际入库时间的间隔应尽量缩短，对易发生变质的仓储物，更应注意验收时间。仓储物验收期限通常是自仓储物和验收资料全部送达保管人之日起，至验收报告送出之日止，日期均以运输或邮政部门的戳记或直接送达的签收日期为准。再次，要写明保管人应按合同规定的品名、品种、规格、数量、质量、包装对入库仓储物进行验收。如果发现入库仓储物与合同规定不符，应在约定的时间内通知存货人。保管人验收后，如果发生仓储物品种、数量、质量等不符合合同规定的情况，保管人承担赔偿责任。

（4）仓储物入库与出库手续、时间、地点、运输方式方面。首先，要将入库与出库手续、时间、地点、运输方式写全、写清，这关系到风险责任的承担。另外，有运费时还应写明运费由谁承担。其次，合同中要明确仓储物的出入库手续的办理方法，确立仓储物入库时间，双方当事人必须办理签收手续，在没有存货人在场的情况下，仓储物的出库应当由存货人原指定的第三者办理，不能直接与仓储物的买方办理。另外，仓储物在出库后，原合同约定由保管人代为发运的，合同条款中必须明确仓储物的运输方式，是公路运输、铁路运输还是水路运输，或是所有运输方式都可以。合同规定不明确的，所造成的仓储物延迟到达的责任，由合同双方承担。再次，合同规定了运输方式后，还必须规定送达目的地的时间，否则，所引起的损失双方均应承担。

（5）仓储物的损耗标准和损耗处理方面。首先，如实正确填写损耗：不填或少填，保管人赔偿责任重；多填，存货人损失大。其次，合同中要订明仓储物在储存期间和运输过程中的损耗，以及磅差标准的执行原则。有国家标准或专业标准的，按国家标准或专业标准的规定执行；没有国家标准或专业标准的，可以商定在保证运输和储存安全的前提下由双方作出规定。

（6）包装条款方面。首先，合同中要明确仓储物的包装条款，如需包装仓储物必须明确由存货人负责，因为保管人不负有包装仓储物的义务，只负有储存仓储物的义务，不能混淆。其次，必须明确包装的各种具体要求，如包装物的外层用料，内层包装要求。易碎、易腐物品或危险物品的包装要求等要有具体规定。根据相关法律规定，仓储物包装，有国家标准或专业标准的，按国家标准或专业标准执行；没有国家标准或专业标准的，在保证运输和储存安全的条件下，按合同规定执行。因此，在缺少包装标准的情况下，合同应根据实际情况约定包装执行的标准。

（7）储存条件和要求方面。仓储物的储存条件和要求必须在合同中明确规定，若需要在冷冻库里储存或是在高温、高压下储存，都应在合同中订明。特别是对易燃、易爆、易渗漏、易腐蚀、有毒等危险物品的储存要明确操作要求、储存条件和方法。原则上有国家规定的，按国家规定执行；没有国家规定的，按合同约定执行。

（8）计费项目、标准和结算方式方面。写清结算方式、结算时间和结算数额。若是分期结算，还要将每期的结算数额和结算时间写清楚。

（9）其他注意方面。详细、明确地填写违约责任，剔除明显或潜在的违约责任的附加条件；变更和解除合同的期限方面，科学填写时间，选择权威、公正的机构出具材料；争议的解决方式方面，选择便利、公正的纠纷解决机关、解决方式和管辖地域；若涉及进出口仓储物，一定要逐项认真填写仓储物的商检、验收、包装、保险、运输等事项，不然，风险责任和储存责任不易分清；最后要求对方盖章，并核实盖章单位与当事人是否一致。

（四）仓储合同的样本

仓储合同随着仓储标的不同，所耗费的人力物力不同，合同内容也不尽相同。一般仓储物的仓储合同的样本如下。

仓储合同

合同编号：　　　　　　　　　签约地点：

存货人：
法定代表人：
地址：
保管人：
法定代表人：
地址：

根据《民法典》和相关法律的规定，存货人和保管人双方遵循合法、平等自愿、协商一致、诚实信用的原则，经协商一致，签订本仓储合同以资共同信守。

第一条　仓储物的品名、品种、规格、数量、质量、包装、件数和标记

1. 品名：_____。

2. 品种：_____。

3. 规格：_____。

4. 数量：_____。

5. 质量：_____。

6. 包装：_____。

7. 件数：_____。

8. 标记：_____。

第二条　仓储场所、仓储物占用仓库位置及面积

_____。

第三条　储存期限

从_____年_____月_____日至_____年_____月_____日。

第四条　仓储费的计算与结算

1. 仓储费的计算：为了提高仓库使用率，确保物资安全，经双方协商，确定保管人提供仓库____平方米（_____货位）给存货人使用，仓储费每月每平方米____元（每个货位____元），合计月仓储费为_____元整。

2. 仓储费的结算：仓储结算方式_____；

仓储费结算时间_____。

第五条　仓储物验收的内容、标准、方法、时间、相关资料

1. 仓储物验收的内容：_____。

2. 仓储物验收的标准：_____。

3. 仓储物验收的方法：_____。

4. 仓储物验收的时间：_____。

5. 仓储物验收的相关资料：_____。

第六条　仓储物入库和出库手续

1. 仓储物入库手续

存货人向保管人提供必要的仓储物验收相关资料，保管人应按验收相关资料对入库仓储物进行验收。如果发现入库仓储物与验收相关资料不符，保管人应在返回的入库单上记载并于发现后一个工作日内通知存货人。仓储物入库完成后，保管人应填报入库单，入库单中应表明仓储物的垛号，并在入库后两个工作日内将入库单先发传真再邮寄给存货人。

2. 仓储物出库手续

所有仓储物的提取一律凭存货人开具的加盖存货人"出库专用章"的提单或提货传真件放货（提单上要注明提货人身份信息）。提货人凭提单或提货传真件提货，保管人必须电话向存货人确认后才能出库，遇有疑点应及时通知存货人。如实发数与提单数存在差额，保管人应按实发数将提单返还联及时返还存货人。

第七条　仓储物特殊储存条件和保管要求

1. 仓储物是否需要采取特殊储存条件？如需要，则特殊储存条件是：_____。

2. 仓储物保管要求：_____。

第八条　仓储物的损耗标准及计算方法

_____

_____

_____。

保管人发现仓储物有变质或损坏的，应及时通知存货人或仓单持有人。

第九条　双方责任

1. 存货人的责任

由于存货人未向保管人说明仓储物的储存条件或未按标准对仓储物进行必要的包装，造成货物损坏、变质的由存货人负责，存货人仓储物的保险费由存货人承担。

2. 保管人的责任

（1）在仓储物保管期间，仓储物发生丢失、变质、污染、损坏的由保管人承担赔偿责任。

（2）保管人未按法律规定和合同约定的储存条件对仓储物进行储存，造成毁损或其他事故的由保管人承担赔偿责任。

第十条　违约责任

1. 保管人的违约责任

（1）在仓储物保管期间，未按合同规定的储存条件和保管要求储存仓储物，造成仓储物灭失、短少、变质、污染、损坏的，应承担赔偿责任。

（2）对于危险物品和易腐物品等未按国家和合同规定的要求操作、储存，造成毁损的，应承担赔偿责任。

（3）由于保管人的责任造成退仓时，应按合同规定赔偿存货人运费并支付违约金_____元。

（4）由保管人负责发运的仓储物，不能按期发货，应赔偿存货人逾期交货的损失；错发到货地点，除按合同规定无偿运送至规定的到货地点外，再赔偿存货人因此而造成的实际损失。

（5）其他约定责任：_____。

2. 存货人的违约责任

（1）由于存货人的责任造成退仓时，存货人应偿付相当于相应保管费____% 的违约金。超议定储存量储存的，存货人除缴纳仓储费外，还应向保管人偿付违约金_____元，或按双方协议处理。

（2）易燃、易爆、易渗漏、有毒等危险物品以及易腐、超限等特殊物品，必须在合同中注明，并向保管人提供必要的保管运输技术资料，否则造成的仓储物毁损、仓库毁损或人身伤亡，由存货人承担赔偿责任直至刑事责任。

（3）仓储物临近失效期或有异状的，在保管人通知后不及时处理，造成的损失由存货人承担。

（4）未按国家规定或合同规定的标准和要求对仓储物进行必要的包装，造成仓储物损坏、变质的，由存货人负责。

（5）存货人已通知出库或合同期已到，由于存货人（含用户）的原因使仓储物不能如期出库，存货人除按合同的规定交付仓储费外，还应偿付违约金_____元。由于出库凭证或调拨凭证上的差错所造成的损失，由存货人负责。

（6）按合同规定由保管人代运的仓储物，存货人未按合同规定及时提供包装材料或未按规定期限变更仓储物的运输方式、到站地点、接货人，存货人应承担延期的责任和增加的有关费用。

（7）其他约定责任：_____。

第十一条　合同的变更和解除

有下列情形之一，可变更或解除本合同：

（1）双方协商一致可解除本合同；

（2）由于不可抗力致使本合同全部或部分不能履行，可变更或解除本合同；

（3）由于合同一方在合同约定的期限内没有履行合同或严重违约，另一方可解除本合同。

第十二条　不可抗力与争议解决方式

1. 不可抗力

双方的任何一方由于不可抗力的原因不能履行合同时，应及时向对方通报不能履行或不能完全履行的理由，在取得有关主管机关证明以后，允许延期履行、部分履行或者不履行合同，并根据情况可部分或全部免予承担违约责任。

2. 争议解决方式

双方应认真全面地履行本合同，如发生争议，首先通过协商解决，如协商不成，可向所在地人民法院提起诉讼解决。

第十三条　本合同未尽事宜，一律按《民法典》执行

法定代表人：	法定代表人：
委托代理人：	委托代理人：
存货人单位（章）：	保管人单位（章）：
地址：	地址：
电话：	电话：
开户银行：	开户银行：
账号：	账号：

。

小问答

仓储合同与保管合同有什么区别？

四、配送合同的编制

（一）配送合同的含义与特征

1. 配送合同的含义

配送是物流企业重要的作业环节，它是指在经济允许范围内，根据客户要求，对物品进行拣选、加工、包装、分割、组配等作业，并按时送达指定地点的物流活动。

配送是物流中一种特殊的、综合的活动形式，是商流与物流的紧密结合，包含了商流活动和物流活动，也是包含了物流中若干功能要素的一种形式。

配送合同是指配送服务经营人与配送委托人签订的有关确定配送服务权利和义务的协议。或者说，是经营人收取费用，将委托人委托的配送物品，在约定的时间和地点交付给收货人而订立的合同。委托人可以是收货人、发货人、贸易经营者、商品出售人、商品购买人、生产企业等配送物的所有人或占有人，可以是组织或者个人。

2. 配送合同的特征

（1）无名合同。

配送合同不是《民法典》中的典型合同，不能直接引用《民法典》合同编中的典型合同规范。因而配送合同需要依据《民法典》合同编通则的规范，参照运输合同、仓储合同、保管合同的有关规范，通过当事人签署完整的合同调整双方的权利和义务关系。

（2）有偿合同。

配送服务是一种产品，配送服务经营人需要投入相应的物化成本和劳动才能实现产品的生产。独立的配送服务经营是为了营利的经营，需要在配送服务经营中获得利益回报。配送服务经营的营利性决定了配送合同为有偿合同。委托人需要为接受的配送服务产品支付报酬，配送服务经营人收取报酬是其合同中规定的权利。

（3）诺成合同。

诺成合同表示合同成立即可生效。当事人对配送服务关系达成一致意见时配送合同就成立，合同也即生效。配送合同生效后，配送服务经营人应为履行合同组织力量，安排人力、物力，甚至要投入较多资源，如购置设备、聘请人员。如果合同还不能生效，显然对配送服务经营人极不公平，因而配送合同必须是诺成合同。当事人在合同订立后没有依据合同履行义务，就构成违约。当然，当事人可在合同中确定合同开始履行的时间或条件，时间未到或条件未达到时虽然合同未开始履行，但并不表明合同未生效。

（4）期限合同。

配送服务活动具有相对的长期性，配送过程都需要持续一段时期，以便开展有计划、小批量、不间断的配送，实现配送的经济目的。如果只是一次性的送货，则成为运输关系而非配送关系。因而配送合同一般是期限合同，确定一段时期或一定数量产品的配送关系，需要持续较长的时间。

（二）配送合同的种类

1. 独立配送合同

独立配送合同指由独立经营配送业务的配送企业或个人或兼营配送业务的组织与配送委托人订立的仅涉及配送服务的独立合同。该合同仅仅用于调整双方在配送服务过程中的权利和义务关系，以配送行为为合同标的。

2. 附属配送合同

附属配送合同是指在加工、贸易、运输、仓储或其他物质经营活动的合同中，附带订立配送服务活动的权利和义务关系，配送服务活动没有独立订立合同。附属配送合同主要有仓储合同中附带配送合同、运输合同中附带配送合同、销售合同中附带配送合同、生产加工合同中附带配送合同等。

3. 配送合同的其他分类

配送合同依据合同履行的期限还可分为定期配送合同和定量配送合同。定期配送合同是指双方决定在某一期间，由配送服务经营人与委托人就其某些配送业务而订立的合同。定量配送合同则是配送服务经营人按照委托人的要求，约定为定量的物品进行配送，直到该数量的物品配送完毕而订立的合同。

同时配送合同按照委托人身份的不同还可分为批发配送合同、零售配送合同、工厂配送合同等；依据配送物的不同可分为普通商品配送合同、食品配送合同、汽车配送合同、电器配送合同、原材料配送合同、零部件配送合同等；按照配送服务地理范围的不同可分为市内配送合同、地区配送合同、全国配送合同、跨国配送合同、全球配送合同等。

（三）配送合同双方的权利与义务

配送合同双方应按照合同约定严格履行合同，任意一方不得擅自改变合同的约定，这是双方的基本合同义务。

1. 配送服务经营人的主要义务

（1）配送服务经营人采取合适的方法履行配送的义务。配送服务经营人应具有合适的库场，从而适宜配送物的入库、保管、分拣等作业；采用合适的作业工具，如干杂货使用厢式车运输；使用避免损害货物的装卸方法，如大件重货使用吊机、拖车作业；对运输工具进行妥善积载，使用必要的装载衬垫，进行捆扎、遮盖等；采取合理的配送线路；使用公认的或者习惯的理货计量方法，保证理货计量准确。

（2）配送服务经营人提供配送单证。配送服务经营人在送货时须向收货人提供配送单证、配送清单。配送清单为一式两联，详细列明配送物的品名、等级、数量等信息，经收货人签署后收货人和配送服务经营人各持一联，以备核查和汇总。配送服务经营人需在一定期间向收货人提供配送汇总表。

（3）配送服务经营人向委托人提供存货信息和配送报表。配送服务经营人需在约定的期间（如每天）向委托人提供存货信息，并随时接受委托人的存货查询，定期向委托人提交配送报表、残损报表等材料。

（4）配送服务经营人接受配送物并承担仓储和保管义务。配送服务经营人需按配送合同的约定接收委托人送达的配送物，承担查验、清点、入库登记、编制报表的义务，安排合适的地点存放配送物，妥善堆垛或上架；对库存配送物进行妥善的保管、照料，防止配送物受损。

（5）配送服务经营人返还配送剩余物。配送期满或者配送合同履行完毕，配送服务经营人需要将剩余的配送物返还给委托人，或者按委托人的要求交付给其指定的其他人。配送服务经营人不得无偿占有配送剩余物。

2. 委托人的主要义务

（1）委托人保证配送物适宜配送。委托人需要保证由其本人或者其他人提交的配送物适宜配送。对配送物进行必要的包装或定型；标注明显的标识并保证能与其他商品相区别；保证配送物可按配送要求进行分拆、组合；配送物能用约定的或者常规的作业方法进行装卸、搬运等作业；配送物不是法规禁止运输和仓储的物品；对于限制运输的配送物，需提供准予运输的证明文件等。

（2）收货人收受配送物。委托人保证指定的收货人正常地收受配送物，不会出现无故拒收；收货人提供合适的收货场所和作业条件；收货人对收受的配送物有义务进行理算查验，并签收配送单证和注明收货时间。

（3）委托人处理残料。合同期满，委托人有义务处理配送残余物、加工废料等。

（四）配送合同的样本

配送合同的样本如下。

配送合同

配送方（甲方）：

订购方（乙方）：

甲乙双方本着公正、诚信、互惠互利、友好合作的原则，由甲方负责向乙方提供配送服务事宜，为保证双方的权益，特订立本合同。

第一条　配送商品名称与种类、质量及安全要求等

序号	配送商品名称与种类	质量及安全要求	品牌及产地	单位	数量	单价	备注
1							
2							
3							
4							
5							
6							
合计：							
人民币（大写，元）：							

1. 配送商品名称与种类：_____。

2. 质量及安全要求：_____。

3. 数量：应保证数量的准确性，原则上以乙方验货数量为准。

4. 时间：甲方须按乙方要求每天____时前将所订购的商品送至乙方所在地，送货时间延迟30分钟以上，甲方向乙方支付当天货款3%的违约金。

5. 验收：甲方每次随货送上一式两份的配送清单，乙方验收后由乙方人员签字核准，作为送货凭证。对不符合质量的商品，乙方有权退货或要求甲方换货。

第二条　配送区域与地点

1. 配送区域为_____地区及_____省内各市县。

2. 配送具体地点为：

（1）_____；

（2）_____；

（3）_____；

（4）_____；

（5）_____；

（6）_____。

第三条　配送服务期限及内容

1. 自____年____月____日起至____年____月____日止，届期如需继续合作，另行订立合同。

2. 甲方接受乙方委托，为乙方提供指定提货地点至配送地点的门到门（库、站、港、店等）的配送服务。

3. 乙方必须提前一天以电子邮件、书面、传真或电话等方式向甲方传达配送计划。在合同期内，甲方按乙方订购的商品种类、数量、质量及单价准时向乙方提供配送服务，否则乙方有权拒收。

第四条　配送费用计算

配送费用计算：_____。

第五条　付款方式

1. 配送费用每____天结算一次，并于结算后____天内乙方以支票或现金方式向甲方支付。

2. 乙方必须将配送费用付给甲方指定的收款员或转入甲方指定的账号，甲方指定的收款员应持甲方所出具的"法人代表授权委托书"，否则，如发生损失由乙方承担。

第六条　违约责任

1. 甲方责任

（1）甲方送货到达时间每晚于规定时间一天，应向乙方支付当次配送费用20%的违约金（修路、交通管制除外），若甲方送达的目的地错误，应自费将商品送达乙方要求的目的地，因此给乙方造成的损失由甲方负责赔偿。

（2）经双方确认，商品在配送途中造成的破损、遗失、短缺等任何损失，由甲方负责赔偿，赔偿值按实际货值计算，且甲方不得擅自拆除商品包装并重新包装，因以上原因造成乙方违约或其他损失的，由甲方负责赔偿。

（3）在符合法律和合同规定条件下的运输，由于下列原因造成商品灭失、短少、损坏的，甲方不承担违约责任。原因有不可抗力、商品本身的自然属性、乙方或收货人本身的过错。

2. 乙方责任

（1）不按时与甲方结算配送费用，每超一天偿付给甲方当月结算费用10%的违约金，由于甲方提供结算单据不及时导致的超时结算除外。

（2）因乙方原因，造成甲方的配送车辆不能及时返回，乙方应向甲方额外支付当次配送费用的20%作为补偿金。

（3）由于在商品中夹带、匿报危险货物，而招致商品破损、爆炸，造成人身伤亡的，乙方应承担由此造成的一切责任。

第七条　合同生效及其他

1. 本合同经双方代表签字加盖公章后生效。

2. 本合同一式两份，双方各执一份。

3. 经双方签字核认的配送清单，作为本合同附件，同具法律效力。

4. 本合同未尽事宜，双方协商解决，发生纠纷时，如双方协商不成可申请法院裁决。

法定代表人：　　　　　　　　　　　　法定代表人：

委托代理人：　　　　　　　　　　　　委托代理人：

电话：　　　　　　　　　　　　　　　电话：

甲方（盖章）：　　　　　　　　　　　乙方（盖章）：

开户银行：　　　　　　　　　　　　　开户银行：

银行账号：　　　　　　　　　　　　　银行账号：

　　　年　　月　　日　　　　　　　　　　年　　月　　日

小问答

代理人签订合同时，合同法人代表的盖章，用谁的章呢？

五、运输合同的编制

（一）运输合同的含义

运输合同是承运人将旅客或者货物从起运地点运输到约定地点，旅客、托运人或者收货人支付票款或者运输费用的合同。运输合同中，运输旅客或货物的一方是承运人，另一方则是托运人或者旅客。我们这里讲的运输合同如无特别说明通常是指货物运输合同。

（二）运输合同的特征

1. 运输合同主体的复杂性

所谓运输合同的主体就是运输合同中权利的享有者和义务的承担者。运输合同的主体与一般合同主体不同，具有其复杂性，这是由运输合同的特点所决定的。运输合同的主体包括承运人、托运人和收货人。

承运人是指提供运输服务的当事人。凡是取得运输服务资格的企业和个人都可以在批准的经营范围内从事运输生产活动。承运人可以是组织，也可以是公民个人。承运人提供运输服务，其基本条件是应具备相应的运输工具。

托运人是指提供行李或货物的人。行李运输的托运人就是旅客，货物运输的托运人是货主。托运人可以是自然人，也可以是法人或其他组织；可以是货物的所有人，也可以是货物所有人委托的运输代理人或者货物的保管人。运输合同是由托运人向承运人提出，经过承运人确认后成立的。因此，托运人作为合同的主体具有积极主动性。

收货人是托运人指定的领取货物的人。收货人可以是个人，也可以是法人或其他组织。在运输合同中，托运人有时就是收货人，但是在多数情况下，另有收货人。收货人作为运输合同的主体，也是运输合同的利害关系人。

2. 运输合同标的的特殊性

运输合同的标的是承运人运送旅客或者货物的劳务行为，而不是旅客和货物。旅客或者托运人与承运人签订运输合同，其目的是要利用承运人的运输工具完成旅客或者货物的位移，承运人的运输劳务行为是双方权利义务共同指向的目标。因此，运输劳务的行为才是运输合同的标的。运输合同的履行结果是旅客或货物发生了位移，并没有创造新的使用价值。

3. 运输合同属于提供劳务的合同，合同标的为运输劳务

运输合同的核心内容是承运人为旅客或者托运人提供的运输劳务。运输劳务本身虽然不会产生具体、有形的"劳动成果"，但却可以使旅客和托运人获得服务并从中受益。

4. 运输合同是双务、有偿合同

在运输合同中，承运人运输旅客或者货物，旅客、托运人或者收货人支付票款或者运输费用，当事人双方的权利义务具有对待给付关系。

5. 运输合同一般为诺成合同

客运合同是诺成合同，因为该合同自承运人向旅客交付客票时成立。货运合同一般为诺成合同，但也有一些是实践合同。

6. 运输合同多为格式合同

一般情况下，运输合同的条件是由承运人预先明确的，作为运输合同具体表现形式的客票、货运单或者提单也都是统一印制的，符合格式合同的特点。

（三）运输合同的种类

1. 根据运输方式分类

根据运输方式的不同，运输合同可以分为铁路运输合同、公路运输合同、水路运输合同、航空运输合同和多式联运合同五大类。

这五类运输合同的承运人是不同的运输企业，而托运人可以是企事业单位，也可以是公民个人。

2. 根据运送对象分类

根据运送对象的不同，运输合同可以分为旅客运输合同和货物运输合同两类。

旅客运输合同是指把旅客作为运送对象的合同。根据运输方式的不同，旅客运输合同又分为铁路旅客运输合同、公路旅客运输合同、水路旅客运输合同及航空旅客运输合同。与旅客运输相关的行李运输合同，可以看作一个独立的运输合同，也可以作为旅客运输合同的一部分。

货物运输合同是指以货物作为运送对象的合同。根据运输方式的不同，可以分为铁路、公路、水路、航空、管道、多式联运等货物运输合同。

3. 根据是否有涉外因素分类

根据是否有涉外因素，运输合同还可以分为国内运输合同和涉外运输合同两类。

国内运输合同是指运输合同当事人是中国的企事业单位或者公民，起运地和到达地等都在国内的运输合同。涉外运输合同是当事人或者货物的起运地、到达地有一项涉及国外的合同，如国际铁路货物联运合同、国际航空运输合同等。

小知识

运输的种类

运输按运送标的分为客运和货运。

运输按运输方式分为铁路运输、公路运输、水路运输、航空运输、管道运输等。

（四）运输合同当事人的权利与义务

1. 托运人的主要权利

要求承运人按合同约定的时间将货物安全运输到约定的地点；在承运人将货物交付收货人前，托运人可以请求承运人中止运输、返还货物、变更到货地点或将货物交给其他收货人，但由此给承运人造成的损失应予赔偿。

2. 托运人的主要义务

托运人的主要义务包括如实申报货运基本情况；办理有关手续；包装货物；支付运费和其他有关费用。

3. 承运人的主要权利

收取运费及符合规定的其他费用。对逾期提货的，承运人有权收取逾期提货的保管费；对收货人不明或收货人拒绝受领货物的，承运人可以提存货物；不适合提存货物的，可以拍卖货物提存价款；对不支付运费、保管费及其他有关费用的，承运人可以对相应的运输货物享有留置权。

4. 承运人的主要义务

按合同约定调配适当的运输工具，接收承运的货物，按期将货物运到指定的地点；从接收货物时起至交付收货人之前，负有安全运输和妥善保管的义务；货物运到指定地点后，应及时通知收货人收货。

5. 收货人的主要权利与义务

收货人的主要权利是承运人将货物运到指定地点后，收货人可以持凭证领取货物；在发现货物短少或灭失时，收货人有权请求承运人赔偿。收货人的主要义务是检验货物；及时提货；支付托运人少交或未交的运费和其他费用。

6. 多式联运合同的特殊效力

多式联运合同是指多式联运经营人将分区段的不同的运输方式联合起来为承运人履行承运义务的运输合同。

多式联运合同的特殊效力体现如下。

（1）承运人的权利和义务由多式联运经营人享有，多式联运的承运人之间的内部责任划分约定不得对抗托运人。

（2）支付费用的总括性。托运人将全程不同区段的运费一次性支付给多式联运经营人，并取得多式联运单据。

（3）对于联合运输过程中的货物灭失或毁损的赔偿责任及赔偿数额，首先适用法律的特别规定或国际公约的规定；发生损害的运输区段不能确定的，由多式联运经营人负赔偿责任，承运人之间的内部责任依约定或法定分配。

（五）常见运输合同的样本

因为运输方式不同，运输合同的内容也不尽相同，常见运输合同样本如下。

运输合同

托运方：_____

地址：_____邮政编码：_____电话：_____

法定代表人：_____职务：_____

承运方：_____

地址：_____邮政编码：_____电话：_____

法定代表人：_____职务：_____

根据国家有关运输规定，经过双方充分协商，特订立本合同，以便双方共同遵守。

第一条　货物名称、规格、数量、价款

（略）

第二条　包装要求

托运方必须按照国家机关规定的标准包装；没有统一规定包装标准的，应以保证货物运输安全为原则进行包装，否则承运方有权拒绝承运。

第三条　货物起运地点、货物到达地点

货物起运地点是_____；

货物到达地点是_____。

第四条　货物承运日期、货物运到期限

货物承运日期是_____；货物运到期限是_____。

第五条　运输质量及安全要求

（略）

第六条 货物装卸责任和方法

（略）

第七条 收货人领取货物方式及验收方法

（略）

第八条 运输费用结算方式

运输费用由＿＿＿＿＿＿＿＿＿＿支付；结算方式是＿＿＿＿＿＿＿＿＿＿＿＿＿＿＿＿＿＿＿＿＿。

第九条 各方的权利义务

1. 托运方的权利义务

（1）托运方的权利：要求承运方按照合同规定的时间、地点，把货物运输到目的地。货物托运后，托运方需要变更目的地或收货人，或者取消托运时，有权向承运方提出变更合同的内容或解除合同的要求。但必须在货物未运到目的地之前通知承运方，并应按有关规定付给承运方所需费用。

（2）托运方的义务：按约定向承运方交付运输费用。否则，承运方有权停止运输，并要求托运方支付违约金。托运方应按照规定的标准对托运的货物进行包装，遵守有关危险品运输的规定，按照合同中规定的时间和数量交付托运货物。

2. 承运方的权利义务

（1）承运方的权利：向托运方、收货人收取运输费用。如果收货人不缴纳或不按时缴纳规定的各种运输费用，承运方对其货物有扣压权。查不到收货人或收货人拒绝提取货物时，承运方应及时与托运方联系，承运方在规定期限内负责保管货物并有权收取保管费用，对于超过规定期限仍无法交付的货物，承运方有权按有关规定予以处理。

（2）承运方的义务：在合同规定的期限内，将货物运到指定的地点，按时向收货人发出货物到达的通知。对托运的货物要负责，保证货物无短缺、无损坏、无人为导致的变质。如有上述问题，应承担赔偿责任。在货物到达以后，按规定的期限负责保管。

3. 收货人的权利义务

（1）收货人的权利：在货物运到指定地点后有以凭证领取货物的权利。必要时，收货人有权对到站或中途货物提出变更到站时间或变更收货人的要求，签订变更协议。

（2）收货人的义务：在接到提货通知后，按时提取货物，缴清应付费用。若超过规定提货时间，应向承运人交付保管费用。

第十条 违约责任

1. 托运方责任

（1）未按合同规定的时间和要求提供托运的货物时，托运方应按其价值的＿＿％偿付给承运方违约金。

（2）由于在普通货物中夹带、匿报危险货物，错报笨重货物重量等招致吊具断裂、货物摔损、吊机倾翻、爆炸、腐蚀等事故的，托运方应承担赔偿责任。

（3）由于货物包装缺陷产生破损，致使其他货物或运输工具、机械设备被污染、损坏，造成人身伤亡的，托运方应承担赔偿责任。

（4）在托运方专用线或在港、站公用线自装的货物，在到站卸货时，发现货物损坏、缺少，在车辆施封完好或无异状的情况下，托运方应赔偿收货人的损失。

（5）罐车发运货物，因未随车附带规格质量证明或化验报告，造成收货人无法卸货时，托运方应偿付承运方卸车等费用及违约金。

2. 承运方责任

（1）不按合同规定的时间和要求配车、发运的，承运方应偿付托运方违约金＿＿＿元。

（2）承运方如将货物运到错误的到货地点，应无偿运至合同规定的到货地点。如果货物逾期到达，承运方应偿付逾期交货的违约金。

（3）运输过程中货物灭失、短少、变质、污染时，承运方应按货物的实际损失（包括包装费、运输费）赔偿托运方。

（4）联运的货物发生灭失、短少、变质、污染，应由承运方承担赔偿责任的，由终点阶段的承运方向负有责任的其他承运方追偿。

（5）符合法律和合同规定条件的运输，由于下列原因造成货物灭失、短少、变质、污染的，承运方不承担违约责任。

①不可抗力。

②货物本身的自然属性。

③货物的合理损耗。

④托运方或收货人本身的过错。

第十一条　本合同正本一式两份，合同双方各执一份；合同副本一式____份，送_____等单位各留一份

托运方（盖章）：　　　　　　　　　承运方（盖章）：

代表人（签字）：　　　　　　　　　代表人（签字）：

地址：　　　　　　　　　　　　　　地址：

电话：　　　　　　　　　　　　　　电话：

开户银行：　　　　　　　　　　　　开户银行：

账号：　　　　　　　　　　　　　　账号：

　　年　　月　　日　　　　　　　　　　年　　月　　日

签订地点：　　　　　　　　　　　　签订地点：

小问答

可否为货物运输时的毁损风险办理保险？若可以办理，应由谁来办呢？

六、第三方物流合同的编制

（一）第三方物流合同的含义

第三方物流是指由供方与需方以外的物流企业提供物流服务的业务模式。第三方物流具有节省费用、减少库存积压、实现企业资源的优化配置、服务更专业、提升企业形象等诸多优点。

第三方物流的一个重要特点就是物流服务关系的合同化，第三方物流通过合同的形式来规范物流经营者和物流消费者之间的关系。物流经营者根据合同的要求，提供多功能、全方位、一体化的物流服务，并依照合同来管理其提供的所有物流服务活动，因此第三方物流又叫合同制物流或契约物流，开展第三方物流活动就需要订立第三方物流合同。

所谓第三方物流合同，就是第三方物流服务活动的当事人之间设立、变更或终止权利义务关系的协议。

第三方物流是物流现代化发展的主要趋势，而第三方物流服务的法律表现形式就是第三方物流合同，第三方物流合同在物流实践中大量存在。

（二）第三方物流合同的特征

第三方物流合同涉及运输、储存、包装、装卸、搬运、配送等物流服务，本质上属于民商事合同，但与一般的民商事合同相比，第三方物流合同又具有以下几个特征。

1. 第三方物流合同的主体相对较为复杂

第三方物流合同中的主体包括以下三类。

（1）物流服务提供者（物流经营者），是第三方物流合同中主要的一方，一般是第三方物流的专业经营者。

（2）物流服务需求者（物流消费者），是第三方物流合同中的另一方，主要包括各种工业企业、批发零售企业等。

（3）物流服务活动的实际履行者。物流服务需求者和提供者是第三方物流合同的基本主体，但物流服务提供者有时会把海运、陆运、通关、仓储、装卸等环节的一部分或全部分包给他人，委托他们完成相关业务，使其参与物流合同的实际履行，如运输企业、港口作业企业、仓储企业、加工企业等，第三方物流合同的实际履行方成为第三方物流法律关系不可或缺的主体。

2. 第三方物流合同的内容具有广泛性和复杂性

在物流现代化发展过程中，提供第三方物流服务的企业从提供简单的储存、运输等单项服务转为提供全面的物流服务，其中包括：物流活动的组织、协调和管理；设计最优物流方案；物流全程信息的收集、管理等。提供第三方物流服务的企业大体上又可以分为资产型物流公司和非资产型物流公司。资产型物流公司又分为提供运输服务为主和提供仓储服务为主等不同类型；非资产型物流公司又分为提供货物代理为主、提供信息和系统服务为主、提供增值服务为主等不同类型。业务的专业化和多样化使得第三方物流合同的内容涉及运输、储存、装卸、搬运、包装、流通、加工、配送、信息处理等诸多环节，因此呈现出广泛性和复杂性等特点。

3. 第三方物流合同通常具有混合合同的特征

第三方物流合同涉及环节众多，合同的内容具有广泛性和复杂性。单一的物流服务合同在性质上容易确定，如纯粹的运输合同法律关系或仓储合同法律关系；然而，第三方物流合同往往是综合的物流服务合同，是集运输合同、委托合同、仓储合同、加工合同等各种合同于一身的混合合同，因而，物流服务提供者的法律地位也是集存货人、托运人、委托人、代理人等各种身份于一身的混合地位。

（三）第三方物流合同的法律关系

如上所述，第三方物流合同的内容具有广泛性和复杂性，涉及运输、储存、装卸、搬运、包装、流通、加工、配送、信息处理等诸多环节，同时由于第三方物流服务提供者拥有的资源不同，经营特色和经营方式也多样化，第三方物流合同当事人之间的法律关系也变得复杂起来。

从第三方物流合同主体来看，一方面是物流服务提供者与物流服务需求者的关系，双方基于物流服务合同的约定或法律的规定享有权利并履行义务，同时也必须独立地承担民事责任。另一方面是物流服务提供者与物流活动实际履行者的关系，当物流服务提供者利用自身的物流经营资源独立完成物流服务的全部过程时，物流服务提供者与物流活动的实际履行者是相同的，法律关系相对较为简单，但第三方物流合同的主体往往是综合的物流服务合同，每个物流服务提供者拥有的资源不同，因此，实践中物流服务提供者在接受物流服务需求者的委托后，往往与一个或多个实际履约方分别签订合同，委托他们从事具体的运输、仓储、加工、包装、装卸等服务。

从第三方物流合同的内容和性质来看，不管是物流服务提供者与物流服务需求者的关系，还是物流服务提供者与物流活动实际履行者的关系，根据不同的合同约定和物流实践，比较常见的是以下几种法律关系。

1. 运输、仓储、加工等一般物流服务法律关系

物流最主要的目的是通过运输链的顺利衔接，实现物质资料从供给者到需求者的物理移动最优化，所以运输、仓储、装卸、搬运等活动仍然是整个物流活动的核心要素。当第三方物流企业接受客户的委托，自己进行运输、仓储、装卸、搬运等物流作业活动，完成第三方物流合同所约定的内容时，这种经营模式与传统运输业、仓储业等区别不大，当事人双方形成相应的法律关系，如运输法律关系、仓储法律关系等。在物流实践中，物流仓库及相关设施可以通过自建或租赁取得。如果物流服务提供者在经营物流服务时接受货主的委托，根据运输、销售或消费的需要进行了包装、分割、计量、分拣、刷标志、组装等简单作业，或者对托运的货物进行了包装、集装箱拼箱、装箱或者拆箱，同时这些行为具有加工承揽的性质，那么物流服务提供者此时具有承揽人的法律地位，形成相应的加工承揽法律关系。

2. 委托代理法律关系

物流企业不可能拥有履行第三方物流合同的所有资源，因此不可避免地在第三方物流合同中约定物流服务提供者在一定权限内可以物流服务需求者的名义委托另外一方完成物流业务，这时第三方物流合同的当事人之间就形成了委托代理关系，即第三方物流服务提供者以物流服务需求者的名义同第三方签订分合同，第三方履行第三方物流合同的部分内容，对该分合同的权利、义务，物流服务需求者也应享有和承担。另外，物流服务提供者也常常接受货主的委托，以货主的名义办理货物的报关、报验、保险、结汇等业务，此时物流服务提供者除了和物流服务需求者形成法律关系之外，还以货主的名义与海关、保险公司、银行或其他有关方发生法律关系。

3. 居间或者行纪法律关系

在实际业务操作中，物流服务提供者可能提供与运输有关的信息、机会等，促成物流服务需求者与其他物流服务提供者（如货主与承运人、港口经营者等）之间的交易，从中收取一定的费用，并协调有关当事方的利益，而自己并没有同任何一方签订委托代理合同或向任何一方提供实体物流服务，此时，物流服务提供者处于居间人的法律地位。

实践中，也有物流服务提供者在为货主提供运输代办服务时，由于没有运输工具，就以自己的名义与第三方签订运输合同或者租用第三方的运输工具的情况，也有由于没有仓库，就以自己的名义与第三方签订仓储合同或者租用第三方的仓库的情况，此时，物流服务提供者处于行纪人的法律地位。需要指出的是，实践中许多物流活动的当事人并不能清

楚区分委托代理、居间、行纪的不同，这几种法律关系具有一定的相似之处，都是一方为他方办理事务、提供服务，其主要区别是代理人只能在代理权限内以被代理人的名义与第三人进行交易活动，后果由被代理人承担；居间人则仅仅为他人提供交易机会和信息媒介服务，并不参与他人的合同交易行为；行纪人以自己的名义为委托人进行交易活动。

小知识

什么是行纪？代理与行纪有什么区别？

所谓行纪，是指一方根据他人的委托，以自己的名义为他方从事贸易活动，并支取报酬的行为。

与代理相区别的是行纪是以自己的名义进行法律行为，而直接代理是以被代理人的名义进行法律行为。

（四）第三方物流合同的样本

第三方物流合同的样本如下。

第三方物流合同

甲方（客户）：_____

地址：_____邮政编码：_____电话：_____

法定代表人：_____职务：_____

乙方（第三方物流）：_____

地址：_____邮政编码：_____电话：_____

法定代表人：_____职务：_____

本合同在____物流公司（第三方物流）与_____公司（客户）之间于____年____月____日在____地生效。

第一条　服务、支付和期限

第三方将履行"业务范围"所规定的服务，费用支付标准与价目表中所定的服务费用标准一致。如果在合同下提供的物流服务的货币价值（在其中任何一个月内）比价目表提出的每月最小额要少，客户须支付不小于最小额的费用。除非任何一方提出书面终止通知，否则合同期限为自____日（起始日期）起3年，然后自动延期1年（续定条款）。合同的起始条款与续定条款终止日期前60天，双方将重新洽谈下一个延期合同的费用。

第二条　运送

1. 货物运送以第三方作为指定收货人。客户可不以第三方作为指定收货人来运送货物；第三方也有权利拒绝或接受货物。如果第三方接受货物，客户在得到第三方通知后，应立即书面通知承运人，并将一份副本送给第三方，说明第三方对上述财产没有受益权或其他利益关系。

2. 不符合规定的货物。客户不能把存在下列情况的货物运送到第三方：①与货物清单中的规定不一致；②每一批货物的包装标记不一致。第三方有权利拒绝或接受任何不符合规定的货物。如果第三方接受了这种货物，客户应支付价目表中所规定的费用，若价目表中没有规定，则支付合理的费用。第三方在收到这些不符合规定的货物后，应尽快通知客户，以获得有关指令，第三方不负责由于口头传递所造成的失误。

第三条　仓储

由第三方配送的所有货物都必须恰当地进行标记和包装，然后送到仓库以便配送。客户在送货前，准备好符合"业务范围"的货单。双方同意第三方根据协议规定的价格储存和搬运货物。

第四条　送货要求

1. 没有客户准确的书面要求，第三方不运送或转运货物。某些情况下第三方也可以根据电话发出货物，但是第三方不承担口头传递信息而造成失误的责任。

2. 客户要求从仓库中提货，必须给第三方合理的提货期限。如果因为自然灾害、战争、罢工等，或者第三方不能控制的任何理由，或者因为非第三方责任而造成的货物损坏，那么第三方不承担这种过失的责任。如果执行过程中发生了困难，客户与第三方应同意适当地延期。

第五条　额外服务（特殊服务）

1. 不属于通常物流服务的服务，即不属于"业务范围"内的服务，按第三方的通常费用标准合理收取额外的费用。

2. 客户所需要的特殊服务包括编制特定的存货报表、包装上的系列数字或其他数据的清单、货物的物理检验和物流运送清单等。

3. 为客户提供包装材料或其他特殊材料，可根据第三方的通常费用标准合理收取额外的费用。

4. 由于事先安排，不在正常商业时间内收到或运送货物，按第三方通常费用标准收取合理的额外费用。

5. 如果邮寄、电报或电话的费用超过通常的服务费用标准，或者在客户的要求下，不采用通常的通信方式，那么上述费用需向客户收取。

6. 有时第三方在没有客户书面同意的情况下，造成一些特殊费用是难以避免的，客户需要同意支付第三方由此而产生的合理的费用。然而，只要可能，第三方在造成这些费用前，应尽量从客户那里获得许可。这种许可可以是口头的，但第三方对口头传递信息所造成的失误不负责任。

第六条　责任和损失限制

1. 损失责任。对于合同上的标的，由于第三方没有照管好而造成储存货物的丢失或损坏，由第三方负责。除此之外，客户把私人财产送到第三方，第三方不为客户保火灾险或其他意外事故险，因火灾或其他事故造成客户私人财产损失，第三方无法律责任。

2. 保险。客户（甲方）委托第三方（乙方）代办保险事宜，保险费率按投保金额的0.15%计算，保险费由甲方承担（单独支付，与相关物流费用一起结算）。

3. 损失计算。如果第三方对客户货物的丢失或损坏负责，为了计算这种损失，货物将按实际成本进行计算。

4. 装卸。第三方对由于进货、卸货或出货、装货的延误而造成的逾期费用负责。第三方应竭尽全力提供及时的服务。

5. 随后损失。不是由于第三方的任何行为或疏忽而造成的随后损失，第三方不负责任。

第七条　义务

第三方将负责配备相应的人员，负责日常安全（包括下班后锁门和启动电子安全系统）管理，并负责包装材料、物流设备、办公设备和房屋的保养。

第八条　风险分担

有关方都认识到第三方为提供服务将作出承诺并投资。双方同意下列条款。

无须任何理由，任何一方均可在90天前以书面形式通知另一方终止该合同。该书面通知应有终止日期。无论什么原因的终止，无论是客户还是第三方提出终止，客户应同意补偿第三方全部的未摊提的贷款或租金，即由此造成的损失，第三方应得到相应的补偿。

第九条　索赔通知和诉讼

1. 所有的索赔要求必须在法庭宣判前，以书面形式提交。

2. 只有在事件发生后一年内以书面形式提出索赔，客户或第三方才需要做出反应。

第十条　口头交流

在与以上各节内容无冲突的条件下，客户同意在发生口头交流 24 小时内，用书面形式对这些口头交流内容进行确认。第三方收到书面确认后，无权依靠自己对口头交流的理解行事，而应按书面确认的情况为准。但是，在第三方收到口头交流确认前，第三方不必对口头交流所产生的误解负责。

第十一条　仓库

（略）

第十二条　转让

不得到客户书面同意，第三方不能抵押或让渡合同的任何一部分，或与合同有关的任何权利。上述书面同意不能随便收回。

注意，在这一转让条款规定中，并不限制第三方向持有股份的公司或控股的公司或主要持股人转让利益。这些利益的转让不需要客户同意。

第十三条　授权

在合同上签名的代理人或雇员必须声明并保证完成所有必需的工作，他们有权使各自的组织受到法律保护。

第十四条　违约

下列情况被认为是第三方违约。

1. 第三方在执行合同条款时，有实质性的违约。

2. 第三方向法院提出自愿破产的申请，或被法院宣布破产，或为债主的利益进行转让、寻求或同意对所有资产任命他人为接收人或清算人。

3. 第三方收到书面违约通知单后 30 天，违约还在继续，这种情况下，客户有权中止合同。在与前述无冲突的情况下，第三方在收到这一违约通知后，有 30 天时间来纠正其违约行为。

第十五条　继任者和受让人

本合同应对各方的继任者和受让人具有法律效力。

第十六条　所适用的法律

本合同应根据_____的法律执行。

第十七条　修改最终完成合同

除了各方签名的书面协议外，本合同不能以任何其他方式修改或作废。书面意见是完整的协议，是双方签注的，不能由别人代表。

七、物流保险合同的编制

（一）物流保险合同的含义

物流保险合同是投保人与保险人约定物流保险权利和义务关系的协议。投保人和保险人是直接签订合同的人，是合同的双方当事人，按照合同的约定，投保人应向保险人交付约定的保险费，保险人则应在约定的物流保险事故发生时，履行给付保险金的义务。

（二）物流保险合同的主体与客体

1. 物流保险合同的主体

（1）物流保险合同的当事人。物流保险合同的当事人是指直接订立物流保险合同的人，物流保险合同的当事人包括保险人和投保人。

保险人又称承保人，是与投保人订立物流保险合同，承担给付保险金责任的保险公司，它依法设立，专门经营保险业务。

投保人是指与保险人订立物流保险合同，并按照物流保险合同的规定，负有支付保险费义务的人。投保人可以是自然人，也可以是法人。投保人要具备两个条件：一是应该具有相应的民事行为能力；二是应该对保险标的具有保险利益。

（2）物流保险合同的关系人。物流保险合同的关系人是指与物流保险合同的订立间接发生关系的人。在物流保险合同约定事故发生时，物流保险合同的关系人享有保险金的请求权。物流保险合同的关系人包括被保险人和受益人。

被保险人是其财产和人身受物流保险合同保障，享有保险金请求权的人。被保险人可以是自然人，也可以是法人。当投保人为自己具有保险利益的物流保险标的订立物流保险合同时，投保人就是被保险人，即物流保险合同订立时，他是投保人，物流保险合同订立后，他便是被保险人；当投保人为具有保险利益的他人订立合同时，投保人和被保险人不是同一个人。

受益人是由被保险人或投保人在物流保险合同中指定的享有保险金请求权的人，在我国，受益人的概念仅在人身保险合同中存在。

（3）物流保险合同的辅助人。物流保险合同的辅助人是指协助物流保险合同当事人办理物流保险合同有关事项的人。通常包括保险代理人、保险经纪人和保险公估人。

2. 物流保险合同的客体

物流保险合同的客体就是保险利益。保险利益是投保人或被保险人对于物流保险标的，因具有各种利害关系而得以享有的经济利益。在物流保险中，物流保险事故发生后，投保人或被保险人皆未受损，则表明无保险利益存在，物流保险合同因失去客体要件而失效。

（三）物流保险合同的特征

1. 物流保险合同是射幸合同

一般的民事合同与商事合同所涉及的权益或者损失都具有相应的对等性，但是在物流保险合同中，投保人支付保险费的行为是确定的，而保险人对被保险人是否赔偿或给付保险金则依物流保险事故是否发生而定，是不确定的。由于投保人以少额保险费获取大额保险金带有机会性，所以物流保险合同便具有了射幸性。

2. 物流保险合同是附合合同

一般的民事合同与商事合同完全或者主要是由各方协商以约定合同的内容。但是物流保险合同内容的产生是以附合为主，即由合同的一方提出合同的主要内容，另一方当事人只能做出取舍的决定。保险业的特点使物流保险合同趋于定型性、技术性和标准化。物流保险合同的基本条款一般由保险人事先拟定并印制出来，投保人若同意就投保，若不同意也没有修改其中某项条款的权利。即使有必要变更物流保险合同的某项内容，投保人通常也只能采用保险人事先准备的附加条款，而不能完全按自己的设想做出改变。

3. 物流保险合同是双务合同

物流保险合同是一种双方的法律行为，一旦生效，便对双方当事人具有法律约束力。

保险双方相互履行义务，同时享有权利。在物流保险合同中，投保人有按照合同约定支付保险费的义务，被保险人在物流保险事故发生时享有请求保险人赔偿或者给付保险金的权利，保险人应履行物流保险合同约定的物流保险事故发生时赔偿或者给付保险金的义务，享有收保险费的权利。

4. 物流保险合同是要式合同

要式是指合同的订立要依法律规定的特定形式进行。订立合同的方式多种多样，但是，根据《中华人民共和国保险法》（以下简称《保险法》）的规定，保险合同要以书面形式订立，其书面形式主要表现为保险单、其他保险凭证及当事人协商同意的其他书面协议。保险合同以书面形式订立是国际惯例，它可以使各方当事人明确了解自己的权利和义务，并作为解决纠纷的重要依据。

5. 物流保险合同是最大诚信合同

最大诚信原则是国际保险实践普遍要求的一项基本原则，该原则要求投保人在订立保险合同时履行主动声明、如实声明、不违反保证三项义务。投保人或被保险人违反此原则的法律后果是保险合同不成立，即使订立，保险人也可主张解除合同。最大诚信原则同样也是物流保险合同的基础。

（四）保险标的与保险责任

物流保险的保险标的比较复杂，下面以货物运输保险为例介绍保险标的。

货物运输保险综合传统货运保险和财产保险的责任，承保货物在运输、储存、加工、包装、配送过程中由于自然灾害或意外事故造成的损失和相关费用。

1. 货物运输保险标的

除特别规定外，凡以物流方式流动的货物均可作为货物运输保险合同的保险标的。下列货物在事先申报并经保险人认可并明确保险价值后，可以作为特约保险标的。

（1）金银、钻石、玉器。

（2）古币、古书、古画。

（3）邮票。

下列货物不在保险标的范围之内。

（1）枪支弹药。

（2）现钞、有价证券、票据、档案、账册、图纸。

2. 物流保险责任与物流保险除外责任

物流保险责任是指保险人承担赔偿或给付保险金的物流风险项目。物流保险责任条款确定了保险人所承担的物流风险范围。物流保险责任依物流保险种类的不同而有所差异，通常由保险人确定物流保险责任的范围，并成为合同的一部分内容。

物流保险除外责任是保险人按照法律规定或者合同约定不承担物流保险责任的范围，即对物流保险责任的限制。在物流保险合同中，应明确列出保险责任及其除外条款，更好地确定物流保险合同双方当事人的权利和义务。

1）物流保险责任

（1）在保险期间，若保险标的在物流运输、装卸、搬运过程中由于下列原因造成损失，保险人依照物流保险合同的约定负保险责任。

①火灾、爆炸。

②自然灾害。这里的自然灾害是指雷击、暴风、暴雨、洪水、暴雪、冰雹、沙尘暴、冰凌、泥石流、突发性滑坡、火山爆发、地面突然塌陷、地震、海啸及其他人力不可抗拒的破坏力强大的自然现象。

③运输工具发生碰撞、出轨、倾覆、坠落、搁浅、触礁、沉没，或隧道、桥梁、码头坍塌。

④外力导致包装破裂或容器损坏。

⑤符合安全运输规定但遭受雨淋。

⑥装卸人员未违反操作规程进行装卸、搬运，但仍然产生损坏。

⑦共同海损的牺牲、分摊和救助。

（2）下列损失和费用，保险人也应依照物流保险合同的约定负保险责任。

①保险事故发生时，为抢救保险标的或防止灾害蔓延，采取必要的、合理的措施而造成保险标的的损失。

②保险事故发生后，被保险人为防止或减少保险标的的损失所支付的必要的、合理的施救费用。

③经保险人书面同意的，被保险人为查明和确定保险事故的性质、原因和保险标的的损失程度所支付的必要的、合理的费用。

2）物流保险除外责任

保险公司对于下列损失不负责赔偿。

①被保险人的故意行为或过失所造成的损失。

②发货人引起的损失。

③在保险责任开始前，被保险货物已经存在品质不良或数量短差所造成的损失。

④被保险货物的自然损耗、特性以及市价跌落、运输延迟所引起的损失。

⑤货物运输战争险条款和货物运输罢工险条款规定的除外责任。

⑥核辐射等放射性污染造成的损失。

3. 保险公司在货损或货物灭失时行使的代位求偿权

在物流保险法律关系中，物流服务合同的一方与保险人订立物流保险合同。在非物流保险合同双方当事人的原因造成货损或货物灭失的情况下，保险人应先向货物利益方进行赔偿，而后有权向责任人追偿。此时应注意以下几个问题。首先，在事前确定货物利益方没有私自放弃有关损坏货物的任何权利，这是为确保保险人理赔后权利能够得到充分弥补。其次，保险人理赔后，应当取得与代位求偿及诉讼相关的一切证据，并应取得货物利益方的配合。再次，注意财产保全与证据保全。物流保险合同往往标的较大，必要时需要行使财产保全以确保保险人的利益。

4. 办理保险索赔程序

在发生货损或货物灭失，办理保险索赔时，需要经过以下程序。由索赔人向保险公司提供以下单据：保险单或保险凭证正本、运输契约、发票、装箱单、向承运人等第三责任方请求补偿的函电或其他单证、被保险人的追偿手续、由国外保险代理人或由国外第三方公证机构出具的检验报告、海事报告。海事造成的货物损失，一般均由保险公司赔付，船方不承担责任、不提供货损货差证明与索赔清单等。被保险人在办妥有关手续，交付单据后，等待保险公司审定责任，决定是否予以赔付，如何赔付。如保险公司决定赔付，则最后由保险公司向被保险人支付款项。

（五）办理第三方物流保险应注意的事项

"双轨并行"下的货物保险与责任保险分属于不同的保险类型，两者各自独立发挥其保险功能。但随着综合物流服务的发展，第三方物流企业办理自身责任保险的同时，越来越多地为货物所有权人代办货物保险。办理第三方物流保险时应注意下面几个问题。

1. 不能用代收委托人的保险费投保物流责任保险

第三方物流企业向委托人收取的保险费属于代收性质，其必须按照合同的约定履行代为投保物流货物保险的义务。然而，很多第三方物流企业认为，投保与否以及投保哪个险种完全是自己的事情。为节省保费，他们往往只投保责任保险一个类型。这些企业忽视了一个重要的问题：在只投保责任保险的情况下，对于不可抗力等原因导致的货物损失，保险公司是不负赔偿责任的。此时，货物所有权人面临的货损风险加大。另外，第三方物流企业的这种行为极有可能导致权利人提起违约诉讼。

2. 不能仅由第三方物流企业承担全部货损责任

当发生第三方物流企业责任以外的不可抗力事件导致货物损失时，被保险人应该向保险公司索赔。只有发生了因第三方物流企业的责任导致的货物损失时，被保险人才可以选择向第三方物流企业索赔。但实践中发生货损时，很多第三方物流企业往往抱着息事宁人的心态，对损失的原因不加区分，直接向委托方理赔，白白造成了损失。

3. 第三方物流企业仍然有必要投保物流责任保险

很多时候，委托方直接与保险公司打交道可能更为方便，所以实践中委托方并不一定要求第三方物流企业代其投保。在这种情况下，很多第三方物流企业认为既然委托方已自行投保，便没有必要投保物流责任保险。其实，委托方投保的仅仅是货物保险，对于因第三方物流企业责任造成的货物损失，保险公司仍然可以取得向第三方物流企业追偿的代位权。因此，从有效防范风险的角度出发，即便是在委托方自行投保的情况下，第三方物流企业仍有必要投保物流责任保险。

4. 不能充当双方代理

为提高效率，很多物流企业受货物所有权人的委托代其办理保险事务。这种操作方法，便于物流企业及时撮合交易，但隐藏着一个巨大的法律风险，即双方代理。所谓双方代理，就是指一个代理人同时代理双方当事人签订民事合同。为了维护被代理人的合法权益和确保代理权的合法行使，法律上禁止代理人从事双方代理。在保险活动中，一个代理人如果同时充当投保人和保险人的代理人，难免顾此失彼，最终损害一方当事人的利益。更有甚者，一些双方代理行为还构成了严重的刑事犯罪。其惯常的作案手法是人为地制造虚假交易，待骗取双方被代理人的资金后携款潜逃。因此，第三方物流企业双方代理的行为是不可采取的。

（六）物流保险合同样本

物流保险合同因保险标的不同，有不同的保险条款。下面以海洋运输为例，货物保险合同样本如下。

海洋运输货物保险合同

第一条　责任范围

本保险分为平安险、水渍险及一切险三种。被保险货物遭受损失时，本保险按照保险单上订明承保险别的条款规定，负赔偿责任。

一、平安险

本保险负责赔偿如下。

1. 被保险货物在运输途中由于雷电、海啸、地震、洪水等自然灾害造成整批货物的全部损失或推定全损。当被保险人要求赔付推定全损时，须将受损货物及自身权利委付给保险公司。被保险货物用驳船运往或运离海轮的，每一驳船所装的货物可视作一个整批。

推定全损是指被保险货物的实际全损已经不可避免，或者恢复受损货物以及运送货物到原定目的地的费用超过该目的地的货物价值。

2. 由于运输工具遭受搁浅、触礁、沉没、与流冰或其他物体碰撞以及失火、爆炸等意外事故造成货物的全部或部分损失。

3. 在运输工具已经发生搁浅、触礁、沉没等意外事故的情况下，货物在此前后又在海上遭受雷电、海啸等自然灾害所造成的部分损失。

4. 在装卸或转运时由于一件或数件货物落海造成的全部或部分损失。

5. 被保险人对遭受承保责任内危险的货物采取抢救措施而支付的合理费用，但以不超过该批被救货物的保险金额为限。

6. 运输工具遭遇海难后，在避难港由于卸货所引起的损失以及在中途港、避难港由于卸货、存仓以及运送货物所产生的特别费用。

7. 共同海损的牺牲、分摊和救助费用。

8. 运输契约订有"船舶互撞责任"条款，根据该条款规定应由货方偿还船方的损失。

二、水渍险

除包括上列平安险的各项责任外，本保险还负责被保险货物由于雷电、海啸、地震、洪水等自然灾害所造成的部分损失。

三、一切险

除包括上列平安险和水渍险的各项责任外，本保险还负责被保险货物在运输途中由于外来原因所致的全部或部分损失。

第二条　除外责任

本保险对下列损失，不负赔偿责任。

1. 被保险人的故意行为或过失所造成的损失。

2. 发货人引起的损失。

3. 在保险责任开始前，被保险货物已存在品质不良或数量短差所造成的损失。

4. 被保险货物的自然损耗、特性以及市价跌落、运输延迟所引起的损失。

5. 本公司海洋运输货物战争险条款和货物运输罢工险条款规定的除外责任。

第三条　责任起讫

1. 本保险负"仓至仓"责任，自被保险货物运离保险单所载明的起运地仓库或储存处所时生效，包括正常运输过程中的海上、陆上、内河运输在内，直至该项货物到达保险单所载明目的地收货人的最后仓库或储存处所或被保险人用作分配或非正常运输的其他储存处所为止。如未抵达上述仓库或储存处所，则以被保险货物在最后卸载港全部卸离海轮后满六十天为止。如在上述六十天内被保险货物需转运到非保险单所载明的目的地，则以该项货物开始转运时终止。

2. 由于被保险人无法控制的运输延迟、绕道、被迫卸货、重新装载、转载或承运人运用运输契约赋予的权限所做的任何航海上的变更或终止运输契约，致使被保险货物运到非保险单所载明目的地时，在被保险人及时将获知的情况通知保险人，并在必要时加缴保险费的情况下，本保险仍继续有效。保险责任按下列规定终止。

（1）被保险货物如在非保险单所载明的目的地出售，保险责任至交货时为止，但不论任何情况，均以被保险货物在卸载港全部卸离海轮后满六十天为止。

（2）被保险货物如在上述六十天期限内继续运往保险单所载原目的地或其他目的地时，保险责任仍按上述第三条第1款的规定终止。

第四条　被保险人的义务

被保险人应按照以下规定的应尽义务办理有关事项，如因未履行规定的义务而影响保险人利益时，本公司对有关损失有权拒绝赔偿。

1. 当被保险货物运抵保险单所载明的目的港（地）以后，被保险人应及时提货，当发现被保险货物遭受任何损失，应立即向保险单上所载明的检验代理人申请检验，如发现被保险货物整件短少或有明显残损痕迹，应立即向承运人或有关当局（海关、港务当局等）索取货损货差证明。如果货损货差是由于承运人、受托人或其他有关方面的责任所造成，应以书面方式向他们提出索赔，必要时还须取得延长时效的认证。

2. 对遭受承保责任内危险的货物，被保险人和本公司都可迅速采取合理的抢救措施，防止或减少货物的损失。被保险人采取此项措施，不应视为放弃委付的表示；本公司采取此项措施，也不得视为接受委付的表示。

3. 如遇航程变更或发现保险单所载明的货物、船名或航程有遗漏或错误时，被保险人应在获悉后立即通知保险人并在必要时加缴保险费，本保险才继续有效。

4. 在向保险人索赔时，必须提供下列单证：保险单正本、提单、发票、装箱单、磅码单、货损货差证明、检验报告及索赔清单。如涉及第三者责任，还须提供向责任方追偿的有关函电及其他必要单证。

5. 在获悉有关运输契约中"船舶互撞责任"条款的实际责任后，应及时通知保险人。

第五条　索赔期限

本保险索赔时效，从被保险货物在最后卸载港全部卸离海轮后起算，最多不超过两年。

小问答

保险人在拥有物上代位权后，保险标的所得利益归保险人所有，但若利益超过赔款，超过部分给谁呢？

任务实施

上述我们介绍了各类物流服务合同的名称与样式、合同中当事人的主要权利义务，以及在物流服务合同签订时应注意的问题，下面结合这些知识，我们来协助山东风华物流有限公司刘明经理完成与北京普源信息有限公司之间的物流服务合同草拟工作。要求合同内容要体现出双赢、信守承诺、可行、风险约束。

一、本次物流服务合同的订立注意事项

（1）物流服务合同的内容比较复杂，不仅有双方的权利义务要求，还有具体的物流运

作标准、费用计算办法，以及对物流服务的特殊要求等。

（2）本例物流服务合同综合了采购、仓储、运输、保险等合同的特点，但又不是这些合同内容的简单重叠，合同事项差异较大。

（3）物流过程是一个长期的、合作的过程，合同必须对此加以体现。物流环节出现纰漏时或由于一方的过错导致物流中断时，物流服务合同需要约定解决办法，以及费用和责任的承担。

二、编制本物流服务合同的操作步骤

（一）根据双方协议确定合同名称

从双方洽谈的内容来看，此次服务包括了运输、仓储、分拣、包装、配送等过程，是综合性质的物流服务，因此属于现代物流服务合同，可参照第三方物流合同的格式来编写，山东风华物流有限公司为第三方物流企业。

（二）确定合同主要条款

根据第三方物流合同的通用格式，结合双方协议的要文，可确定合同中的主要条款如下。

（1）物流服务内容。

（2）费用与结算。

（3）额外服务。

（4）各方权利和义务。

（5）违约责任。

（6）不可抗力。

（7）合同的变更、解除、终止及续签。

（8）合同争议的解决：索赔通知和诉讼。

（9）所适用的法律。

（10）合同签订时间、生效及期限。

（11）其他。

（三）根据合同的示范文本编写物流服务合同

物流服务合同

合同编号：bjpy2020103   签约地点：北京普源信息有限公司

北京普源信息有限公司（甲方）法定代表人：赵阳

公司联系方式：010 - 6666501/6666502   传真：010 - 6666502

地址：北京市朝阳区光华路 888 号

山东风华物流有限公司（乙方）法定代表人：刘旭华

山东风华物流有限公司联系方式：0532－8930705/8939438　传真：0532－8939773
地址：山东省青岛市高科园海尔路888号

为了明确甲乙双方当事人的权利、义务，根据《民法典》及其他相关法律法规，本着平等、自愿和诚信的原则，甲方委托乙方提供相关物流服务及配套服务等事宜，经甲乙双方协商一致，签订本合同，具体条款如下。

第一条　山东风华物流有限公司服务范围

在合同有效期内，山东风华物流有限公司（乙方）为北京普源信息有限公司（甲方）提供以下服务。

1. 运输服务

乙方为甲方负责美国AVAYB产品的国际与国内货物运输，即从美国AVAYB生产厂商提货，并通过国际货运代理将货品空运或以陆运加空运的方式运输到北京空港，从北京空港仓库提货、验货，然后派车运输至山东风华物流有限公司仓储中心。货品在运输途中损坏，若为乙方独立运输，由乙方承担损失；若为乙方与其他承运商合作完成，由乙方负责向承运商索赔（需购买保险）。乙方没按甲方下单的明细发货所造成的一切损失，由乙方承担。

2. 仓储与配送服务

（1）仓储设施。乙方为甲方提供符合要求的货品仓库、货架、装卸工具等相关设施。

（2）货品出、入库验收内容、标准、方法及时限。

乙方与甲方的工程师需在验收现场一起按照甲方提供的货品资料对货品进行验收入库。如出现问题，需要双方进一步核对，并共同在验收单上签字。同时入库货品要有收货订单。

乙方在入库验收过程中，如发现货品与甲方提供的货品资料不符、包装内有异常响动、渗漏、外包装破损、包装标识模糊不清等情况，应及时通知甲方，得到甲方确认和处理意见后，方可入库。

乙方须根据AVAYB产品的包装尺寸、产品类型、销售配置标准及分拣频率，合理进行货位分配和优化作业，并在甲方货品到达乙方仓库当日验收入库完毕。

乙方按照"先入先出、先产先出"的原则，按号出库。

仓储管理的具体操作必须符合安全要求，保证货品无短缺、无损坏。

（3）库存货品管理。

货品养护：乙方按照甲方认可的标准对甲方库存货品进行养护，做好养护记录，并随时接受甲方质量管理部门的检查和监督。

货品盘点：乙方对甲方委托储存的货品每月盘点1~2次，乙方随时接受甲方对库存货品的检查和盘点（每月不超过3次，每次不超过10个SKU的抽盘）。甲方每半年对库存货品进行一次全面盘点。

（4）货品分拣办法。

乙方严格按照甲方销售订单打印货品出库单，按货品批号进行货品分拣，做到当日销售订单（甲方需在每周一至周五15：00前交至乙方，周六、周日需在15：00—15：30交至乙方，延迟视为次日订单）当日处理完毕，并与甲方核对确认。如遇特殊情况应当日通知甲方，并在次日及时处理。

（5）货品损耗标准。

甲方给予乙方在货品仓储过程中的合理货品损耗标准额度为库存额的千分之二点三。

若货品在被乙方合理储存过程中损耗超过甲方规定的损耗标准额度，超出部分由乙方按成本价赔偿。

（6）货品破损额度。

甲方允许乙方申报货品破损的额度为入库额的万分之零点六。

若货品在被乙方合理储存过程中破损超过甲方规定的破损额度，超出部分由乙方按成本价赔偿。

（7）仓储配送。

承运商的选择。乙方为甲方唯一指定物流承运合作伙伴，若乙方不能独立完成物流配送，乙方可与其他承运商合作完成。

配送时效性。乙方严格按照甲方销售订单组织配送，当日15：00前的销售订单，当日配送，当日15：00后的销售订单，次日配送，另周六、周日甲方销售订单按规定正常发货。

货品在途时间见附件。

货品在配送途中坏损，若为乙方独立运输，由乙方承担损失；若为乙方与其他承运商合作完成，由乙方负责向承运商索赔（需购买保险）。乙方没按甲方下单的明细发货所造成的一切损失，由乙方承担。

（8）单据交接。

甲方每日15：00前以电子文档的形式将销售订单传至乙方，并通知乙方发货，乙方当日19：00前将当日发货明细、单号等回传至甲方。

每个配送包裹内放一份发货清单，发货清单的内容有客户收货信息、购买商品名称、国际条码、数量、金额、代收快递费，并注明制单员、装箱打包员。配送单上面注明"请客户开箱验货"的字样，支持客户先验货，再签收，避免事后发现破损、少件等问题。若开箱时，客户发现破损或者少件，请配送员开具证明。

相关物流单证及费用由乙方按照甲方不同系统分开整理，每月于3日前汇总一次，交至甲方。

3. 报关报检代理

乙方负责美国AVAYB生产厂商产品进口的报关报检业务。

第二条　费用及结算

1. 服务价格标准

乙方按照AVAYB产品货值的2.8%向甲方收取物流服务费用，主要包括以下内容。

（1）甲方向乙方支付物料（包括打印纸、胶带、纸箱、防震材料、其他消耗材料等）费用、人工费用，按出货包装箱不同规格收取不同费用。

（2）甲方向乙方支付货品仓储费用（包括通关后的监管库暂存服务费和在乙方仓储中心的仓储费）。

（3）甲方向乙方支付运输与配送费用。

（4）甲方向乙方支付上门取货费用（以实际发生额支付，包括国际货运代理和报关报检费用）。

2. 费用结算方式与时间

甲方按照乙方预算，于每季度6日（1月6日，4月6日，7月6日，10月6日）前向乙方预付下季度物流服务费用，每月15日前，乙方将上月发生的实际费用结算清单以邮件形式发给甲方，每月20日前双方完成上月结算确认，临时发生的费用由双方协商及时处理。

第三条　额外服务（特殊服务）

1. 乙方应甲方要求提供的不属于业务范围内的服务所需的第三方劳动力，按第三方的通常费用标准收取额外的合理费用。

2. 由于事先安排，不在正常工作时间内收到或运送货物，甲方需按第三方通常费用标准承担合理的额外费用。

第四条　双方权利和义务

1. 甲方的权利和义务

（1）甲方的权利。甲方有权要求乙方提供符合甲方货品储存标准的仓储库房；甲方有权根据需要对委托乙方保管的货品进行抽查盘点（至少一年3次）；甲方有权根据各项费用报表对乙方发生的费用进行检查。

（2）甲方的义务。合同签订之日起，甲方有义务向乙方提供营业执照、生产许可证或经营许可证、授权委托书及委托人身份证复印件；甲方委托乙方储存的货品应遵守国家有关法律、法规的规定，并符合包装标准；甲方有义务保证乙方的利益，不能因为和客户或供应商的交易纠纷而影响乙方及时得到该得到的利益；甲方有义务对交易的合法性及货品数量与质量负责；甲方有义务按约定及时向乙方结算及支付各种费用；甲方有义务保守乙方的商业秘密。

2. 乙方的权利和义务

（1）乙方的权利。乙方有权向甲方收取货品仓储、分拣、配送等产生的费用；乙方有权要求甲方提供仓储服务所需的相关明细资料和单据、证明等文件；乙方只按照甲方的要求进行发货，而不对甲方要求的发货地点的对错负责；客户的退货由甲方负责；需要乙方暂时保管和提供反向物流服务的，其费用由甲方以实际发生额承担并保证将费用及时划入乙方的账户，乙方有权要求甲方将进行交易的货品送到乙方仓库；乙方对货品送达过程中由于自身原因造成的损坏、灭失和送错负责，而不对货品质量和型号的对错负责；乙方对货品的合法性和交易的合法性不负责。

（2）乙方的义务。乙方有义务按照本合同约定提供仓储库房，妥善保管货品；乙方有义务按照甲方要求接收返回货品及不合格货品；乙方有义务接受并配合甲方进行货品盘点；乙方有义务按甲方要求的时间进行货品分拣并做好服务；乙方有义务按甲方要求的批号付货；乙方不能无理拒绝和擅自停止、更改物流服务内容，也不能更改货品的所有权性质；乙方有义务按照公布的价格和服务标准提供物流服务；乙方有义务保守甲方的商业秘密。

第五条　违约责任

本合同签订后，双方要严格执行，如其中一方不能按约执行，依法承担由此给对方造成的全部经济损失。

1. 甲方违约责任

（1）不按时支付乙方物流服务费用的，每延迟一天，应向乙方支付逾期物流服务费0.15%的滞纳金。

（2）由于货品本身的质量出现问题，甲方未及时处理，造成损失的，应承担乙方支出的所有处理费用。

（3）未履行如实告知义务的，出现包装不符、易渗漏、易腐、超限等特殊货品，却未在合同中注明，而造成货品毁损、仓库毁损及其他重大事故的，乙方有权解除或终止合同，甲方应承担给乙方造成的一切直接和间接损失。

2. 乙方违约责任

（1）未按合同约定提供仓储库房及分拣服务的，甲方有权要求终止合同。

（2）货品在储存期间，因乙方保管不善造成货品丢失、短少、损坏的，按甲方成本予以赔偿。

（3）未在规定时间内将货品送达甲方客户手中，乙方应承担给甲方造成的所有直接损失。

第六条　不可抗力

本条所述的"不可抗力"是指双方不能预见和克服的事件，但不包括双方的违约和疏忽，这些事件包括但不限于战争、地震、洪水、台风等。

如因不可抗力导致损失，遇不可抗力事故的一方，应立即将事故情况通知对方，并应在15天内提供事故详情，以及合同不能履行、部分不能履行或者需要延期履行的书面报告。按照事故对履行合同影响的程度，由双方协商解决是否解除合同，或者部分免除履行合同的责任，或者延期履行合同。

第七条　合同的变更、解除、终止及续签

1. 甲、乙任何一方需要变更合同条款的，需将变更内容以书面形式提供给对方，且变更要在双方相互协商一致和不违反国家法律、第三人利益及公序良俗的基础上，由双方或双方授权代表书面签署变更协议后才能执行。

2. 甲乙双方如有一方发生合并、转产、分立或其他法人易名、地位变更的情况，变更方应立即通知另一方。

3. 除了双方签署书面的针对本合同的补充或修改协议，并成为本合同不可分割的一部分外，本合同的任何条款不得擅自修改。

4. 本合同的任何修改、补充或变更均须采用书面形式，并经过双方加盖公章后正式生效，本合同修改、补充或变更部分视为本合同不可分割的组成部分，与本合同具有同等的法律效力。

5. 乙方业务表现（指时效、货损率、操作规范、用户满意度等方面）与甲方的要求差距较大，并给甲方带来严重经济损失的，甲方有权要求立即解除全部或部分合同。

6. 法律规定的其他解除合同的情况。

7. 本合同的解除不影响发生在合同解除之前的责任和义务，在合同解除之前所发生的责任和义务必须被彻底执行。

8. 合同到期前三个月，经双方同意可续签本合同。

第八条　合同争议的解决

在本合同执行过程中发生的或与本合同有关的争议应由双方通过协商解决，经协商不能达成一致时，合同双方均可向签约地人民法院提起诉讼。由此产生的诉讼费及胜诉方律师费等均由败诉方承担。

合同生效后，如任何一方违约，守约方为维护权益向违约方追偿的一切费用，包括但不限于律师费、诉讼费、保全费、鉴定费、差旅费等均由违约方承担。

本合同未尽事宜双方协商解决。

第九条　所适用的法律

该合同应根据《民法典》执行。

第十条　合同签订时间、生效时间及期限

合同签订时间：2020 年 1 月 10 日，经双方盖章后生效。

本合同期限：自 2020 年 1 月 10 日起至 2023 年 1 月 10 日止。

第十一条　其他

1. 本合同附件为合同的组成部分，与本合同具有同等法律效力。

2. 本合同执行过程中，签订的补充协议与本合同具有同等法律效力。

3. 本合同正本一式四份，甲乙双方各执正本两份，每份法律效力相同。

北京普源信息有限公司（甲方）法定代表人：赵阳

公司联系方式：010 - 6666501/6666502　传真：010 - 6666502

电子邮箱：zhaoyangl@163. com

地址：北京市朝阳区光华路 888 号

开户银行：中国建设银行北京金融街支行

账号：11001030700056028936

税号：91110000101112310B

山东风华物流有限公司（乙方）法定代表人：刘旭华

山东风华物流有限公司联系方式：0532 - 8930705/8939438　传真：0532 - 8939773

电子邮箱：sdfhwl@163. com

地址：山东省青岛市高科园海尔路 888 号

开户银行：中国农业银行青岛市分行

账号：1034160111155296985

税号：370000901512346Z

本合同附件略。

归纳总结

本任务的归纳总结如图 1 - 2 - 1 所示。

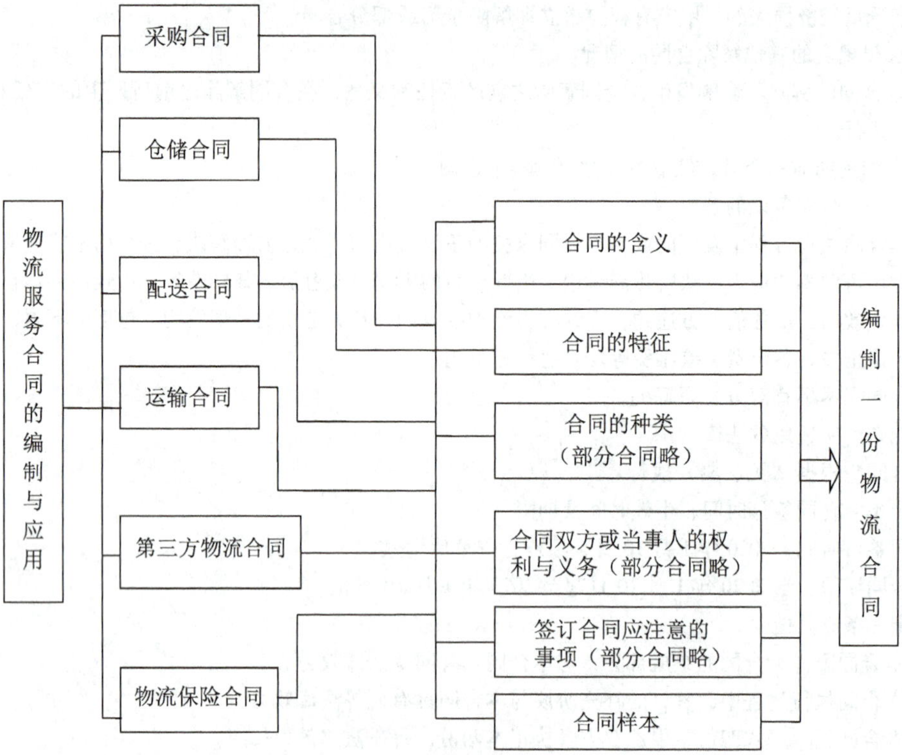

图 1-2-1　物流服务合同的编制与应用的归纳总结*

小技巧

合同写作技巧

合同的大纲确定之后，就要开始正式的写作了。在写作时，要注意下面这些方面，因为这些是关系到合同的内容与法律效力的。

1. 标题上注明"合同"两字。不要忽略此问题。如果你的客户需要合同，就要注明是合同。曾有案例裁定：有双方签字，但标题上写有"建议书"的文件并非合同。这给我们的教训就是，你怎么想，就应该怎么说。如果你想让你的文件成为具有法律效力的合同，就要在标题上注明"合同"字样。

2. 写短句子，因为短句子比长句子更容易理解。

3. 用主动语态而不用被动语态。相对而言，主动语态的句子更简短，措辞更精练，表达更易明白。

4. 不要用"双周"之类的词，因为这有可能产生歧义——是两周还是每隔一周？类似的词还有"双月"，所以"双周"最好写成"两周"或"每隔一周"。

5. 避免模棱两可。当一组名词前有一个修饰语时，你一定要弄清楚这个修饰语是修饰两个名词还是仅仅修饰第一个名词。如果是修饰两个词，可以分别在这两个名词之前加

---

*　部分合同的特殊内容未在此图进行展示。

上修饰语；如果你只想修饰一个名词，那么你就应该把这个名词放在这组词的最后，然后在它的前面加上修饰语。

6. "出租人"和"承租人"对一个租赁合同来说是不好的别称，因为他们容易被颠倒或者出现打印错误。可以用"房东"和"租户"来代替他们。同样，在合同中也避免用"留置权人"和"留置人"，"抵押权人"和"抵押人"，"保证人"和"被保证人"，"许可人"和"被许可人"，"当事人A"和"当事人B"……到底怎么说，这就要看你驾驭语言的能力了。不过，要把握的一条原则是，在整个合同中，合同一方只能有一个别称。

7. 使用术语"本文"时要当心。使用"本文"时最好特别申明一下"本文"是指整个合同，还是指其所在的某一段落。

8. 写数目时要文字和阿拉伯数字并用，如"拾（10）"，这将减少出错的概率。

9. 如果你想用"包括"这个词，就要考虑在其后加上"但不限于……"这一分句。除非你能够列出所有被包括的项，否则最好用"但不限于……"这一分句，来说明你只是想举个例子。

10. 不要依赖语法规则。撰写合同都要遵循一个基本原则：简洁、明确。检查你写的合同是否达到这个要求有个好办法，那就是去掉所有的句号和逗号，然后读一下。在没有标点符号的情况下，选择正确的词语放在正确的位置上，这将使你写出来的东西更简明、更流畅。

11. 不要创造词语。合同文书不是创造性的作品，也就不应因为意思的细微差别而引起思考或争论。合同文书应该是清晰、直接而准确的。因此，要使用普通的词语，表达普通的意思，为普通人撰写合同。

12. 用词一致。如在一份销售合同中，你想用"货物"来指整个合同的标的物，就不要时而称它们为"货物"，时而又改称它们为"产品"。保持用词一致性比避免重复更加重要。

13. 在文法和标点符号上保持一致。你所学的文法和标点符号用法可能和别人学的不一样，但你最好在使用上保持一致。要特别注意句末的引号、时间和地点之后的逗号以及文风的相似性。

14. 可以在合同中加入所依据的法律、合同发生地、律师费等条款。有了这些条款，一旦合同引起诉讼，你就已经为打赢这场诉讼战准备好了一些"弹药"。

思考与训练

一、简答题
1. 签订仓储合同与运输合同需要注意哪些问题？
2. 第三方物流合同和仓储合同、配送合同、运输合同等有什么区别？

二、技能训练题
资料：远航物流公司是一家家电物流服务商，提供仓储、装卸、运输、区域性分拨配送、进出口代理及工厂整体物流外包等服务。地址：辽宁省营口市鲅鱼圈区；电话：0417 - 6266688；传真：0417 - 6666895；开户银行：中国建设银行鲅鱼圈分行；账号：2222221111113333333。

2020 年 2 月 10 日，远航物流公司与辽河电器有限公司（地址：辽宁省营口市；电话：0417 - 2837556；传真：0417 - 2867628；开户银行：中国农业银行营口市分行；账号：3333333888888777777）洽谈合作意向，为其主要产品——辽河冰箱 BCD - 211 型（单价 1500 元）提供仓储、运输服务。约定服务费用标准：收货、仓储、出货费用按货值 0.5% 计算，运输费用按货值 1.2% 计算。服务期限为三年。每次发运的最低货值为 15 万元（约 100 件）。双方洽谈成功，约定一周内签约。

任务：请结合所学，根据上述资料，为远航物流公司编制一份仓储合同和一份运输合同。

要求：合同体现双赢互惠的精神，合同条款要量力而行，合同措辞严谨、内容详细，可依据合同样本编制。

评分标准：

1. 合同名称得当（10 分）。

2. 合同格式正确（20 分）。

3. 合同内容齐全、表述清楚且正确（50 分）。

4. 具有可操作性（20 分）。

任务三　仓储管理单证设计与填制

知识目标

- 了解仓储过程中的信息流程
- 掌握仓储管理过程中需要的各种单据及其作用
- 掌握仓储相关单证的取得与填制

能力目标

- 能够根据仓储管理的需要进行各类单据的设计与填制

素质目标

- 增强爱岗敬业、精益求精的工匠精神，提升为党、为国和为企业服务的决心与能力

任务引入案例

2020 年 1 月 10 日，山东风华物流有限公司与北京普源信息有限公司签订仓储合同，该合同的仓储标的是 AVAYB 产品，共计 200 箱，总计货值 1350 万元人民币，其中数字产品机柜 32 箱、语音产品机柜 53 箱、备件 115 箱，备件件数 2420 件。在 2020 年 1 月 31 日负责这批货的检验、收货、储存、保管、配送工作的是山东风华物流有限公司仓库管理员李宏等。同一日，李宏又接到公司发来的订单，订单内容是：AVAYB 产品（AVAYB9410）订单 20 台，单价 1998 元，发往莱阳蓝田移动通信器材公司（地址：山东省莱阳市渤海路 78 号），接货人张宾，联系电话：13137685353。

【思考】山东风华物流有限公司履行此仓储合同的工作流程及需要取得和填写的主要

物流单证有哪些?

任务目标

正确及时取得和填写入库、在库和出库作业环节中的相关物流单证。

任务分析

1. 了解仓储管理基本知识及商品入库、在库和出库作业流程。
2. 能正确及时取得和填写入库、在库和出库作业环节中的相关物流单证。
3. 具有良好的职业道德、职业态度和团队精神,能够及时发现取得和填写相关物流单证过程中存在的问题,并能正确处理,同时具有计划、组织、决策、协调等社会能力。

任务导读

仓储管理是现代物流管理的重要环节,是指企业为了充分利用自己所具有的仓储资源,提供高效的仓储服务所进行的计划、组织、控制和协调的过程。而仓储作业管理是仓储管理的重要内容之一,其主要包含了入库作业、在库作业和出库作业三个环节,其中既有实物流,又有信息流。实物流是库存物的实体空间移动过程,从作业内容和作业顺序来看,仓储作业过程主要包括接运、验收、装卸搬运、入库、理货、养护、保管、盘点、流通、加工、包装、备货、复核、出库等环节(见图 1 - 3 - 1)。信息流是指库存物信息的流动。而仓储单证正是库存物信息流的具体体现。

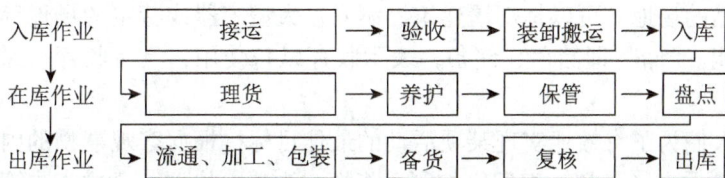

图 1 - 3 - 1　仓储作业过程

仓储单证是伴随着仓储管理活动的进行而产生的,是仓储管理的工具之一,是内部控制环节的载体。

仓储单证是仓库进行作业操作的前提条件,又是事后进行仓储管理的凭证,体现了企业内部控制制度的完善程度,为提高仓储管理效率服务。比如仓库进行出入库操作,需要以相关仓储单证为依据;仓库做账,同样需要以仓储单证为依据,没有依据凭空进行仓库账务操作就是弄虚作假,就是违规操作;同时仓储单证更可以起到复核、备查的作用,以实现仓储管理的目标。因此,科学有效地设计与填写仓储单证是十分必要的。

仓储单证一般按照来源不同,可以分为两大类:内部单证和外来单证。

内部单证是指企业内部制作或生成的单据。内部单证的使用并不限于内部,它只是由企业内部制作而已，可以用于企业外部，比如客户签收并留存一两联的销售发货单。内部单证主要包括出入库通知单（如到货通知单）、采购入库单、生产入库单（适用于成品、半成品等）、来料检验通知单、销售发货单、生产领料单、退料单、物料调拨单、发外加工单、请购单、其他申请单（如报废申请单）、处理单（如不良品处理单）等。

外来单证指的是那些来源不是本企业而是外部企业的单据。外来单证主要包括客户订单、供应商送货单、外协加工单、营销退货单、供应商对账单等。

另外，从某种意义上来说，仓库报表和盘点表也是仓储单证的一种。

仓储单证的设计与填写工作一般由仓储单证员负责完成，其主要工作职责如下。

第一，建立完整的物料账，当日物料账需当日完成，做好每日仓储库存日报表。

第二，负责仓库日常相关单证与报表的制作、汇总、发送及核对。

第三，定期协同仓管员配合财务等相关部门，对库存进行盘点，确保库存账卡物的一致性。

第四，负责仓库进出库单证的打印和系统录入，编码扫描及单实核对。

第五，负责仓库相关单据的建档、收集、登记及保管。

第六，负责收货、发货、盘点和库存管理作业。

第七，完成领导交代的其他工作。

一、仓储管理基本知识

（一）仓储管理的含义、目标和任务

1. 仓储管理的含义

仓储是指利用仓库及相关设施设备进行物品的入库、储存、出库的活动。"仓"即仓库，为存放物品的场地，可以是房屋建筑、洞穴、大型容器或特定的场地等，具有存放和保护物品的功能。"储"即储存、储备，表示收存以备使用，具有收存、保管、交付使用的意思。

管理是指人们为了有效地实现某项活动的最佳目标，根据客观事物的内部条件和外部环境，运用一定方式（计划、组织、控制、指挥、沟通、协调、激励、决策和核算等）所进行的一项综合性活动。

仓储管理就是对仓库及仓库内的物品所进行的管理，是仓储机构为了充分利用拥有的仓储资源、提供高效的仓储服务所进行的计划、组织、控制和协调过程。

仓储管理的基本特点：一是仓储管理不改变劳动对象的功能、性质和使用价值，而是保持和延续其使用价值；二是仓储管理活动的产品具有实际内容，仓储劳务以劳动的形式为他人提供特殊使用价值；三是仓储管理活动虽然不改变在库物品的使用价值，但会增加在库物品的价值；四是仓储管理的质量通过在库物品的完好程度、保证供应的及时程度来体现。

2. 仓储管理的目标

（1）空间利用率最大化；

（2）人员及设备的有效使用；

（3）所有物品都能随时存取；

（4）物品的有效移动；

（5）保证物品的品质；

（6）实现仓储良好的管理。

3. 仓储管理的任务

（1）利用市场经济的手段获得最优的仓储资源配置。配置仓储资源应以所配置的资源能够获得最大效益为原则，仓储管理需要营造仓储组织自身的局部效益空间，最大限度地吸引资源投入。包括根据市场供求关系确定仓储的建设规模，依据竞争优势选择仓储地址，以差别产品决定专业化分工和确定仓储功能，以所确定的功能决定仓储布局，根据设备利用率决定设备、设施的配置，根据规模设备配置与效率确定仓库定员。

（2）以高效率为原则组织仓储管理机构。仓储管理机构的确定必须围绕仓储经营目标，依据管理幅度、管理层次，并遵从因事设岗、责权对等的原则，建立结构合理、分工明确、互相合作的管理机构和管理队伍。

（3）以不断满足社会需要为原则开展仓储商务活动。仓储商务活动是仓储经营生存和发展的关键，是经营收入和充分利用储存资源的保证。仓储管理必须按市场需要提供仓储产品，满足市场对仓储产品的品种、规格、数量和质量上的需要。仓储管理者还要不断把握市场的发展变化，不断创新，提供适合经济发展的仓储服务。

（4）以高效率低成本为原则组织仓储生产。仓储生产应遵循高效低耗的原则，充分利用仓储信息系统、机械设备、先进的保管技术、有效的管理手段，实现仓储的快进快出，降低成本、减少差损，保持连续、稳定生产。

（5）以优质服务、诚信建立仓储企业形象。仓储业服务的对象主要是生产、流通经营者，仓储企业形象主要是通过服务质量、产品质量、诚信和友好合作等方式建立的，并通过一定的宣传手段在潜在客户中进行。只有具有良好形象的仓储企业，才能在物流系统中占有竞争优势，适应现代物流的发展。

（6）通过制度化、科学化的先进手段提高管理水平。任何企业的管理都不可能一成不变，需要随着形势的发展而动态发展，仓储管理也需要随着仓储企业经营目标以及社会需求的变化而改变。仓储管理的变革需要制度性的变革，需要建立标杆机制和管理质量戴明环（PDCA循环）机制。

（7）从技术到精神领域提高员工素质。员工的素质体现了企业形象和企业文化，没有高素质的员工就没有优秀的企业，仓储管理要根据企业形象建设的需要和企业发展的需要，不断提高员工的素质并加强对员工的约束和激励。

员工的素质包括技术素质和精神素质。仓储企业要通过系统的培训和严格的考核，来提高员工的技术素质。良好的精神素质来自企业和谐的氛围、有效的激励、对劳动成果的肯定及精神文明教育的深入。在仓储管理中，企业要重视员工的地位，要在信赖中约束、在激励中规范，使员工感受到人格的尊重，劳有所得、人尽其才，从而自觉地热爱企业、自觉奉献、积极向上。

（二）仓储管理的内容

1. 仓库的选址与建设

仓库的选址和建设问题是仓库管理战略层面研究的问题，如仓库选址的原则、建筑面积的确定、库内通道与作业区域的布置等。

2. 仓库机械设备的选择与配置

仓库机械设备的选择与配置是指根据仓库作业特点和所储存物品的种类及理化特性，配置相应数量的机械设备，并在日常管理中对这些机械设备进行维护、管理等。现代仓库离不开仓库所配备的机械设备，如叉车和各种辅助设备等。恰当地选择适用于不同作业类型的仓库机械设备将大大降低仓库作业中的人工作业劳动量，并提高物品流通的顺畅性、保障物品在流通过程中的质量。

3. 仓库作业管理

仓库作业管理主要是对仓库作业过程各环节（即入库、在库和出库作业）所进行的计划、组织、指挥、协调、控制、核算等的总称。

仓库作业过程中主要包括实物流和信息流。实物流是仓库作业的最基本的运动过程。仓库各部门、各作业阶段与环节的工作都要保证库存物品的合理流动。实物流是伴随着一定的信息来实现的，这些信息包括与实物流有关的单据、凭证等，它们存在于仓库各作业阶段、环节。信息流一般是实物流的前提，控制着物流的流量、流向、流速和节奏。

（1）入库作业管理。入库作业是指接到入库通知单后，由接运、验收、办理入库等一系列作业环节构成的工作过程。入库作业流程如1-3-2所示。

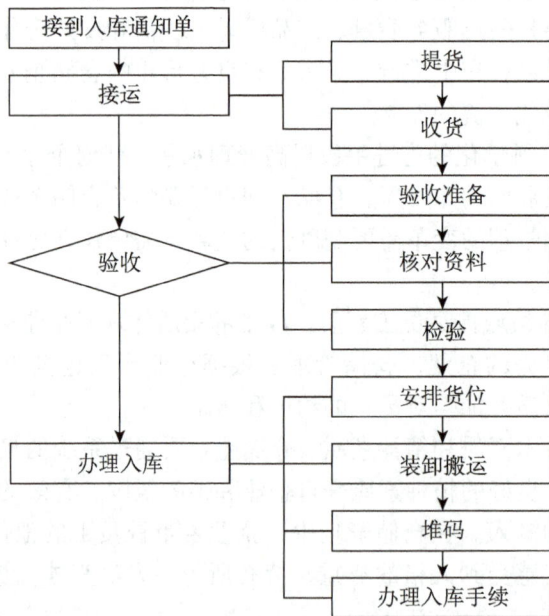

图1-3-2　入库作业流程

（2）在库作业管理。在库作业管理是仓储管理最核心的环节，是对在库物品进行理货、堆码、苫垫、养护和盘点等活动的总称。其安排是否合理直接关系到保管物品的质量，影响到仓储的经营效益。

（3）出库作业管理。出库作业管理是指仓库保管人员根据业务部门或存货单位开具的出库凭证，对出库凭证进行审核、拣货、分货、发货检查、包装，直到把物品点交给业务部门或存货单位的一系列作业管理过程的总称。这是仓库作业的最后一个环节，这一环节的好坏直接关系到仓库的服务质量和客户满意度。其主要内容包括出库前的准备、核对出库凭证、对单备货、拆垛与包装、点交记账、签单、搬运装车与送货运输等。

4. 库存管理

库存管理也可以称为库存控制，是指在保障供应的前提下，为使库存物品的数量最合理所采取的有效措施。

库存管理的目的是在满足客户服务要求的前提下通过对企业的库存水平进行控制，尽可能降低库存水平，提高物流系统的效率，强化企业的竞争力。

库存管理的总目标是在库存成本的合理范围内达到令客户满意的服务水平。

库存控制的内容主要包括确定物品的库存数量与库存结构、进货批量与进货周期等。把库存量控制到最佳，尽量用最少的人力、物力、财力把库存管理好，获取最大的供给保障，这是很多企业追求的目标，甚至是企业之间竞争的重要环节。

5. 仓库的组织管理

仓库的组织管理包括设置什么样的组织结构，各岗位的责任分工如何，人员如何配备，仓储过程中如何处理信息、组织作业流程及如何进行人员的绩效考核等。仓库的作业组织和流程随着作业范围的扩大和功能的增加而变得复杂，现代大型的物流中心要比以前的储存型仓库组织机构大得多，流程也复杂得多。设计合理的组织结构和明确的分工是仓储管理的目标得以实现的基本保证。合理的信息流程和作业流程使仓储管理高效、顺畅，并能满足客户的要求。

6. 仓储成本管理

仓储成本管理是指企业在仓储活动过程中的各项成本核算、成本分析、成本决策和成本控制等一系列科学管理行为的总称。仓储成本管理一般包括仓储成本预测、仓储成本决策、仓储成本计划、仓储成本核算、仓储成本控制、仓储成本分析和仓储成本考核等职能。

仓储成本管理的目的是充分动员和组织企业全体人员，对企业仓储活动过程的各个环节进行科学、合理的管理，力求以最少耗费取得最大的成果。

7. 仓库信息管理

仓库信息管理主要是对仓储管理信息技术、仓储管理信息系统和仓储管理信息流向等进行有效管理，特别是相关物流单证的取得与填写。

8. 仓库安全管理

仓库安全管理就是针对物品在仓储环节对仓库建筑要求、照明要求、物品摆放要求、消防要求、收发要求等实施的综合性管理措施。

仓库安全管理应始终贯穿整个仓库管理，并尽全力抓好。从入库验收、堆垛，到养护、保管，直至出库点交，都离不开仓库安全管理。

（三）仓储管理的基本原则与储存合理化

1. 仓储管理的基本原则

（1）坚持效率原则。仓储管理的核心是效率管理。仓储效率主要包括：作业效率——出入库时间和装卸时间短；仓容利用率——多储存；货物周转率——周转快；破损率和差错率——保管好。没有生产的效率，就没有经营的效益。

（2）坚持经济效益原则。作为参与市场经济活动主体之一的仓储企业，也应围绕着获得最大经济效益的目的进行组织和经营。坚持经济效益原则的主要表现形式是利润。

$$利润 = 经营收入（最大化）- 经营成本（最小化）- 税金$$

（3）坚持服务原则。仓储服务的好坏直接影响企业的经济效益。仓储活动本身就是向社会提供服务产品，需要围绕服务定位，提高服务质量，要在经营成本和服务水平间寻找平衡。不能因一味降低经营成本，而降低服务水平，如运输过程中，一路揽货以提高运输效率，但造成运货时间延长；也不能不计成本，一味追求高服务水平，如为吸引客户而提供无原则的服务标准，将会有损经济效益。

（4）确保安全原则。仓储活动中的不安全因素有很多。有的来自库存物，如有些物品具有毒性、腐蚀性、放射性、易燃易爆性等；有的来自装卸搬运作业过程，如每一种仓储机械的使用都有其操作规程，违反操作规程就容易发生事故；有的来自人为的破坏。因此要加强安全教育、提高认知，严格遵守安全制度，贯彻执行"安全第一，预防为主"的安全生产方针。

2. 储存合理化

储存合理化就是用最经济的办法实现储存的功能。如果不能保证储存功能的实现，其他问题便无从谈起，所以合理储存的实质是在保证储存功能实现的前提下尽可能少地投入，是一个投入产出的关系问题。储存合理化主要以下列标志体现。

（1）质量标志。保证被储物品的质量是实现储存功能的根本要求。物品在储存中增加了多少时间价值或企业得到了多少利润，都是以保证物品质量为前提的。

（2）数量标志。在保证储存功能实现的前提下，需要有一个合理的储存数量范围，这个数量范围既要保证仓储资源得到充分有效的利用，又要保证储存的环境和物品的质量。

（3）时间标志。在保证仓储功能实现的前提下，寻求一个合理的储存时间。储存量越大，消耗速度越慢，则储存的时间越长，相反则越短，在具体衡量时，往往用周转速度指标来反映，如周转天数、周转次数等。

（4）结构标志。这通过被储物品品种、规格的储存数量的比例关系判断储存的合理性。尤其是相关性很强的各种物品之间的比例关系更能反映储存合理程度，这些相关性很强的物品，只要有一种物品耗尽，即使其他物品仍有一定数量，也会无法投入使用。

（5）分布标志。分布标志是指不同地区储存物品的数量和需求的比例关系。依此既可以判断储存对需求的满足程度，也可以判断储存对整个物流的影响程度。

（6）费用标志。费用标志是指仓库租赁费、保管费、损失费、维护费及资金占用的利息支出等，从这些费用的支出可以判断储存的合理程度。

小知识

仓库的功能与分类

1. 仓库的功能

仓库作为物流服务的据点，在物流作业中发挥着重要的作用。

（1）储存和保管的功能。

（2）配送和加工的功能。

（3）调节货物运输能力的功能。

（4）传递信息的功能。

2. 仓库的分类

（1）按运营形态的不同可分为营业仓库、自备仓库、公用仓库。

（2）按保管类型的不同可分为普通仓库、冷藏仓库、恒温仓库、危险品仓库、水上仓库等。

（3）按功能的不同可分为贮藏仓库、流通仓库、专用仓库、保税仓库。

二、仓储管理过程中的常用单证设计

由于不同企业的生产经营对象、特点不同，所以企业采用的物流单证名称、形式与内容也不完全一致，因此，为确保企业的正常运营，企业需要对其所使用的物流单证进行设计与填制。

仓储管理的主要环节包括接运、验收、入库、保管、加工处理、拣选、补货、包装、出库、配送及作业计费等。我们可以将上述工作任务分解成三个子任务：一是入库作业，二是在库作业，三是出库作业。下面结合李宏等要完成的任务，分述完成这项任务需要做的工作，确保对整个仓储管理活动进行记录。

仓储单证设计是对仓储单证名称、形式和内容等各个方面的总体设计。其中，单证名称是指单证上标明的该单证的类型，如入库单、运输证、海运提单等。单证名称应与内容统一，这样才会名副其实。单证形式是单证存在的方式。单证内容是指单证上应填写的项目。单证的类型多种多样，其内容各有侧重，但主要为数据和文字描述两个方面，单证的内容应准确、完整、简洁。仓储单证的设计是为企业经营管理服务的，仓储管理过程中的单证设计要体现仓储管理的需要，遵循仓储管理的原则。

仓储单证一般由单证名称、日期、单证编号、单证填写区域和单证签名栏构成，单证填写区域一般包括部门（客户或供应商）名称、物品编码、物品名称、规格型号、单位、数量、金额和生产批次等。填写区域的内容不是绝对的，可根据实际需要自行设计。

（一）入库作业过程中的单证设计

根据货物入库作业内容和流程需要，我们设计了以下相关单证，主要有采购订单、送货单、货物接运单、退货单、入库验收单、入库单和仓单等。

1. 采购订单

采购订单是对采购业务的正式的和最终的确认。

在单证设计上要表明：供应商名称、地址、联系方式，要订购的商品名称、数量、单价，订购日期，等等。

此外，采购订单还可写明订购的商品是存入仓库还是在收货时就直接被消耗，写明采购订单是否须核准等。

采购订单是存货在采购业务中流动的起点，是详细记录企业物流轨迹、累积企业管理决策所需要的关键经营运作信息。通过它可以直接向供应商订货并可查询收货情况和订单执行状况，通过采购订单的关联跟踪，采购业务的处理过程一目了然。

采购订单的式样如样单1-3-1所示。

【样单1-3-1】

采购订单

公司名称：

地址：　　　　　　　　　　电话：　　　　　　　　　　　　　　传真：

供应商名称		订购编号	
编　号		订购日期	
地　址		交货日期	
传　真		采购员	
电　话			

商品名称	编号	规格	单位	数量	单价	金额	备注

跟单签名：　　　　　　　　主管签名：

供应商签名：　　　　　　　经理签名：

2. 送货单

送货单是证明合同双方是否履行了合同约定的供货义务的一种原始书面材料。送货单必须包括单价、数量、名称及规格、送货单号、送货日期等。通常来讲是一式四联，第一联存根、第二联客户、第三联记账、第四联仓库。

第一联存根：主要用于核对账目，防止物品在流转过程中丢失。

第二联客户：送货给客户时，留给客户做账、核对库存使用等。

第三联记账：送货公司财务内部对账用。

第四联仓库：仓库做台账时使用，存根联和仓库联一般都由仓库保管。

通常，这四联具有不同颜色，这是为了便于收货方和供货方辨认，也是为了操作方便，比如一般白色联作为存根，红色联给客户，绿色联返回仓库，黄色联由客户签名后交送货公司财务内部保管。

　　值得注意的是，很多零售业务是不签署合同的，直接把发货单、出库单、提货单、送货单等作为单方买卖货物的凭据。而这些单证具有法律效力的关键在于它的有效性。例如：送货单的送货依据是什么？有无接收人接收的证据？因此，这些单证上的接收人签字或企业公章等有着更深层的意义，是表示一方已经履行合同的证据。在我国法律中，"提货单"使用率最高，考虑到异地订货涉及承运人，故本书在提货单的基础上编写了送货单。

　　送货单的式样五花八门，各行各业没有统一标准，但通常的式样如样单 1 – 3 – 2 所示。

【样单 1 – 3 – 2】

送　货　单

地址：

电话：　　　　　　　　传真：　　　　　　　　送货单号：

客户名称：　　　　　　　　　　　　　　　　送货日期：　　年　　月　　日

货号	名称及规格	单位	数量	单价	金额	备注
合计金额（大写）：　　万　　仟　　佰　　拾　　元　　角　　¥：＿＿＿＿＿＿＿＿						

制单人：　　　　　送货人：　　　　　仓库：　　　　　客户签收：

小问答

送货单与出库单有什么区别？送货单能代替出库单使用吗？

3. 货物接运单

　　由于货物到达仓库的形式不同，除了一小部分由供货单位直接运到仓库交货，大部分要经过铁路运输、公路运输、水路运输、航空运输。凡经过运输部门转运的货物，均需经过仓库接运后，才能进行入库验收。因此，货物的接运是货物入库业务流程的第一道作业环节，也是仓库直接与外部发生的经济联系。它的主要任务是及时而准确地向运输部门提取入库货物，要求手续清楚、责任分明，为仓库验收工作创造有利条件。而货物接运单是收货人收到承运人承运的货物时签发给承运人的证明文件，它是交接货物、索赔以及向银行结算货款或进行议付的重要单据。货物接运单的式样如样单1-3-3所示。

【样单1-3-3】

货物接运单

序号	到达记录									接运记录					交接记录		
	通知到达时间	运输方式	发货站	发货人	运单号	车号	货物名称	件数	重量	日期	件数	重量	缺损情况	接货人	日期	提货通知单编号	附件	收货人

4. 退货单

退货单又称退货报告单，是客户将货物退回给供应商的凭据。

（1）退货主要有以下几种情况。

①货物质量或包装有问题，客户退回后，仓储部门收货后再转退给供应商。

②存货量太大或货物滞销，退还给供应商。

③货物未到保质期却已变质，必须退还给供应商。

退货一般是根据供货之前的退货协议来执行的，退货协议的常用样本如下。

退货协议

甲方（购货方）：

地址：

邮编：

电话：

法定代表人：

乙方（销货方）：

地址：

邮编：

电话：

法定代表人：

第一条　货物描述

货物名称：_____

规格型号：_____　单位：_____

数量：_____　单价：_____　金额：_____

税率：_____　税额：_____

价税合计：_____（大写）

　　　　　_____（小写）

第二条　退货原因

乙方延迟交货，且材料不符合订单，未能保证甲方顺利使用。

第三条　双方责任

（一）甲方责任：按约定退还货物。

（二）乙方责任：退还已收的货款。

如有未尽事宜，由双方另行商定。

第四条　协议生效、中止与结束

（一）本协议须经双方签字认可后有效，生效日期以甲乙双方中最后一方签字或盖章的日期为准。

（二）以货款两讫之日起，结束本协议关系。

第五条　纠纷解决方式

因执行本协议发生的或与本协议有关的一切争议，甲乙双方应通过友好协商解决，如双方协商仍不能达成一致意见时，则提交仲裁机构。

第六条　双方保证提供的退货协议和附送资料内容真实、完整、准确，并对此承担相应法律责任

甲方签字：　　　　　　　　　　　　　乙方签字：

（公章）　　　　　　　　　　　　　　（公章）

法定代表人：　　　　　　　　　　　　法定代表人：

　　　　　年　月　日　　　　　　　　　　　年　月　日

（2）退货单填报。退货单中的要素跟进货单中的要素差不多，唯一实质上不同的是结算方式。退货结算方式只有两种：一种是冲入预付款，意思是退货后，款项不拿回来，直接存在供应商处，用于下次进货，这样做增加了供应商往来账的实收款金额；另一种是返还货款，意思是货物退回后供应商直接退款。

在实际操作中，其实以第一种结算方式居多，因为一般商家退货都是质量问题或想换成别的货物。质量问题的退货，金额一般较小，不值得汇款（一般通过银行汇款或货运代收款），所以愿意把钱存在供应商处，再进货的时候扣除就是了；而换成别的货物，换回的仍然是货物，也需要入库，填采购订单的时候，使用退货款冲入的预付款结算很方便，完全不需要动用现金。

退货单的式样如样单1-3-4所示。

【样单 1-3-4】

退 货 单

日期：　　年　　月　　日

客户全称					客户代码	
销售部填写				财务部填写	客户填写	仓储部填写
退货编号	退货名称	申请数量（箱）	购进时间	退货单价（元）	实际退货（箱）	实际收货（箱）
合计（大写）						

要求客户主管确认：我将确保客户在实际退货发生后的一星期内按退货单上的实际数量及单价开具发票或税务折让证明单，并邮寄给相应的区域配送中心（RDC）。

客户主管签名：＿＿＿＿＿＿＿＿＿＿日期：＿＿＿＿＿＿＿＿＿＿

如申请单有问题，请与信箱＿＿＿＿＿＿＿＿联系。

退货原因　1. ＿＿＿＿＿＿＿＿＿＿＿＿＿＿；
　　　　　2. ＿＿＿＿＿＿＿＿＿＿＿＿＿＿；
　　　　　3. ＿＿＿＿＿＿＿＿＿＿＿＿＿＿；
　　　　　4. ＿＿＿＿＿＿＿＿＿＿＿＿＿＿；
　　　　　5. ＿＿＿＿＿＿＿＿＿＿＿＿＿＿。

客户签名/日期	客户主管签名/日期	销售部批准/日期	财务部批准/日期	客户确认/日期	仓储部签收/日期

客户服务代表已收到客户开出的增值税发票号码为：＿＿＿＿＿＿＿＿。

小知识

验货需要注意的环节

货物到库后，验货是很关键的一步，认真验货可以减少不必要的损失责任。验货时需要注意以下几个方面。

（1）货物到达后，收货人员根据司机的随货箱单清点收货。收货人员应与司机共同掐铅封，打开车门检查货物状况。如货物严重受损，须马上通知客户等候处理，必要时拍照留下凭证。如货物状况完好，则开始卸货工作。

（2）卸货时，收货人员必须严格监督货物的装卸状况（小心装卸），严格确认货物的数量、包装及保质期是否与箱单相符。任何破损、短缺必须在收货单上严格注明，并保留一份由司机签字确认的文件，如事故记录单、运输质量跟踪表等。破损、短缺的情况须进行拍照，并及时上报经理、主管或库存控制人员，以便及时通知客户。

（3）卸货时如遇到恶劣天气，必须采取各种办法确保货物不会受损。卸货人员须监督货物在码放到托盘上时全部向上，不可倒置，每个托盘的码放须严格按照货物码放要求操作。

5. 入库验收单

入库验收是按照验收业务作业流程，对入库货物进行数量和质量检验的经济技术活动的总称。

入库验收不仅可以防止企业遭受经济损失，而且可以起到监督供货单位和承运商的作用，同时可指导保管和使用。具体表现如下。

（1）入库验收为货物保管和使用提供可靠依据。

（2）验收记录是货主退货、换货和索赔的依据。

（3）入库验收是避免货物积压，减少经济损失的重要手段。

入库验收的基本要求是及时、准确、严格和经济。

入库验收单或验收报告是仓库验收人员收到入库货物时所编制的凭证，主要内容包括供应商名称（发货单位）、验收时间、货物编号、品名、数量、原订购单编号（合同编号）等内容。

入库验收单常用格式如样单1-3-5所示。

【样单1-3-5】

入库验收单

发货单位：　　　　　　　　　　　　　　　　　发货单号：

合同编号：　　　　　验收时间：　　年　　月　　日　　存放仓库：

货物编号	品名	规格型号	包装系数	单位	单价	应收		实收	
						数量	金额	数量	金额
合　　计									

主管：　　　会计：　　　　验收员：　　　　　送货人：

6. 入库单

入库单是货物验收入库时由采购部门协同仓库管理员（简称"仓管员"）共同填制的货物入库的凭证，是对采购实物入库数量的确认。

运货司机将货物和送货单一式四份送至仓库，仓储部调度员派仓管员接单并办理入库业务。由仓管员在送货单上签收，将其中三份交给司机，另一份则转为入库单，完成整个入库、理货过程。

入库的货物由搬运工卸货并由仓管员清点品种和数量是否与送货单一致，检查货物包装是否完好，有无破损、污染等，确认无误后填制入库单。入库单对内部人员起到内部牵制作用，是内部控制的必须环节，是对采购人员和供应商的一种监控。如果缺乏这一环节，货物入库就得不到控制，不能预防采购人员与供应商串通舞弊。同时有的公司以入库单代替了验收单，那么入库单对于公司采购来讲就更重要了。无出入库的管理，公司相关部门人员无法得知任何时点的库存状况（零库存除外）；无法配合采购人员提供合理的库存数量，容易造成存货的利用不充分；影响财务记账。

入库单的设计一定要考虑上述控制要点，具体设计上一般包括编号（序号）、入库（验收）日期、品名（货物名称）、摘要、数量、单价、金额、合计等项目。入库单一般有四联：第一联叫留存联或存根，是开单人员自存的；第二联叫记账联，交财务人员记账使用；第三联是验收联，交送货方以备结算用；第四联是结算联，用于双方财务结算收款或付款。

入库单常用格式如样单1-3-6所示。

【样单1-3-6】

入 库 单

年　　月　　日

交货单位及部门		发票号码或送货单号		验收仓库		验收日期	
序号	货物名称	摘要		数量		单价	金额
1							
2							
3							
4							
5							
合计		拾　万　仟　佰　拾　元　角　分					¥

主管：　　　　会计：　　　　仓管员：　　　　交货人：

第一联　存根

7. 仓单

仓单指仓储保管人（又称保管人）在与存货人签订仓储合同的基础上，按照行业惯例，以表面审查、外观查验为一般原则，对存货人所交付的仓储物（即货物，又称仓储货物）进行验收之后出具的权利凭证。仓单既是存货人已经交付仓储物的凭证，又是存货人提取仓储物的权利依据。仓单是仓储合同存在的证明，也是仓储合同的组成部分。

（1）仓单的性质。

①仓单是所有权的法律文书。仓单表明存货人只是将其货物的储存保管责任转交给保管人，仓储物的所有权并没有转移，仓储物入库时，由保管人签发仓单作为仓储物所有权的法律文书，并由存货人持有。

②仓单是仓储合同的证明。仓单本身并不是仓储合同，但可以作为仓储合同的书面证

明，证明合同关系的存在。

（2）仓单的功能。

①保管人承担责任的证明。

②物权证明：仓单上记载了存货人的姓名或名称、住所，也就明确了货物所有权的归属。

③提货凭证：提货人提货必须向保管人出示仓单。

④物权交易：存货人拥有仓储物的所有权，有权对仓储物进行买卖；存货人可以通过转让仓单的方式转让仓储物；货物保管责任由保管人承担，存货人无须操心，因而省去了一些烦琐的流程。

⑤金融工具。

（3）仓单的类型。

①普通仓单：依据仓储合同，由保管人向存货人出具的不可转让的储存仓储物的凭证。

②可流转仓单：因仓储物物权发生变化，经仓单持有人背书和保管人确认后可依法转让的仓单。

（4）仓单生效要件。

①保管人须在仓单上签字或者盖章。保管人在仓单上签字或者盖章表明保管人对收到存货人交付仓储物的事实进行确认。保管人未签字或者盖章的仓单说明保管人还没有收到存货人交付的仓储物，故该仓单不发生法律效力。当保管人为法人时，由其法定代表人或其授权的代理人及雇员签字；当保管人为其他经济组织时，由其主要负责人签字；当保管人为个体工商户时，由其经营者签字。盖章指加盖保管人单位公章。签字或者盖章由保管人选择其一即可。

②仓单须包括法定必要记载事项。仓单包括的法定必要记载事项共有八项：存货人的姓名或者名称和住所；仓储物的品种、数量、质量、包装及其件数和标记；仓储物的损耗标准；储存场所；储存期限；仓储费；仓储物已经办理保险的，其保险金额、保险期间以及保险人的名称；仓单的填发人、填发地和填发日期。

（5）仓单的内容。

仓单为一种要式证券，因此其填发须遵循法律特别规定的形式。法律规定仓单应载明的内容具体如下。

①存货人的姓名或者名称和住所。存货人为个人的，应当写明存货人的姓名和户籍所在地或者常住地。存货人为单位的，应当写明单位的名称和单位主要办事机构的所在地。

②仓储物的品种、数量、质量、包装及其件数和标记。

③仓储物的损耗标准。仓储物的损耗是指仓储物在储存、搬运过程中，由于自然因素（如风化、干燥、挥发、黏结等）和货物本身的性质或者计量的误差等原因，不可避免地发生的一定数量的减少、破损等。

④储存场所。由于仓储物的性质不同，对储存场所的湿度、温度等外界条件有不同的要求。仓单中应当明确仓储物对储存场所的要求。

⑤储存期限。储存期限是指当事人约定的从交付仓储物到返还仓储物的时间期限。这是保管人对仓储物承担保管义务的时间期限，仓单中应予以明确。

⑥仓储费。仓单中应当明确存货人支付给保管人的仓储费项目（包括保管费、养护费、整理费等）、计费标准、支付方式、支付时间和地点。保管人因仓储活动而附带支付的其他必

要费用，如运费、修缮费、保险费、关税等，也应由存货人偿还，但不属于仓储费的范畴。

⑦仓储物已经办理保险的，应记载其保险金额、保险期间以及保险人的名称。

⑧仓单的填发人、填发地和填发日期。保管人未签字或盖章的，仓单不生效。签字或盖章只要有一项即可，不必同时具备。

仓单（正面）常用格式如样单 1 - 3 - 7 所示。

【样单 1 - 3 - 7】

仓单（正面）

公司名称：						
公司地址：						
电话： 账号： 存货人：				传真： 批号： 发单日期： 起租日期：		
兹收到下列货物，依本公司储货条款（见反面）进行仓储						
唛头及号码	数量	所报货物	每件收费	每月仓租	进仓费	出仓费
总件数				经手人		

仓单（反面）常用格式如样单 1 - 3 - 8 所示。

【样单 1 - 3 - 8】

仓单（反面）

存货记录					
日期	提单号码	提货单位	数量	结余	备注

储货条款

一、本仓库储存的货物种类、唛头、箱号等，均按照存货人要求填写，本公司对货物内容、规格等概不负责。

二、货物在入仓交接过程中，若发现与存货人填列内容不符，本公司有权拒收。

三、本仓库不储存危险品，存货人保证入库货物绝非危险品，如果因存货人的货物品质危及本公司其他货物造成损失，存货人必须承担因此而产生的一切赔偿责任。

四、本仓单有效期一年，过期自动失效。已提清的分仓单和提单档案保留期亦为一年。期满尚未提清者，存货人须向本公司换领新仓单。本仓单须经本公司加印硬印方为有效。

五、客户（存货人）凭背书之仓或提货单出货。本公司收回仓单和分提单，证明本公司已将该项货物交付无误，本公司不再承担责任。

（6）仓单的转让。仓单最重要的特征，是作为物权凭证的有价证券，具有流通性，流通的方式可以是转让仓单项下仓储物的所有权，即转让仓单。仓单转让或者仓单出质均须符合法律规定的形式，才能产生相应的法律效力。存货人转让仓单必须在仓单上背书并经保管人签字或者盖章，若只在仓单上背书但没有保管人签字或者盖章，即使交付了仓单，转让行为也不能生效。因而，背书与保管人签章是仓单转让的必要的形式条件，缺一不可。背书是指存货人在仓单的背面或者粘单上记载被背书人（即受让人）的姓名或名称和住所等有关事项的行为。保管人的签字或盖章是明确转让仓单过程中法律责任的手段。

存货人以仓单出质，应当与质权人签订质押合同，在仓单上背书并经保管人签字或者盖章，将仓单交付质权人，质押合同生效。当债务人不履行被担保债务时，质权人就享有提取仓储物的权利。

如果要进入商品交易所进行上市流通，必须使用标准仓单。所谓标准仓单是指指定交割仓库在完成入库货物验收、确认合格并签发《货物存储证明》后，按统一格式制定并经商品交易所注册可以在商品交易所流通的实物所有权凭证。标准仓单的表现形式为《标准仓单持有凭证》。标准仓单持有凭证是在商品交易所办理标准仓单交割、质押、注销的凭证，受法律保护。其内容包括：会员号、会员名称、投资者编码、投资者名称、品种、类别、等级、生产年份、仓单数量、冻结数量、抵押数量等。《标准仓单持有凭证》由商品交易所依据《货物存储证明》代为开具。

（7）仓单质押。仓单质押是以仓单为标的物而成立的一种质权。我国法律上的仓单质押在性质上是权利质押。仓单质押作为一种新型的服务项目，为仓储企业拓展服务项目，开展多种经营提供了广阔的舞台，特别是在传统仓储企业向现代物流企业转型的过程中，仓单质押作为一种新型的业务应该得到广泛应用。

开展仓单质押业务具有以下的意义。

①对于货主企业而言，利用仓单质押向银行贷款，可以解决企业经营融资问题，争取更多的流动资金进行周转，达到扩大经营规模、提高经济效益的目的。

②对于银行等金融机构而言，开展仓单质押业务可以增加放贷机会，培育新的经济增长点；又因为有了仓单所代表的货物作为抵押，贷款的风险大大降低。

③对于仓储企业而言，一方面可以利用能够为货主企业办理仓单质押贷款的优势吸引更多的货主企业进驻，保有稳定的货物储存数量，提高仓库空间的利用率；另一方面又会促进仓储企业不断加强基础设施的建设，完善各项配套服务，提升企业的综合竞争力。

仓单质押的操作流程如图1-3-3所示。

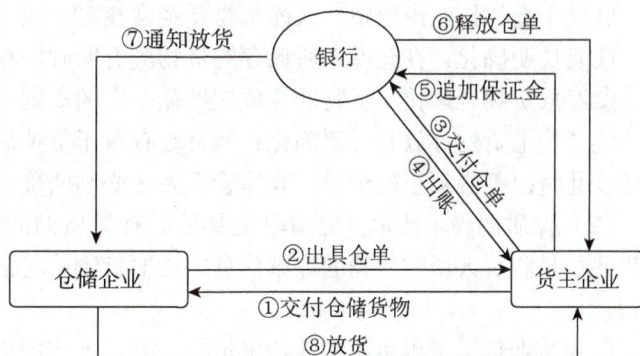

图1-3-3 仓单质押的操作流程

（二）在库作业过程中的单证设计

在库作业由理货、堆码、苫垫、保管养护、盘点等作业环节构成。在库作业质量控制指标包括位置指示准确率、货物放置准确率、货物转移效率、货物过期率、货物损益率。

根据在库作业内容和流程需要，我们设计的相关单证主要有保管指示清单、仓储货物储存条件单、盘点单证等。

1. 保管指示清单

货物经过入库作业后进入在库作业环节，在库作业环节的主要任务是妥善保存货物，合理利用仓储空间，有效利用劳动力和设备，安全和经济地搬运货物，有效地保护好货物的质量和数量，维护良好的储存环境，使所有在储货物处于随存随取状态，对存货进行科学管理。

（1）物资保管清单。存放在仓库内的货物保管工作主要是在库盘点和适时整理货物。一般要定期盘点统计员打印的库存表，并由仓管员核对库存货物的品种及数量，检查货物是否变质、被盗等，及时预防潮湿、虫害、鼠害、偷盗等。为此需要编制物资保管清单，如样单1-3-9所示。

【样单1-3-9】

物资保管清单

编号：　　　　　所属部门：　　　　　保管人：

项次	进货日期		凭单号码	品名	规格	厂牌	数量	单位	单价	签字确认	接管日期		处理情况
	年	月	日									年	月	日	

在整个仓储作业流程中，入库货物要经常核对，减少差错，做到以下几个方面。

①货位明确化：在仓库中所储存的货物应有明确的存放位置。

②存放货物合理化：货物的存放应遵循一定的规则。

③货位上货物存放状况明确化：当货物存放于货位后，货物的数量、品种、位置、拣取等变化情况都必须正确记录，仓库管理系统必须明确、清晰地记录货物的存放情况。

（2）保质期提示清单。此清单主要是对有保质期的货物（特别是食品）的表述，清单表述的是收货人所购货物的详细信息，是对货物检验信息的必要补充，一般按以下要求填写。

①保质期提示清单由收货人负责填写，并保证与所进货物完全相符。

②企业在填写保质期提示清单过程中，基本信息中的购货企业名称、品名、原产地、唛头/批号、数量、单位、生产日期、保质期是必填项，另可增加备注。保质期提示清单的具体格式如样单1-3-10所示。

【样单 1 – 3 – 10】

保质期提示清单

购货企业名称：

品　名	原产地	唛头/批号	数　量	单　位	生产日期	保质期	备　注

2. 仓储货物储存条件单

货物保管养护是仓储人员针对货物的特性及其变化规律，结合仓库的具体条件，合理规划并有效利用现有仓储设施，采取各种行之有效的措施，确保货物在保管期间质量完好、数量准确，以及降低损耗、节约费用、提高仓容利用率的过程。

影响仓储货物质量变化的因素分为内因与外因。

（1）影响仓储货物质量变化的内因。

①货物的物理性质（吸湿性、导热性、耐热性、透气性）。

②货物的机械性质（形态、结构在外力作用下的反应）。

③货物的化学性质（化学稳定性和毒性、腐蚀性、燃烧性、爆炸性）。

④货物的化学成分。

⑤货物的结构。

（2）影响仓储货物质量变化的外因。

①自然因素（主要指温度、湿度、有害气体、日光、尘土、杂物、虫害、雀害等）。

②人为因素（保管场所选择不合理、包装不合理、装卸搬运不合理、堆码苫垫不合理、违章作业等）。

仓储货物储存条件单体现了仓库所储货物的储存条件，其对于确保货物保管养护成效具有重要意义。仓储货物储存条件单如样单 1 – 3 – 11 所示。

【样单 1 – 3 – 11】

仓储货物储存条件单

序号	物品类别	储存温度	储存湿度	储存期限	备注
1					
2					
3					
4					
5					

3. 盘点单证

在仓储作业过程中，货物不断地进库和出库，在作业过程中产生的误差经过一段时间的积累会使库存资料反映的数据与实际数量不相符。有些货物因长期存放，品质下降，不能满足用户需要。为了对库存货物的数量进行有效控制，并查清货物在库房中的质量状况，必须定期对各储存场所进行清点，这一过程称为盘点作业。所谓仓库货物盘点是指为了保证库存货物的数量和质量而对仓库储存的货物进行定期或不定期的清点的过程。盘点是仓储管理的重要工作内容之一，盘点单证是对盘点作业结果的描述。

（1）盘点作业的目的。

①确定现存量。盘点可以确定现有库存货物的实际库存数量，并通过盈亏调整使库存账面数量与实际库存数量一致。有时多记、漏记，使库存资料记录不实；有时货物损坏、丢失，验收与出货时清点有误；有时盘点方法不当，产生重盘、漏盘等。为此，必须定期盘点确定库存数量，发现问题并查明原因，及时调整。

②确认企业资产的损益。库存货物总金额直接反映企业流动资产的使用情况，库存数量过高，流动资金的正常运转将受到威胁，而库存金额又与库存数量及其单价成正比，因此为了能准确地计算出企业实际损益，必须做好盘点工作。

③核实货物管理成效。通过盘点可以发现作业与管理中存在的问题，并通过解决问题来改善作业流程和作业方式，提高人员素质和企业的管理水平。

（2）盘点作业的内容。

①查数量。通过点数计算查明货物在库的实际数量，核对库存账面数量与实际库存数量是否一致。

②查质量。检查在库货物有无质量变化，有无超过保质期，有无长期积压等现象，必要时还应对货物进行技术检查。

③查保管条件。检查保管条件是否与各种货物的保管要求相符合，如堆码是否合理稳固，库内温度、湿度是否符合要求，各类计量器具是否准确等。

④查安全。检查各种消防设备是否符合安全要求，建筑物和设备是否处于安全状态。

（3）盘点作业的流程如图1-3-4所示。

（4）盘点单证。根据盘点作业内容和流程需要，我们设计了以下盘点单证。

盘存单即盘点单，指记录仓储货物盘点结果的书面文件，也是反映仓储货物实存数量的原始凭证，但不是调整账面数量的原始凭证。盘存单是盘点的时候做的原始记录。盘存单的格式如样单1-3-12所示。

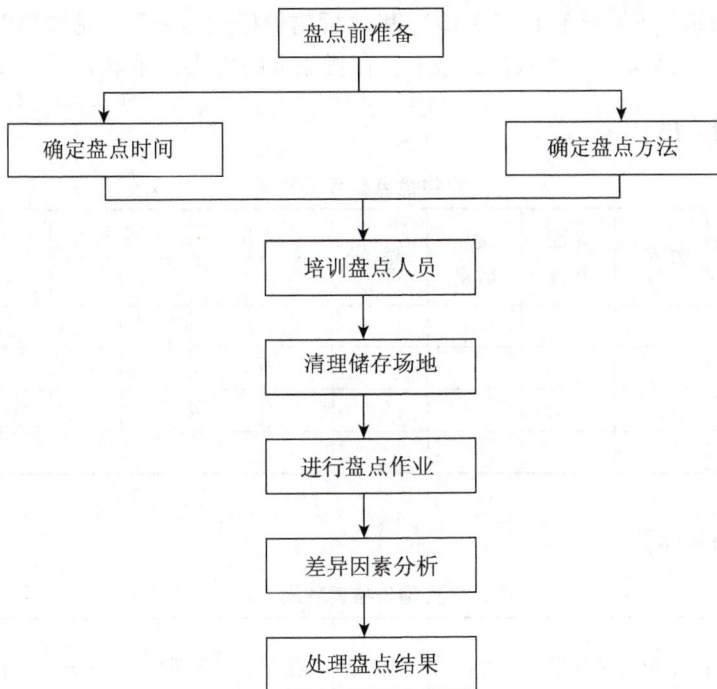

图1-3-4 盘点作业的流程

【样单1-3-12】

盘 存 单

物料盘存单			编号	
品类代号			简称	
料号				
品名				
规格				
计量单位			应有预盘量	
预盘	日期		盘点人	
	实盘量		盘盈（亏）量	
复盘	日期		盘点人	
	实盘量		盘盈（亏）量	
存料状态	□良　品 G □不良品 B □呆　料 D	备注：	监盘人	
			主管	

　　为了通过盘点使账面数量与实存数量保持一致，需要对盘点盈亏和报废品一并进行调整。除了数量上的盈亏，有些货物还会通过盘点产生价格的调整，这些调整需要填写"货

物盘点盈亏调整表"（见样单 1 – 3 – 13）和"货物价格调整表"（见样单 1 – 3 – 14），经有关主管审核签字确认后，登入存货账卡。存货账卡的格式如样单 1 – 3 – 15 所示。

【样单 1 – 3 – 13】

货物盘点盈亏调整表

货物编号	货物名称	单位	账面数量	盘点数量	单价	盘盈	盘亏	备注

【样单 1 – 3 – 14】

货物价格调整表

货物编号	货物名称	单位	数量	原价	金额	现价	金额	差异 单价	差异 金额	备注

【样单 1 – 3 – 15】

存货账卡

编号：

货物名称：					货位号：				
订货点：					经济订购批量：				
日期 月	日	凭证及号码	订购数量	入库数量	单价	余额	出库数量	单价	余额

　　仓库盘点后要将盘点的数据记录下来，编制仓库盘点损益表，如样单 1 – 3 – 16 所示，进行损益分析，以便发现问题并及时解决问题。

【样单1-3-16】

仓库盘点损益表

印表日期：　　　　　　　　　　　　　　　　　　　　　　　仓库编号：

盘点日期：　　　　　　　　　　　　　　　　　　　　　　　部门编号：

货物编号	货物名称	规格	盘点卡号	存货类型	单位	仓库数量	账面数量	盘点数量	仓库盘盈亏	账面盘盈亏数量	账面盘盈亏金额	货位批次	起始条码	结束条码	小计
合计															

审核：　　　　　　　　　　　　　　　　制表：

（三）加工处理过程中的单证设计

商品在从生产地到使用地的过程中，应根据需要施加包装、分割、计量、分拣、刷标志、拴标签、组装等简单作业。一般需要经过以下步骤完成，即商品分装和组合、商品分割加工、其他加工处理。此间的质量控制指标包括加工效率、分割加工损耗率、加工准确率。

根据商品加工处理过程的需要，我们设计了以下相关单证，主要有加工成品损耗单、外发加工料件出区清单、委外加工验收单、加工派工单等。

1. 加工成品损耗单

加工成品损耗单是加工企业在正常生产条件下加工某单位成品所耗用料件（又称单耗）的数量记录单据，格式如样单1-3-17所示，加工成品损耗单主要用于核算产品加工成本。

【样单1-3-17】

加工成品损耗单

（企业签章）

成品品名							
序号	料件品名	商品编码	规格型号	单位	单耗	损耗	备注

2. 外发加工料件出区清单

外发加工是指由于受自身生产工序的限制，导致无法在本企业内完成保税料件所有环节的加工和生产，而需要外发到别的国家或地区，就某道工序进行辅助加工。外发加工的首要条件是"经海关批准"。因为保税料件外发至其他工厂进行加工，对于海关监管来说具有一定风险，所以企业必须主动向海关进行报备。若企业跳过了这个步骤，就构成了"擅自外发"的违规行为，将会受到海关的严厉处罚。企业必须在规定期限内完成外发加工业务。规定期限包括两层意思：一是企业必须在登记手册有效期内向海关提出外发加工申请；二是企业必须在申请的期限内将加工后的成品运回本企业。

外发加工料件通关时，企业还要提供外发加工料件出区清单，外发加工料件出区清单的格式如样单1－3－18所示。

【样单1－3－18】

外发加工料件出区清单

（企业签章）

序号	料件品名	商品编码	规格型号	数量	重量	金额	备注
						年　月　日	

海关卡口出区批注：	海关卡口入区批注：
年　月　日	年　月　日

注：1. 企业申请外发加工时，随附外发加工料件出区清单应详细注明料件品名、数量、重量、规格型号等情况。

2. 海关卡口出入区批注栏需详细写明货物的数量、品名、外观、种类等情况。

3．委外加工验收单

委外加工产品完工后，要验收入库，填写委外加工验收单，以备查询数量及核算产品成本，委外加工验收单格式如样单1－3－19所示。

【样单1－3－19】

委外加工验收单

日期：

品名		规格		数量		交货日期	
加工工厂		编号		电话		联系人	
加工费用		元/件，共计			元		
材料供应记录				交货记录			
料号			日期				
日期			送货单号				
领料单号			品名				
领料量			数量				
备注			验收				
品管		采购			仓库		
主管	检验员	主管		经办	主管		经办

4. 加工派工单

加工派工单指生产管理人员向生产人员派发生产指令的单据。

加工派工单的内容包括加工部门、加工时间、加工负责人（如操作者）、加工内容（工序）、验收人员（如质检员）等。其他必要的内容可在备注栏写明。

加工派工单格式如样单 1 – 3 – 20 所示。

【样单 1 – 3 – 20】

加工派工单

加工部门：　　　　　　　　　　　　　　　　　　　　　　　加工时间：

序号	品名	工序	加工数量				操作者	质检员	备注
			合格	不良	返修	报废			

统计：　　　　　　　　　审核：　　　　　　　　　批准：

（四）订单处理过程中的常用单证设计

订单处理就是订单管理部门对客户的需求信息进行及时的处理，这是物流活动的关键环节之一。订单处理是从客户下订单开始到客户收到货物为止，这一过程中所有单据处理活动的费用属于订单处理费用。

订单处理是企业的一个核心业务流程，包括订单准备、验证客户的合法性、查询存货、接收订单、进行拣选作业、按订单供货、订单处理状态跟踪等活动。

其质量控制指标包括接收订单的时间准确率、订单信息处理的效率、订单满足率、拣选效率、拣选准确率。

根据订单处理的内容和流程需要，我们设计了订单、拣货单。

订单是企业采购部门向成品、燃料、零部件、办公用品、服务等的供应者发出的订货单证。订单的格式如样单 1 – 3 – 21 所示。

【样单1－3－21】

订 单

订货人/单位					订货日期		
收货地址					发货日期		
联系电话					付款方式		
备注					物流公司		
序号	产品名称	规格型号	数量	单价	总金额		备注
总金额（大写）：					￥		

拣选作业指示如图1－3－5所示。

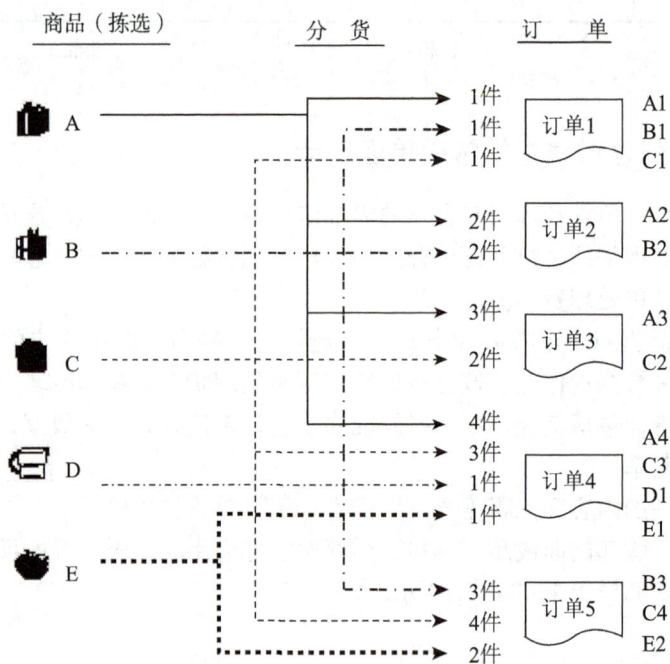

图1－3－5　拣选作业指示

根据拣选作业指示，我们设计了拣货单，如样单1－3－22所示（在实际操作时，可根据需要调整格式）。

拣货单是指将原始的用户订单信息输入仓储管理系统（WMS）进行拣货信息处理后，

打印出的专门用于拣货的单据。

【样单 1 - 3 - 22】

拣 货 单

商品种类	订单 1	订单 2	订单 3	订单 4	订单 5	合计
A 商品						
B 商品						
C 商品						
D 商品						
E 商品						
各订单数量						

　　拣货员手持填好的拣货单，按其要求的数量进行拣选并完成验货。拣货单在拆零商品区应用比较广泛，灵活运用它，会使整个拣选过程快捷、准确。

（五）动态保管补货过程中的常用单证设计

　　补货管理是仓储管理的一项基础性工作，仓储的运营建立在恰当的补货基础上，补货的好坏直接关系到营销的成败和顾客的满意与否，进而关系到企业的形象和企业的生存与发展。补货有两个最核心问题：一是什么时候补货；二是补多少货。前一个问题是时间与频次的问题，即补货的触发点问题；后一个问题是量的问题。前一个问题目前有两种做法：一是连续检查办法，即当库存低于设定的某一个值时，就开始补货，不管两次时间间隔多久；二是定期检查办法，即每经过一个固定的时间间隔，就开始补货。那么应该怎样设置安全库存呢？安全库存应该和货架管理结合起来。根据补货的基本要求，货架陈列必须丰满。

　　库存管理中很重要的一环是对补货流程的管理，优秀的补货流程可以使分销渠道中的物流运作更有效。既然是"补"货，那么必然就涉及两方，一方缺库存，正因为缺库存才需要补充，我们称这一方为库存的持有者，另一方是库存的补充者，即供应商。在供应链管理技术迅速发展的今天，无论是库存持有者还是供应商都意识到了，高效的补货流程是建立在协作的基础上的。现在几乎每家公司都在试图把与供应商和顾客的关系自动化，使仓储部、采购部、数据处理中心等部门之间进行沟通，及时准确地将仓储部的补货信息传递到采购部、数据处理中心，让他们在第一时间掌握库存信息，与供应商取得联系，保证库存安全。

　　动态保管补货是指将货物从货物的补充保管区域移到动态保管区域的补货过程。对货物进出所产生的仓位变化进行动态计算并及时补货，可以确保存货量，提高仓储空间利用率，降低货位蜂窝化现象出现的概率。

　　具体需要以下步骤完成：一是确定补货形式；二是确定补货时机；三是进行补货。

　　根据动态保管补货的内容和流程需要，我们设计了补货单。

　　这一环节的质量控制指标包括货物补货效率、动态保管区货物满足率。补货单格式如样单 1 – 3 – 23 所示。

【样单 1 – 3 – 23】

补 货 单

公司名称：　　　　　负责人：　　　　　联系电话：

供应商：　　　　　　负责人：　　　　　联系电话：

日期：							本单编号：				
序号	类别	货物名称	货物编号	储存位置	单位	单价	需要数量	实发数量	金额	备注
1										
2										
3										
4										
5										

小知识

补货员的工作内容

（1）配货间货位内无货物时，到仓储间取出补满。

（2）补货员要保证配货间必须有充足的货物，保证配货作业的顺畅。

（3）补货时必须将货位及相应加大容量的货位补满。

（4）每日定点进行一次全面补货，补货程度由专业补货人员确定并检查。

（5）取放货物时不能野蛮操作，防止损害货物或丢失货物。

（6）补货员不得做影响库存准确性的操作，应配合好仓管员、入库员的要求，做好相关联络工作。

（六）包装过程中的常用单证设计

零散出库货物的包装（或装箱）需按照每一个客户的订货量，根据货物的数量和尺寸采用不同尺寸的包装箱。具体步骤包括：确定使用周转箱、确定包装形式、规范包装数量、生成包装清单、包装处理、粘贴标签。

涉及的单证包括包装清单等。

其质量控制指标包括货物包装效率、生成标签的效率等。

包装清单即货物包装盒内的内容清单，包括包装盒内的所有部件的名称及数量。

小问答

包装清单和装箱单有区别吗？

（七）出库作业常用单证设计

出库作业由出库前的准备、核对出库凭证、备货包装、验收复核、点交和清理等作业环节构成。这一作业环节的质量控制指标包括出库差错率、出库效率。

根据出库作业的内容和流程需要，我们设计了以下相关单证，主要有出库单、库存台账、配送清单等。

1. 出库单

出库单是向仓储企业或仓库提取原材料、半成品、产成品等的原始凭据。各企业应对出库单填写进行规范化管理。

货物出库要清点出库数量，做好记录，填写出库单，核对余下货物数量，检查货物储存过程中的正常耗损、非正常耗损，并计算装卸、搬运等用工费用，填写用工单。

（1）出库单的形成过程（见图1-3-6）。先由物流部门根据出货需求填写出货通知单，出货通知单通过销售部门的确认以及物流部门的审核后，送交仓库，仓管员根据出货通知单生成出库单，出库单经审核后成为出库单，同时根据出货需求生成订单预计出货表。

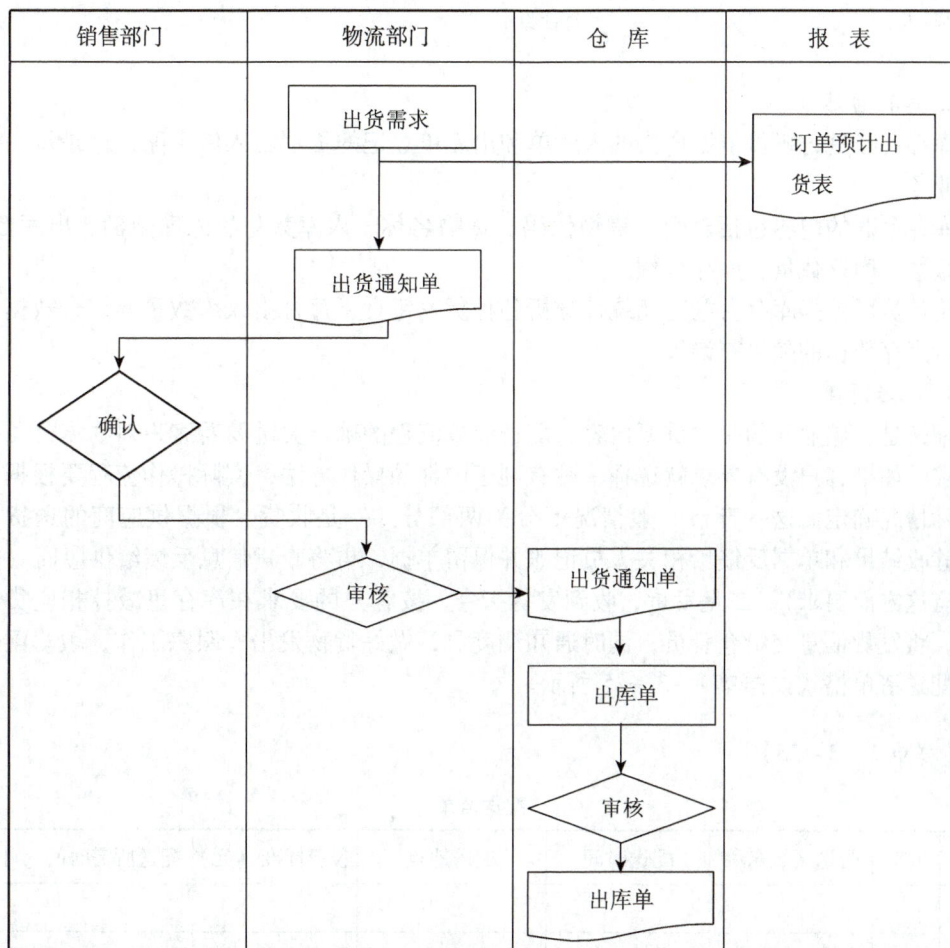

图1-3-6　出库单的形成过程

（2）出库单的格式（见样单1-3-24）。出库单应该由仓库部门根据经审核的出货通知单或销售单来填制，装运部门根据经审核的销售单核对出库单，并与实物核对，无误后装运，填制发运凭证。

出库单一般一式五联，即留存联、记账联、验收联、发货联、结算联。留存联，开单人员自存；记账联，交财务人员记账用；验收联，交收货方以备结算用；发货联，交货运人员出门用；结算联，双方财务结算用。

【样单1-3-24】

出　库　单

编号：　　　　　　　　　　　　　　　　　　　　　　　　年　　月　　日

型号	品名	数量	包装	备注

提货人：　　　　　　　　　　　仓管员：

2. 库存台账

库存台账是记账员依据合格的入库单和出库单登记的货物出入库台账，记录每一笔出入库业务。

库存台账的内容包括时间、货物代码、货物名称、入库数量、入库金额、出库数量、出库金额、库存数量、库存金额。

统计员可根据库存台账定期统计分析各种货物每日、每月出入库数量等综合数据，也可进行库存数据的随机查询等。

3. 配送清单

配送是仓储业务的一项重要内容。配送业务流程的确定关键要看客户对物流公司操作的要求，如果客户没有要求就选择一种有利于内部的操作方法，实际操作流程要根据公司的实际情况确定。这一环节一般情况下分为两部分。一是收货，根据供应商的送货单验收，验收结果和单据反馈给相关人员记账并保留单据，再将收货信息反馈给供应商（如果他们有这方面要求）。二是发货，收到发货指令，按客户的要求在库存里减掉相应货物的数量，将发货信息交给仓管员，同时通知调度员，做好货物发出、跟踪工作，填写配送清单，配送清单格式如样单1-3-25所示。

【样单1-3-25】

配送清单

序号	城市	配送区域名称	配送时间	配送地点	收费标准（元）	配送所需时间（小时）

制单人：

4. 其他单据

（1）用工单，是指材料出入库时发生的装卸、挑选、搬运等人工费用的记录单据，需仓管员和其他的相关工作人员协同填制。

（2）派工单，是指记录商品运输、配送过程中发生用工情况的单据，如服务派工单（见样单1-3-26）。

【样单1-3-26】

服务派工单

服务项目＿＿＿＿＿＿＿＿　　　　　　联系人姓名＿＿＿＿＿＿＿＿＿

服务地址　从＿＿＿＿＿＿市＿＿＿＿＿区＿＿＿＿＿

　　　　　到＿＿＿＿＿＿市＿＿＿＿＿区＿＿＿＿＿

服务内容＿＿＿＿＿＿＿＿＿＿＿＿＿＿＿＿＿＿＿＿＿＿＿＿＿＿＿

＿＿＿＿＿＿＿＿＿＿＿＿＿＿＿＿＿＿＿＿＿＿＿＿＿＿＿＿＿＿＿

客户联系人姓名＿＿＿＿＿＿＿＿　　　　服务日期＿＿＿＿＿＿

预约时间＿＿＿＿＿＿＿

固定联系电话＿＿＿＿＿　　手机＿＿＿＿＿＿

单位名称（单位用户填写）＿＿＿＿＿＿＿＿＿＿＿＿＿＿＿

单位地址＿＿＿＿＿＿市＿＿＿＿＿区＿＿＿＿＿

三、仓储单证的取得、填制、审核与归档

为了体现仓储管理活动的客观性、真实性、严谨性和科学性，在仓储管理活动中必须取得与填制相关仓储单证，将其作为仓储管理的重要依据。

在企业经营过程中，仓储单证是办理入库、保管、出库及仓储费支付的重要依据之一。仓储单证分为外来仓储单证和自制仓储单证。其中，外来仓储单证是指在同外单位发生仓储业务往来时，从外单位取得的仓储单证。外来仓储单证可分为一般仓储单证和专用仓储单证。一般仓储单证主要包括外来用于仓储业务的单证（手工票、电脑票）、收据（含税务监制章）等。专用仓储单证主要包括企业用于仓储业务的银行凭证、税务凭证、部队凭证、行业专用票据等。自制仓储单证是企业根据自身仓储业务的需要，按照仓储业务处理的内容和控制环节而设计的内部使用的仓储单证。自制仓储单证主要包括入库单、配送清单、出库单等。

仓储单证的取得是指根据物流作业管理的任务要求，从企业外部或内部获得相关物流单证的过程。

仓储单证的填制是企业物流人员根据物流作业管理的任务要求，填写物流单证的过程。

（一）仓储单证的取得

企业要开展相关仓储业务就会对仓储业务活动进行记录，为了保证这些业务开展的真实有效，并证明已开展了相关仓储业务，就要取得相关仓储单证作为凭证。因此，在开展仓储业务时，人们往往根据仓储业务流程的顺序依次取得相关仓储单证。

（二）仓储单证的填制基本规范

（1）仓储单证中单位名称的填写规范。单位名称的填写要写全称，不要写简称，不能不写购货单位。如客户是个人，填写个人姓名、电话号码和身份证号。

（2）仓储单证中日期的填写规范。必须准确记载业务实际发生的日期。仓储单证必须在业务行为发生的当天开出，不得提前或推迟。

（3）仓储单证中货物名称或服务项目的填写规范。货物名称必须准确填写，不可按大类笼统地填写。

（4）仓储单证中货物规格、单位、数量、单价的填写规范。仓储单证中货物规格、单位、数量、单价是与销售商品相配套的。规格是所销货物的具体规格；单位则是所销货物的计量单位；数量是指销售该货物的数量，单位与数量必须相符；单价是指按相应的计量单位而确定的每一件货物的价格。这四项内容反映了销售货物的具体情况，必须填写清楚，不得遗漏。

（5）仓储单证中大小写金额的填写规范。大小写金额数目要符合规范，正确填写，大写金额不得乱造简化字。大写金额数字一律用正楷字填写，如壹、贰、叁、肆、伍、陆、柒、捌、玖、拾等字样。大写金额数字到元或角为止的，在"元"或"角"字之后应写"整"或"正"字；大写金额数字有分的，"分"字后面写"整"字。阿拉伯数字应字迹清晰，不得连笔写。开具票据时，如票据印制了大小写金额填写栏目，则必须大小写金额填齐。

（6）仓储单证中开票人的填写规范。开票人必须认真填写其姓名，不能不填或只填姓或名，这是分清责任的重要的一环。

（7）仓储单证中开票的字迹要求。文字要写得端正清晰，容易辨认，切忌潦草，不得使用未经国家公布的简化字。

（8）仓储单证有一些栏目是不能让客户自行填写的，要由负责人员按成交事实填写，不得买小开大。

（9）仓储单证必须按领取单证的编号顺序使用，单证联次必须一次性据实填写；作废单证需注明"作废"字样，所有联次完整保留。

（10）每张仓储单证对应一个客户单位，写明收款方式、收款原因及其他备注事项。

（三）仓储单证审核

仓储单证往往代表一定的权利和义务，对仓储单证的审核是检查仓储业务进展程度及对方是否履约的关键，仓储单证是仓储中一切问题产生的源头。因此对仓储单证的审核是正确处理经济事物的关键。仓储单证审核的主要内容如下。

（1）真实性审核：审核形式和实质是否真实。

（2）合法性审核：审核内容是否合乎法律、法规。

（3）合规性审核：审核要素是否准确齐全，手续是否完备，计算是否准确。

（4）合理性审核：审核是否符合本单位的实际情况和规章。

（四）仓储单证归档

仓储单证必须作为重要业务档案进行严格归档管理。首先，要为出入库的货物建立相关档案，以便对货物进行管理，同时为将来可能发生的争议保留凭据。应按相应的种类将货物入库、保管、交付的相应仓储单证进行存档。存档单证主要包括以下几种。一是技术资料，包括货物的各种合格证、装箱单、送货单等；二是运输资料，如运输单据、货运记录、运输残损记录等；三是入库资料，包括入库单、入库验收单等。其次，建立出入库货物明细账，该明细账应详细记录出入库货物的名称、数量、规格、累计数或结存数、存货人或提货人、批次、单价、金额、货位。再次，应定期（每天、每旬或每月）对各种仓储单证进行分类整理，将仓储单证按照编号顺序，连同所附的相关单证一起加具封面和封底，装订成册，并在装订线上加贴封签。最后，严格遵守仓储单证的保管期限要求，妥善保管，以备核查，期满前不得任意销毁。

任务实施

前文案例中提到的李宏所管辖的仓库，在 2020 年 1 月 31 日接到三项任务：一是为北京普源信息有限公司发来的 200 箱 AVAYB 产品办理入库手续；二是对入库货物进行保管储存；三是接到配货订单指令，要办理 20 台 AVAYB 产品的配货出库手续。为了完成上述任务，我们需要填制完成以下仓储单证。

一、入库单证的填制

根据上述任务，仓库管理员李宏等人将到货的货物按订单卸置在收货区，北京普源信息有限公司产品工程师需在现场进行技术指导，完成对 AVAYB 产品的验收入库任务。

在这一环节，需要完成一系列入库单证的填制，如送货单、入库验收单、入库单等。

其中，入库单分为手工填制的入库单和套打的入库单。套打的入库单的依据是入库时在 ERP 系统实际填制的入库单。仓库管理员在办理入库时，根据实际入库货物品名及规格型号、数量填制。填制时，送交数量和实收数量有差异的，必须分别填写，并就差异情况在备注栏注明向相关管理部门报告后的处理意见。外采货物只填写实收数量。仓库管理员凭一致的入库单和送货单（或类似的应交给收货方持有的单据）登记台账，录入 ERP 系统；并将一致的入库单财务联和送货单复印件交给会计人员，会计人员将其作为入库原始凭证，做财务处理。

（一）送货单的填制

送货人王勇把北京普源信息有限公司的送货单交给仓库管理员李宏，办理入库手续，仓库管理员李宏签收送货单一式四联。送货单如样单 1 - 3 - 27 所示。

【样单 1 - 3 - 27】

北京普源信息有限公司　送　货　单

地址：山东省青岛市高科园海尔路 888 号

送货单号：0218

客户名称：山东风华物流有限公司　　　　　　　　　送货日期：2020 年 1 月 31 日

货号	品名	单位	数量	单价（元）	金额（元）	备注
AVAYB S8300	数字产品机柜	箱	32	67500	2160000	
AVAYB G760	语音产品机柜	箱	53	67500	3577500	
	备件	箱	115	67500	7762500	单价按平均单价计算

合计金额（大写）：壹仟叁佰伍拾万元整　　　　　　　¥13500000

制单人：刘佳　　　送货：王勇　　　仓库：姜敏　　　客户签收：李宏

（右侧竖排）①白联存根②红联客户③绿联回单④黄联记账

（二）入库验收单的填制

货物入库需要进行验收，根据送货单填制入库验收单一式四联，将第一联留存，第二联交财务人员，第三联交送货方，第四联留作结算。入库验收单如样单 1 - 3 - 28 所示。

【样单 1 - 3 - 28】

入库验收单

发货单位：北京普源信息有限公司　　　　　　　发货单号数：05
合同编号：20200112　　　验收时间：2020 年 1 月 31 日　　存放仓库：05

货物编号	品名	规格（米×米）	单位	单价（元）	应收 数量	应收 金额	实收 数量	实收 金额
0135	数字产品机柜	0.5×0.5	箱	67500	32	2160000	32	2160000
0136	语音产品机柜	0.5×0.5	箱	67500	53	3577500	53	3577500
0137	备件	0.5×0.5	箱	67500	115	7762500	115	7762500

主管：　　　会计：　　　验收员：李宏　　　送货人：王勇

（三）入库单的填制

根据货物入库任务需要填写入库单，如样单 1 - 3 - 29 所示。

【样单 1 - 3 - 29】

入　库　单

2020 年 1 月 31 日

交货单位	北京普源信息有限公司	发票号码或送货单号		0218	验收仓库	山东风华物流有限公司五库	验收日期	2020 年 1 月 31 日	
序号	品名	摘要		数量		单价（元）	金额（元）		
1	数字产品机柜	订单收货		32		67500	2160000		第一联
2	语音产品机柜	订单收货		53		67500	3577500		存根
3	备件	订单收货		115		67500	7762500		
4									
5									
合计		壹仟叁佰伍拾万元整					¥13500000		

主管：　　　　会计：　　　　仓管员：李宏　　　　送货人：王勇

　　将上述各单证交给订单处理人员，订单处理人员收到后必须在当天将相关资料传给客户并录入系统。破损货物须与正常货物分开存放，等候处理办法，并进行相关记录。

二、货物存储单证的填制

　　根据上述任务，仓库管理员李宏等人将入库的货物存放在指定的货位上进行保管，并针对这些货物填制物资保管清单和盘存单，以完成对 AVAYB 产品的仓储任务。

　　由于货物在包装尺寸、产品类型、销售配置标准及分拣频率上存在多样性，所以货位分配和优化作业方面需要进行精细作业。

　　清点时将清点完毕的货物在已验收区内进行分类整理，然后同一型号货物按照高架货位、平置货位、备件架货位、抽屉式货位分为四大部分。

　　测量首次入库的 AVAYB 产品的外包装尺寸（重量），确定相应的货架，估算每个货架能存放的数量。对已有入库记录的同类产品，找到相应的货架区。

　　产品上货架的同时记录其所对应的货位号，所有已清点产品确认上架完毕后，将对应的货位号录入实物表格中，至此可以提供此实物表格作为信息系统管理物料的主数据，形成库存台账和物资保管清单。

　　在处理分拣订单的过程中，根据分拣频率对货物进行 ABC 分类，优化作业效率。

（一）物资保管清单的填制

　　货物入库后，需要填写物资保管清单，如样单 1 - 3 - 30 所示。

【样单 1 – 3 – 30】

物资保管清单

编号：102   所属部门：山东风华物流有限公司五库   保管人：李宏

项次	进货日期			凭单号码	品名	规格（米×米）	厂牌	数量	单位	单价（元）	签认	接管日期			处理情况	凭单号码
	年	月	日									年	月	日		
1	2020	01	31	201010	数字产品机柜	0.5×0.5	普源	32	箱	67500		2020	01	31	无	
2	2020	01	31	201010	语音产品机柜	0.5×0.5	普源	53	箱	67500		2020	01	31	有3箱存在质量问题待处理	
3	2020	01	31	201010	备件	0.5×0.5	普源	115	箱	67500		2020	01	31	无	

（二）盘存单的填制

在库期间需要对相关货物进行盘点，因此，需要填写盘存单。盘存单如样单 1 – 3 – 31 所示。

【样单 1 – 3 – 31】

盘　存　单

物料盘存单		编号		00156
品类代号	AC3	厂牌		普源
品名	数字产品机柜、语音产品机柜、备件			
规格（米×米）	0.5×0.5			
计量单位	箱	应有预盘量		
预盘	日期	2020 年 3 月 1 日	盘点人	李刚
	实盘量	200 箱	盘盈（亏）量	0
复盘	日期	2020 年 5 月 1 日	盘点人	李刚
	实盘量	200 箱	盘盈（亏）量	0
存料状态	□良　品 G □不良品 B □呆　料 D	备注：	监盘人	张宇
			主管	李宏

三、出库单证的填制

根据任务要求，仓库管理员李宏需将 AVAYB 产品 20 台（单价 1998 元）进行出库，发往莱阳蓝田移动通信器材公司（地址：山东省莱阳市渤海路 78 号），收货人张宾。

（一）送货单与拣货单的填制

货物出库必须有客户授权的单证，如出库通知单、订单或销售单（授权签字，盖章）作为发货依据。李宏所管理的仓库接到了公司发来的授权发货的订单，开始组织货物的分拣、备货作业。由订单处理人员进行审核（如检查单证的正确性，是否有充足的库存），审核完毕后，订单处理人员依据审核过的单证，制作送货单和拣货单，并将相关信息录入系统。送货单如样单 1 - 3 - 32 所示，AVAYB9410 电话机拣货单如样单 1 - 3 - 33 所示。

【样单 1 - 3 - 32】

山东风华物流有限公司　送　货　单

地址：山东省莱阳市渤海路 78 号

送货单号：202050

客户名称：莱阳蓝田移动通信器材公司　　　送货日期：2020 年 1 月 31 日

货号	品名	单位	数量	单价（元）	金额（元）	备注
AVAYB9410	电话机	台	20	1998	39960	
合计金额（大写）：叁万玖仟玖佰陆拾元整					￥39960	

①白联存根②红联客户③绿联回单④黄联记账

制单人：薛海　　　送货人：许强　　　仓库：李宏　　　客户签收：张宾

【样单 1 - 3 - 33】

AVAYB9410 电话机拣货单

序列号	品名	单位	单位数量	总量
×××××	座机	台	1	20
×××××	座机手柄	个	1	20
×××××	手机	个	1	20

续表

序列号	品名	单位	单位数量	总量
×××××	3.6V/280mAh 镍氢电池	只	1	20
×××××	手机充电座	个	1	20
×××××	电话接线盒	只	1	20
×××××	AC220V、DC9V/200mA 电源适配器	个	2	40
×××××	电话直线	条	1	20
×××××	手柄曲线	条	1	20
×××××	使用说明书	本	1	20
×××××	保修卡	张	1	20

制单人：胡伟

（二）配送清单和配送专用单的填制

将拣货单交仓管员备货。系统打印出的分拣清单显示了货位信息，仓管员按照清单指定货位确认被分拣货物及其数量，并在清单"序列号"栏填写被分拣出的货物的序列号。仓管员严格依据分拣清单进行拣货，如发现备货单或货物数量有任何差异，必须及时通知库存控制人员、主管、经理，并在备货单上清楚注明情况，以便及时解决。每张备货单必须注明送货地点与单号，以便发货。货物分拣完后送到出库区，仓管员将对出库货物进行复核，并将出库货物按包装要求进行包装和整理。

仓管员与配送员依据发货单核对品名、规格及数量等，依据派车单核对承运车辆，在检查承运车辆的状况后方可将货物装车，并填制出库单。发货人员按照派车单顺序将每单货物依次出库，并与配送员共同核对出库货物型号、数量、状态等。装车后，配送员或司机应在出库单上写明车号、姓名，同时发货人员签字。发货人员与交接人对完整的出库单进行出库确认，然后承运车辆出发，将货物运至目的地，完成出库送货任务。

配送员在收到仓管员填写的配送清单（见样单1-3-34）后，立即到现场对清单上各项数据进行核查，发现错发、漏发或数据记录错误应立即补正，并填制配送专用单，如样单1-3-35所示。

【样单1-3-34】

配送清单

序号	配送区域名称	配送时间	配送地点	收费标准（元）	配送所需时间（小时）
1	山东省莱阳市	8：00—22：00	山东省莱阳市渤海路78号	150	1.5

【样单1－3－35】

<u>　　山东风华物流有限公司　　</u>**配送专用单**

编号：2020050

制单日期	2020.1.31	发货单编号	2020050	订单下达日期	2020.1.31	要求到货日期	2020.2.3
用户名称	莱阳蓝田移动通信器材公司	收货地址	山东省莱阳市渤海路78号			收货人	张宾
联系方式	13137685353	出库及运输要求	包装完好，手续齐全，可公路、铁路运输				
发运特殊要求	防震、防潮			运输一小队		提货时间（小时）	1
出货明细							
装箱类型（机柜/散件）	产品		产品描述		序列号	数量	单位
	代码	内件					
散件	AVAYB9410	电话机	AVAYB标志	有	××××	20	台
物流中心盖章			收货单位签字盖章				
			到货时间				
			身份证号				
收验状况		包装外观		产品外观			

制单人：薛海　　　　　订单确认人：王业升　　　　领单人：许强　　　　签收人：张宾

注意事项：

1. 收货人清点、验收货物后在货物运输单据或签收单据上签字并加盖公司合法专用章，如果无法加盖公司章，则收货人必须向承运人提供身份证复印件。

2. 收货人清点、验收时，发现货物有短少、污染、变质、延误等情况，应当向承运人提出异议并在货物运输单据或签收单据上注明，且由双方签字、盖章。

咨询电话：010－67779569转419/420/423

传真：010－67875569转423

（三）出库单的填制

出库单如样单1－3－36所示。

【样单 1 −3 −36】

出 库 单

编号：2020050   2020 年 1 月 31 日

型号	品名	数量	包装	备注
AVAYB9410	电话机	20 台	完好	发往莱阳

提货人：   仓管员：李宏

除上述工作外，仓管员还要结合库存台账定期盘点、清理库存等，做好仓储管理工作。至此，李宏已顺利完成其工作任务。

归纳总结

仓储管理单证设计与填制归纳总结如图 1 −3 −7 所示。

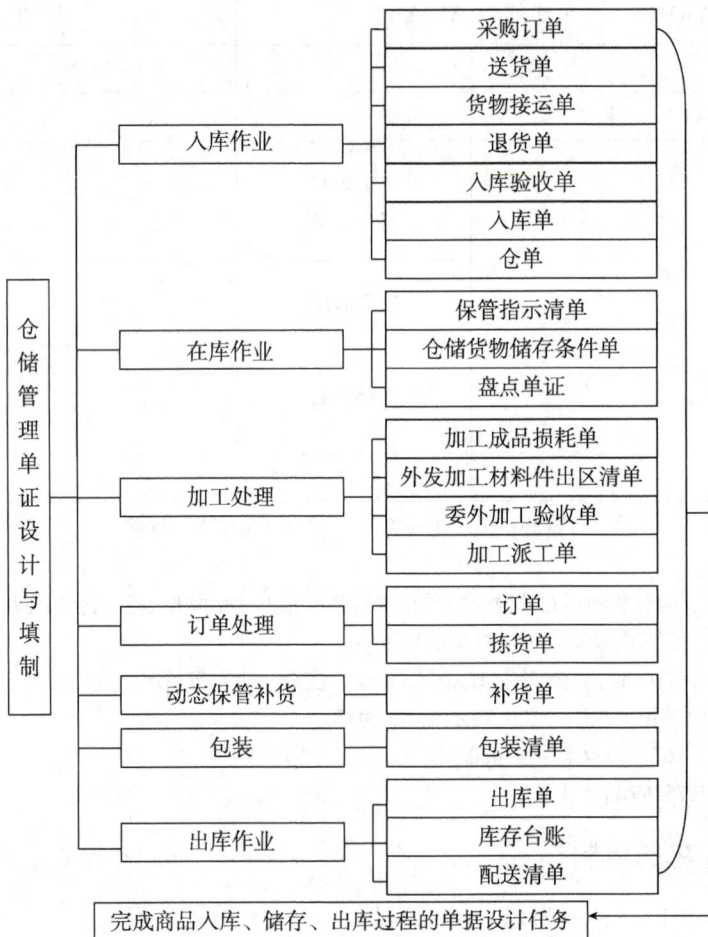

图 1 −3 −7　仓储管理单证设计与填制归纳总结

思考与训练

一、简答题

1. 物流业务流程各环节都应用了哪些单证进行流程控制？

2. 送货单和出库单各包含什么内容？有何区别？

二、技能训练题

资料一：见项目一任务二"思考与训练"中技能训练题的资料。

资料二：2020年6月15日，辽河电器有限公司根据合同发货100件，由远航物流公司运输队承运，司机李海、齐阳等于当日将货物运抵仓库，仓库管理员王军协同辽河电器有限公司的技术员许佳负责接货、验货，并办理入库手续。

2020年6月23日，远航物流公司接到辽河电器有限公司的订单要求发货，具体信息如下。数量10件，价格2218元，发送地址为大连市甘井子区66号辽河电器有限公司专营商店，接货人为徐英，手机号码为139×××3565。

任务：请根据所学，完成下述任务的操作流程，并填制相应单证。

要求：通过单证填制反映货物的入库信息、仓储信息、配送信息。

评分标准：

1. 设计并填制一份入库验收单（20分）。

2. 编制一份完整的入库单（30分）。

3. 编制一份完整的送货单（30分）。

4. 设计并填制一份配送清单（20分）。

任务四　货物运输和保险单证取得与填制

知识目标

- 了解运输单证和保险单证的取得流程
- 掌握运输单证和保险单证的主要内容及缮制要求
- 掌握运输单证和保险单证的一般格式

能力目标

- 能够根据相关资料缮制运输单证
- 能够根据相关资料缮制保险单证

素质目标

- 增强爱岗敬业、精益求精的工匠精神，提升为党、为国和为企业服务的决心与能力

任务引入案例

2020年6月1日，山东艺佳纺织品进出口公司与加拿大Tallmans（托尔曼）公司双方

签订销售合同。山东艺佳纺织品进出口公司委托山东风华物流有限公司代理国际运输、报关业务、保险策略、仓库管理、运输管理、客户终端服务等业务。请以山东艺佳纺织品进出口公司制单员身份填制托运委托书办理托运；以山东风华物流有限公司制单员身份根据上述材料缮制相关单证。

任务目标

正确取得与填制运输单证和保险单证。

任务分析

1. 掌握货物托运流程，正确缮制各种运输单证。
2. 掌握保险单证的填制方法。
3. 熟悉代理运输等物流相关业务，爱岗敬业，有进取心，有责任心，有集体主义精神。

任务导读

一、国际海运出口货物托运流程

随着物流技术的发展，货主主要通过专业的物流公司或货代公司进行租船订舱，国际海运出口货物托运流程如图1-4-1所示。

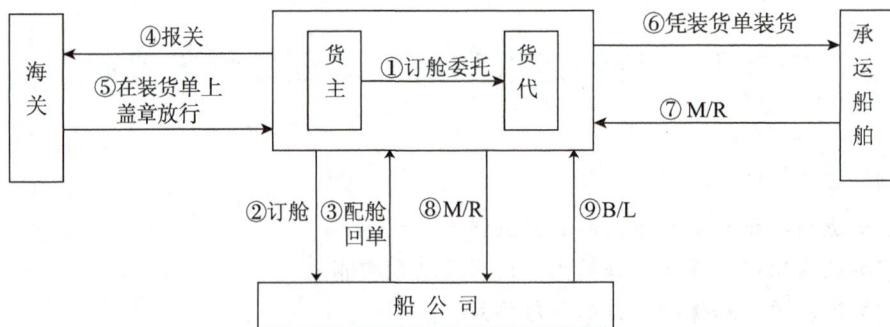

图1-4-1　国际海运出口货物托运流程

（1）出口企业在货、证齐备后，填制订舱委托书，随附商业发票、装箱单等其他必要单证，委托货代代为订舱。

（2）货代接受订舱委托后，缮制集装箱货物托运单，随商业发票、装箱单等其他必要单证一同向船公司办理订舱。

（3）船公司根据具体情况，如接受订舱则在托运单的几联单据上编上与B/L（提单）号码一致的编号，填上船名、航次，并签名，即表示已确认托运人的订舱，同时把配舱回单、装货单等与托运人有关的单证退还给托运人。

（4）托运人持船公司签署的装货单、填制好的出口货物报关单、商业发票、装箱单等连同其他有关的出口单证向海关办理出口货物报关手续。

（5）海关根据有关规定对出口货物进行查验，如同意出口，则在装货单上盖放行章，并将装货单退还给托运人。

（6）托运人持海关盖章且由船公司签署的装货单要求承运船舶装货。

（7）装货后，由船长的大副签署 M/R（大副收据），交给托运人。

（8）托运人持 M/R 向船公司换取正本已装船提单。

（9）船公司凭 B/L 签发正本提单并交给托运人凭以结汇。

二、订舱

订舱是货方向船方洽订载运货物的舱位的过程。随时代发展，各企业基本采用电子订舱，电子 订舱流程各公司稍有不同，基本如图 1 - 4 - 2 所示。

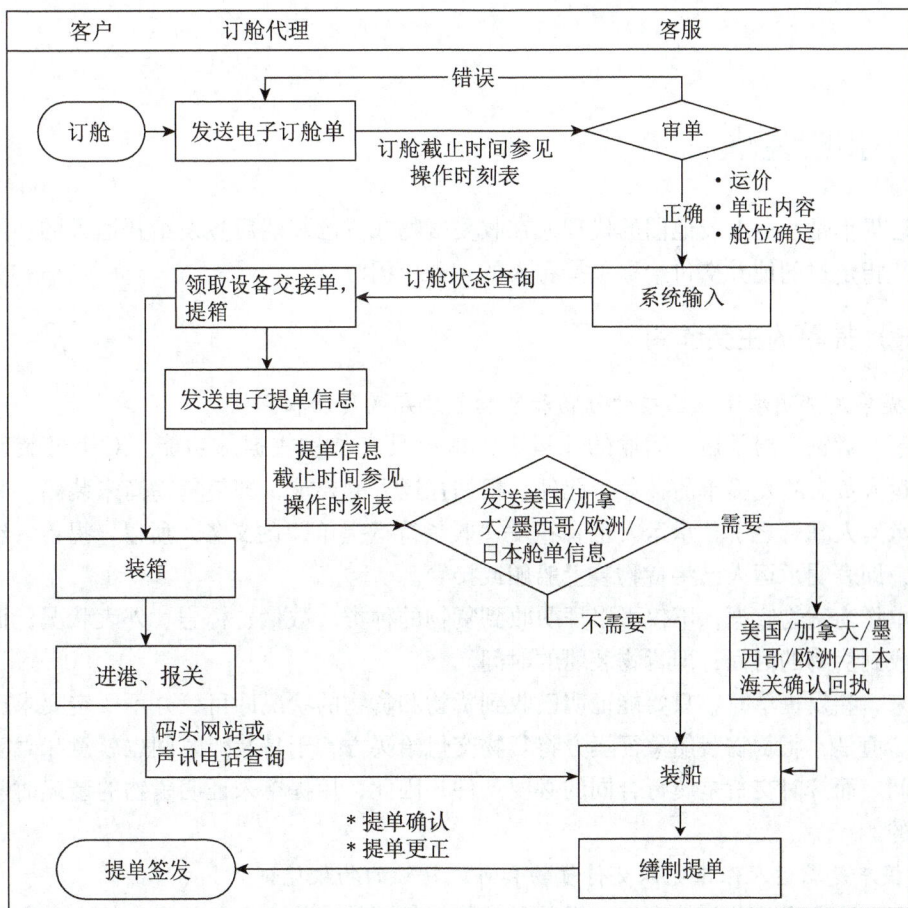

图 1 - 4 - 2　电子订舱流程

以中国外运网上服务系统为例，电子订舱系统界面示例如图1-4-3所示（参见官方网站）。

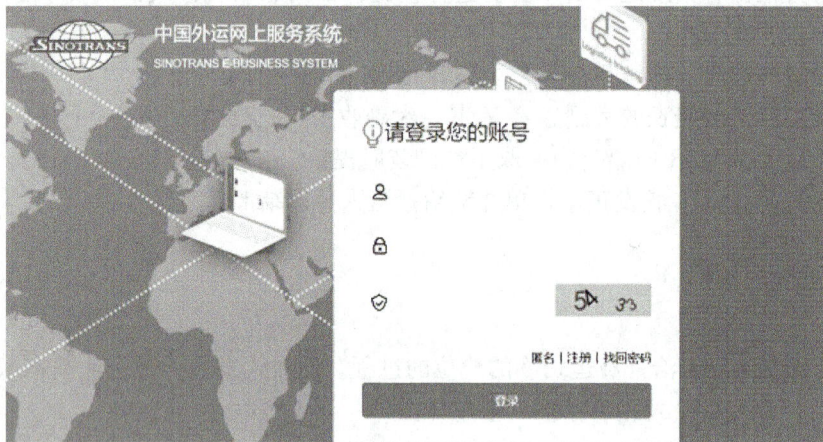

图1-4-3　电子订舱系统界面示例

三、海运提单

海运提单是承运人或他们的代理人在收妥货物或货已装船后签发给托运人的，约定将货物运往指定目的地并交付给提单持有人的一种单据。

（一）提单的主要作用

1. 提单是证明承运人已接管货物和货物已装船的货物收据

对于将货物交给承运人运输的托运人，提单具有货物收据的功能。对于已装船的货物，承运人负有签发提单的义务，此外，根据托运人的要求，即使货物尚未装船，只要货物已在承运人掌管之下，承运人也有签发"收货待运提单"的义务。所以，提单一经承运人签发，即表明承运人已将货物装上船舶或接管。

提单作为货物收据，不仅可以证明收到货物的种类、数量、标志、外表状况，而且可以证明收到货物的时间，即货物装船的时间。

本来，签发提单时，只要能证明已收到货物和货物的状况即可，并不一定要求已将货物装船。但是，将货物装船象征卖方将货物交付给买方，于是装船时间也就意味着卖方的交货时间。而按时交货是履行合同的必要条件，因此，用提单来证明货物的装船时间是非常重要的。

2. 提单是承运人保证凭以交付货物和可以转让的物权凭证

对于合法取得提单的持有人，提单具有物权凭证的功能。提单的合法持有人有权在目的港凭提单提取货物，而承运人只要出于善意，凭提单发货，即使持有人不是真正的货主，承运人也无责任。而且，除非在提单中指明，否则货主可以不经承运人的同意将提单转让给第三者，提单的转移就意味着物权的转移，连续背书可以连续转让。提单的合法受让人或提单持有人就是提单上所记载货物的合法持有人。

提单所代表的物权可以随提单的转移而转移，提单中所规定的权利和义务也随着提单的转移而转移。如果货物在运输过程中遭受损坏或灭失，因货物的风险已随提单的转移而由卖方转移给买方，所以只能由买方向承运人提出赔偿要求。

3. 提单是海上货物运输合同成立的证明文件

提单上印就的条款规定了承运人与托运人之间的权利、义务，而且提单也是法律承认的处理有关货物运输的依据，因而提单本身常被人们认为就是运输合同。但是按照严格的法律概念，提单并不具备经济合同应具有的基本条件：它不是双方意思表示一致的产物，约束承运人和托运人的提单条款是承运人单方拟定的；它履行在前，而签发在后，早在签发提单之前，承运人就开始接受托运人托运货物和将货物装船的有关货物运输的各项工作。所以，与其说提单本身就是运输合同，还不如说提单只是运输合同的证明更为合理。

如果在提单签发之前，承运人和托运人之间已存在运输合同，则不论提单条款如何规定，双方都应按原先签订的合同约定行事；但如果事先没有任何约定，托运人接受提单时又未提出任何异议，这时提单就被视为合同本身。虽然海洋运输的特点决定了提单持有人并没在提单上签字，但因提单毕竟不同于一般合同，所以不论提单持有人是否在提单上签字，提单条款对他们都具有约束力。

（二）海运提单的当事人

海运提单的当事人主要包括承运人、托运人、收货人和被通知人。

1. 承运人

承运人是指与托运人签订运输合同的关系人，也称船方。承运人对运送过程中货物的损坏和灭失负责。在实际工作中，承运人不一定是拥有运输工具（无船承运人）、实际执行货物运输业务的船舶所有人，也可能是货运代理人。提单上一般都有承运人的名称，即将承运人的名称事先印在提单上。

2. 托运人

托运人是指与承运人签订运输合同的关系人，也称货主。在信用证业务中，托运人通常是信用证的受益人。

3. 收货人

收货人是有权在目的港领取货物的当事人，通常是货物的买方。提单中这一栏怎样填写取决于信用证或合同的规定。提单收货人俗称提单的抬头，一般有三种写法。

（1）记名抬头"Consigned to ×××（指定收货人）"。

（2）不记名抬头"To Bearer"。

（3）指示抬头：

①空白抬头"To Order"；

②托运人指示"To Order of Shipper"；

③银行指示"To Order of Bank"；

④收货人指示"To Order of Buyer"。

4. 被通知人

被通知人不是提单的受益人，它无权提货，是承运人为方便收货人提货，在货到后免费通知的对象。被通知人往往是收货人的协议代理，受收货人的委托后可以提货。

（三）海运提单的种类

随着世界经济的发展，国际海上运输中所遇到的海运提单越来越多，作为物流公司的操作员，在客户托运时就要弄清楚，客户需要签发的是哪一种提单，如果客户使用信用证结汇方式，信用证上都会详细列明需要签发什么样的提单。下面我们就介绍各种不同类型的提单。

1. 已装船提单和备运提单

按照货物是否已经装船，提单可分为已装船提单和备运提单。

（1）已装船提单（On Board B/L），是指货物装船后由承运人签发给托运人的提单，它必须载明装货船名和装船日期。由于这种提单对收货人按时收货有保障，因此，在买卖合同和信用证中一般都规定卖方提供已装船提单。

（2）备运提单（Received for Shipment B/L），又称收讫待运提单，是承运人在收到托运货物等待装船期间，向托运人签发的提单。由于这种提单没有确切的装船日期，且不注明装运船只的名称，因此，实际业务中较少使用这种提单。

2. 清洁提单和不清洁提单

按照对货物外表状况有无批注，提单可分为清洁提单和不清洁提单。

（1）清洁提单（Clean B/L），指交运货物的外表状况良好，承运人未加有关货损或包装不良之类批注的提单。

（2）不清洁提单（Unclean B/L），指凡承运人加注了表明货物外表状况不良或存在缺陷之类批注的提单。对于不清洁提单银行都拒绝接受。

3. 记名提单、不记名提单和指示提单

按照提单收货人一栏的记载情况，提单可分为记名提单、不记名提单和指示提单。

（1）记名提单（Named Consignee B/L），也称直交式提单（Straight B/L）或收货人抬头提单，是指在提单收货人一栏只写指定收货人名称。这种提单只能由指定的收货人提货，不可转让。该指定收货人可以是买主、开证行或代收行。收货人凭提单提货时，必须证明身份。

（2）不记名提单（Open B/L），即空白提单（Blank B/L，Bearer B/L），又称货交来人提单，是指在提单收货人一栏不填写具体收货人或指示人的提单，提单收货人一栏留空白，或填写"To Bearer"，这种提单，谁持有谁就可以提货，提单的转让也无须背书。

（3）指示提单（To Order B/L），指示提单是在提单收货人一栏内填写"To Order of ×××"（凭某某人指示）的提单。在信用证项下，指示提单收货人栏填写的内容是按信用证的要求去填写的。实务中使用最多的是填写"To Order"（凭指示），这种提单习惯上也称为"空白抬头"，需由托运人背书后才能凭以提货。在托收结算时，由于出口商在收货人栏目填写进口地银行，但又必须提交一份可转让的提单，还有控制货权，故空白抬头很适用。

凭指示提单转让必须背书。背书可以是空白背书或记名背书。前者是指提单转让人仅在提单上签字盖章，而不注明被背书人的名字。后者是除签章外，还需列明被背书人的名字。以开证行为抬头的提单，需经开证行背书后转让给买方；以买主的指定人为抬头的提单，需经进口商背书；以托运人的指定人为抬头的提单，托运人若做成记名背书，必须以银行为被背书人，否则银行不能接受。国际贸易中大都使用空白抬头、空白提单。

4. 直达提单、转船提单、联运提单

按照货物不同的运输方式，提单可分为直达提单、转船提单和联运提单。

（1）直达提单（Direct B/L），是指货物从装运港直接运抵目的港的提单。

（2）转船提单（Transshipment B/L），是指货物需经中途转船才能到达目的港而由承运人在装运港签发的全程提单。

（3）联运提单（Through B/L），是指货物经过海运和其他运输方式联合运输时，由第一程承运人所签发的，包括全程运输，并能在目的港或目的地凭以提货的提单。

（四）海运提单的主要内容和缮制要求

海运提单因船公司的不同，有着不同的格式，但其各栏目和内容大体一致，包括正面内容和背面内容。海运提单正面主要是提单的基本信息，包括货物的描述、当事人、运输事项等；海运提单背面内容主要是各种条款，它是处理承运人与托运人之间有关运输过程争议的依据。

海运提单缮制的主要依据是托运单、信用证。现以中国远洋运输总公司海运提单为样本（见样单1-4-1），将海运提单的制单要点加以说明。

【样单1-4-1】

中国远洋运输总公司海运提单

Shipper（2） （托运人）			B/L No.（1） （提单号）	
Consignee（3） （收货人）				
Notify Party（4） （通知人）				
Pre-carriage By（5） （前程运输工具）	Place of Receipt（6） （收货地点）			
Vessel Voyage No.（7） （船名　航次）	Port of Loading（8） （装运港）			
Port of Discharge（9） （卸货港）	Place of Delivery（10） （目的地）			
Container Seal No. or Marks and Nos.（11） （集装箱密封号或唛头号）	Number and Kind of Packages and Description of Goods（12） （件数、包装种类及货物描述）	Gross Weight（KGS）（13） （毛重）	Measurement（14） （体积）	

Total Number of Containers or Packages（In Words）（15）［集装箱数或件数总数（大写）］	Revenue Tons（运费吨数）	Rate（运费率）	Per（每）	Prepaid（运费预付）	Collect（运费到付）
Freight and Charges（16）（运费和其他费用）					
Prepaid at（在某地已付）	Freight Payable at（运费在某地支付）		Place and Date of Issue（17）（签发地点和日期）		
Total Prepaid in（已付总额）	No. of Original B/L（18）（正本提单的份数）		Signed for the Carrier（19）（承运人有效签章）		
Date（日期）	Laden on Board Vessel By（装船截止）				

第一项　提单号（B/L No.）。提单号一般由承运人或其代理人提供。提单上必须注明编号，以便核查，否则该提单无效。

第二项　托运人（Shipper）。托运人一般为出口商，即信用证的受益人，特殊情况下收货人要求以第三方作为托运人（Third Party），只要信用证无特殊规定，可填受益人之外的第三方为托运人。

第三项　收货人（Consignee）。在信用证支付条件下，应严格按信用证规定填制收货人，并按不同的抬头形式分别填列。

第四项　通知人（Notify Party）。这是货物到达目的港时船方发送到货通知的对象，通常为进口方或其代理人。信用证有规定的，应按信用证规定填写。如果信用证没有规定，可将开证人作为被通知人。

填写该项时应注意以下事项。

①如"收货人"栏已填"To Order of ×××"，而信用证中又没有规定被通知人时，此栏可以空白不填。

②当来证要求两个或以上的公司作为被通知人时，应将两个或以上公司的名称全部填写在此栏中，若这一栏目太小填不下，可在结尾部分做上记号"＊"，然后在提单栏中表示货物描述的空白地方做上同样的"＊"记号，接着写上需要填写的内容。这个方法对其他栏目的填写也适用。

第五项　前程运输工具（Pre－carriage By）。若货物需转运，此栏填写第一程船的船名，若货物不需转运，此栏空白。

第六项　收货地点（Place of Receipt）。若货物需转运，填写收货的港口名称或地点；若货物不需转运，此栏空白不填。

第七项　船名　航次（Vessel Voyage No.）。填实际装运的船名。若装运船为班轮，应加注航次；若货物需转运，则填写第二程船名。

第八项　装运港（Port of Loading）。如果货物需转运，填写中转港口（Port of Transshipment）名称；如果货物不需转运，填写装运港口名称。若信用证对装运港的规定较笼统，如"China Port"（中国港口），填写时应按实际装运港口名称填制。

第九项　卸货港（Port of Discharge）。信用证有规定的按信用证规定填写。若信用证规定有两个以上的选择港口，只能选择其中一个填写。若货物直达目的港口，卸货港填最后目的港口。

第十项　目的地（Place of Delivery）。按信用证规定的目的地填写。如果货物的目的地就是目的港，则这一栏空白不填。

第十一项　集装箱密封号或唛头号（Container Seal No. or Marks and Nos.）。如采用集装箱运输，则将所用集装箱号码填写在此栏。按信用证规定的唛头填写，且与其他单据上的唛头一致。一般情况下，采用集装箱（整箱）运输时不规定唛头，而有唛头时，则不是集装箱（整箱）运输。在既无集装箱号又无唛头时，填写"N/M"，但在实际业务中可能出现既有集装箱号又有唛头的情况（拼箱货时），这时两栏应按具体情况填写。

第十二项　件数、包装种类及货物描述（Number and Kind of Packages and Description of Goods）。件数、包装种类可按发票有关栏目的内容填写，且与信用证要求和实际货物相符。散装货物件数栏只填"In Bulk"。货物描述栏目通常应填写货物大类名称，但不能与信用证规定的名称相抵触。

第十三项　毛重（Gross Weight）。填货物总毛重，且与发票、装箱单、托运单等有关单据一致。一般以千克为计量单位，不足1千克的四舍五入。除非信用证有特别规定，一般不填净重。

第十四项　体积（Measurement）。此栏填货物的体积，且与托运单一致。除非信用证有特别规定，一般以立方米为计量单位，且应保留小数点后三位数。

第十五项　集装箱数或件数总数（大写）[Total Number of Containers or Packages（In Words）]。此栏用英文写明包装及件数，件数指本提单项下的商品总件数，必须与小写的件数和包装相一致。习惯上先填"SAY"，末尾加填"ONLY"，如"SAY ONE HUNDRED CARTONS ONLY"。散装货物此栏空白不填。

第十六项　运费和其他费用（Freight and Charges）。此栏一般不填。若信用证条款对此有要求，可填运费率与运费总额。

第十七项　签发地点和日期（Place and Date of Issue）。此栏应填写提单的签发地点和日期。地点应为装运地点，日期不得迟于信用证或合同所规定的最迟装运日期。

第十八项　正本提单的份数（No. of Original B/L）。提单有正本（Original）和副本（Copy）之分。正本提单可以流通转让，用于交单议付，副本则不能流通转让。对正副本提单要求的权利在收货人一方。出口方应对来证中各种份数表示方法做出正确判断。如"FULL OF B/L"指全套正本提单，按习惯作两份正本解释。又如"FULL SET（3/3）PLUS 2 N/N COPIES OF ORIGINAL BILL OF LADING"，这里"（3/3）"中分子位置的数字指交银行的份数，分母位置的数字指应制作的份数，本证要求向议付行提交三份正本。N/N 意为不可议付（Non-Negotiable），即副本，这里要求提交两份副本。银行可接受只包含一份的全套正本提单。提单正本份数应根据信用证条款要求出具并在本栏注明。每份正本提单的效力相同，若用其中一份提货，则其余备份立即失效。

第十九项　承运人有效签章（Signed for the Carrier）。海运提单必须经装载船只的船长签字才能生效，在没有规定非船长签字不可的情况下，船代可以代理签字。来证规定手签的必须手签。印度、斯里兰卡、黎巴嫩、阿根廷等国港口，信用证虽未规定手签，但当地海关规定必须手签。承运人或船长的任何签字或证实，必须标明"承运人"或"船长"身份。代理人代表承运人或船长签字或证实时，也必须标明所代表的委托人的名称和身份，即注明代理人是代表承运人或船长签字或证实的。按上述规定提单签字应根据签字人的不同情况批注不同内容。

（五）内贸水运流程

内贸水运流程如图 1-4-4 所示。

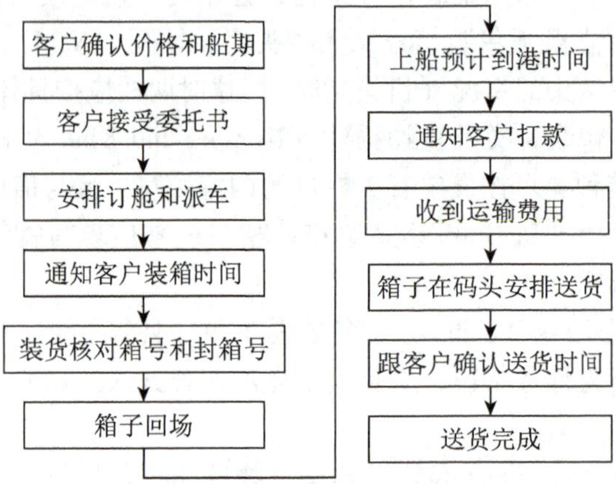

图 1-4-4　内贸水运流程

水路集装箱货物运单如样单 1-4-2 所示。

【样单 1-4-2】

水路集装箱货物运单

订单号：
EDOB10007000008

托运人：	订舱号：		运单号：
	本运单经承托双方签认后，具有合同效力。承运人与托运人、收货人之间的权利义务关系和责任界限均按有关规定办理		
收货人：	合约号：		

续表

通知方：		运输条款：			
一程船：		船名，航次：			
接货地：		装货港：			
卸货港：		交货地：			
标注/箱号/封号	件数/包装	货名	重量（托运人申报的重量）	体积	

运费预付（Ocean Freight Prepaid）

价值

总箱数			合计　箱				
运费及附加费	计算吨	费率	单位	数量	预付	到付	付费方

托运须知	1. 按规定正确、清楚填写，并逐张盖上账号章、公章，货名、件数、重量，不得省略，由于申报不实给承运人、港口经营人造成损失的，托运人应当承担赔偿责任； 2. 由超载引起的事故，由装箱人负责； 3. 为确保货物安全，货物装箱前请先验箱； 4. 严禁将危险货物、腐蚀箱体的货物及国家禁运货物装入箱内	开航日期： 签章

签发单位：　　　　承运人：

四、航空运单

航空运单（Air Waybill）是由承运的航空公司或其代理人签发的货运单据。它是货物的收据，也是托运人与承运人之间的运输契约的证明，但不具有物权凭证的性质，收货人不是凭航空运单提货，而是凭航空公司的提货通知单提货。

航空运单的正本一式三份，每份都印有背面条款。其中第一份交发货人，是承运人或其代理人接收货物的依据；第二份由承运人留存，作为记账凭证；最后一份随货同行，在货物到达目的地时，交付给收货人作为核收货物的依据。

（一）航空运单的功能

1. 航空运单是托运人与航空承运人之间的运输合同

与海运提单不同，航空运单不仅证明航空运输合同的存在，而且航空运单本身就是托运人与航空运输承运人之间缔结的货物运输合同，在双方共同签署后产生效力，并在货物到达目的地交付给运单上所记载的收货人后失效。

2. 航空运单是承运人签发的已接收货物的证明

航空运单也是货物收据，在托运人将货物发运后，承运人或其代理人就会将其中一份（即发货人联）交给托运人，作为已经接收货物的证明。除非另外注明，否则它就是承运人收到货物并在良好条件下装运的证明。

3. 航空运单是承运人据以核收运费的账单

航空运单分别记载着属于收货人负担的费用，属于应支付给承运人的费用和应支付给代理人的费用，并详细列明费用的种类、金额，因此可作为运费账单和发票。承运人往往也将其中的承运人联作为记账凭证。

4. 航空运单是报关单证之一

出口时航空运单是报关单证之一。在货物到达目的地机场进行进口报关时，航空运单也通常是海关查验的基本单证。

5. 航空运单同时可作为保险证书

如果承运人承办保险或托运人要求承运人代办保险，则航空运单也可用来作为保险证书。

6. 航空运单是承运人内部业务的依据

航空运单随货同行，证明了货物的身份。运单上载有有关该票货物发送、转运、交付的事项，承运人会据此对货物的运输做出相应安排。

（二）航空运单的分类

1. 航空主运单（Master Air Waybill，MAWB）

凡由航空运输公司签发的航空运单就称为航空主运单。它是航空运输公司据以办理货物运输和交付的依据，是航空公司和托运人订立的运输合同，每一批航空运输的货物都有自己相对应的航空主运单。

2. 航空分运单（House Air Waybill，HAWB）

集中托运人在办理集中托运业务时签发的航空运单被称作航空分运单。

（三）航空运输出口货物运输流程

（1）发货人（出口企业）填写国际货物托运单（见样单1-4-3），作为委托航空货运代理公司承办航空货物出口托运的依据。

（2）航空货运代理公司缮制托运单，向航空公司办理出口订舱手续，确定航班、日期、运价后通知货主交货。

（3）航空公司向航空货运代理公司签发航空主运单。

（4）航空货运代理公司将主运单和分运单寄给海外的分公司或代理机构。

（5）货到目的站之后，目的站的航空货运代理公司分公司或代理机构凭主运单提货、报关。

（6）目的站航空货运代理公司分公司或代理机构凭分运单向不同的收货人交货。

航空托运单

航空托运单是出口公司向航空货运代理公司提供出口货物办理托运的必要单据，是航空货运代理公司向航空公司订机配舱的依据，是航空公司与出口仓库或生产厂家之间往来提货的依据，是出口货物装机过程中最重要的证明。

【样单 1-4-3】

SHIPPER'S LETTER OF INSTRUCTION
国际货物托运单

航空运单号码：
NO. OF AIR WAYBILL：

始发站 （Airport of Departure）		到达站 （Airport of Destination）	
航班/日期 （Flight /Date）	路线及到达站 （Route and Destination）		运费 （Charges）
收货人账号（Consignee's Account No.）		收货人姓名及地址（Consignee's Name and Address）	
另行通知人（Also Notify）			
托运人账号（Shipper's Account No.）		托运人姓名及地址（Shipper's Name and Address）	
托运人声明价值 （Shipper's Declared Value）		供海关用 （For Customs）	
保险金额 （Amount Insured）	供运输用 （For Carriage）		
在货物不能交与收货人时，托运人指示的处理办法 （Shipper's Instructions in Case of Inability to Deliver Shipment as Consigned）			
处理情况，包括包装方式、货物标识及号码等 （Handling Information, Including Method of Packing, Marks and Numbers, Etc.）			

件数 （No. of Packages）	实际毛重 （Actual Gross Weight）	运价类别 （Rate Class）	收费重量 （Chargeable Weight）	费率 （Rate/ Charge）	货物名称及数量 （Name and Quantity of Goods）

注意事项（Matters Needing Attention）

续表

托运人证实以上所填全部属实并愿意遵守承运人的一切载运章程 The shipper certifies that the particulars on the face are correct and agrees to all the conditions of carriage of the carrier.			
托运人签字 (Signature of Shipper)	日期 (Date)	承运人签字 (Signature of Carrier)	日期 (Date)

（四）航空运单的内容及缮制要求

航空运单不是物权凭证，在内容上比海运提单简单，没什么复杂的条款和项目。现在我们就中国民航航空运单（见样单1-4-4）给大家介绍一下运单各栏目的内容及缮制要点。

第一项　航空运单号（AWB No.）。在运单的右上角印有航空运单号，其中前三位是航空公司的代号，如中国国际航空公司代号为999，中国东方航空公司代号为781，中国南方航空公司代号为784。后面的数字是由航空公司填入的该运单的编号，通常由8位数字组成，第8位是检查号。

第二项　航空公司的名称。此栏印有航空公司的全称或简称，如中国民航。除此之外，还印有"NOT NEGOTIABLE"字样，明确表示此航空运单是不可转让的。

第三项　托运人姓名及地址（Shipper's Name and Address）和托运人账号（Shipper's Account Number）。填写托运人全称、国名及地址，需要时加注账号。托运人一般为信用证的受益人或合同卖方，但对其他人作为托运人的单据银行也无权拒收，除非信用证明确禁止。

第四项　收货人姓名及地址（Consignee's Name and Address）和收货人账号（Consignee's Account No.）。一般填收货人的全称及其地址，需要时加注账号。本栏不得填写"To Order"或"To Order of Shipper"字样。

第五项　航班/日期（Flight/Date）。填写载货班机的航班编号和起航日期。

第六项　出具货运单的承运人代理人的名称和城市（Issuing Carrier's Agent Name and City）。一般填写货运代理人的名称及所在城市。

第七项　出具货运单的承运人代理人的国际航空运输协会代号（The IATA Code of Issuing Carrier's Agent）。按实际情况填写，亦可不填。

第八项　始发站（Airport of Departure）、到达站（Airport of Destination）。这两栏的填写与托运单相应栏目相同。

第九项　路线（Requested Route）。该栏填写预定的航空路线，实际运输时承运人可改变航行路线，但运费按规定的路线收取。

第十项　会计事项（Accounting Information）。该栏一般填写托运人账号、信用卡号、费用结算等有关会计事务方面的内容。

第十一项　币别（Currency）及运费支付方式（WT/VAL）。币别栏填写支付运费使用的货币代号，如CNY，USD。运费支付方式栏根据实际情况选填，其中，PPD =

Prepaid，COLL = Collect。若为预付情况，则在"PPD"栏内注"×"号或填写"PP"；若属到付，则在"COLL"栏内注"×"号或填写"CC"。"其他方式"栏填写方法相同。

第十二项　商品编号（Commodity Item No.）。此栏由航空公司按品名类别编号填写。在使用指定商品运价时，填写指定商品品名代号。在使用等级货物运价时，填写附加（减）的比例。如果是集装箱货物，填写运价等级。

第十三项　托运人声明价值（Shipper's Declared Value）。该项分为两栏，其中一栏为供运输用（For Carriage）的声明价值，另一栏是供海关用（For Customs）的声明价值。供运输用的声明价值是指因航空公司过失使货物受损时航空公司相应的赔偿金额。声明价值时，应按所列货币填写价值总数（一般按发票价值计）。有时托运人不需办理声明价值，则在此栏填"N. V. D"（No Value Declared）。而供海关用的声明价值一般参照发票填写（As Per Invoice），一些非商品则不标明其价值，即填"N. C. V"（No Customs Value）。

第十四项　保险金额（Amount Insured）。目前我国多数出口货物都办理一般货运保险，因此不必具体填写；未办理保险时可填"N. I. L"（No Insurance Line）。

第十五项　处理情况（Handling Information）。此栏一般填写：危险货物申报要点；另行通知人名称、地址、电话号码；随机文件名称；货物需要的特殊处理；海关的其他规定事项。

第十六项　件数（No. of Packages）、实际毛重（Actual Gross Weight）。这两栏可按货物实际包装件数或实重填写，亦可不填，因为承运人收到货物后必须点数及过磅核实，如有差错以承运人数据为准。

第十七项　运价类别（Rate Class）。该栏由承运人填写，一般用英文代码表示。

"M"（Minimum Charge）：最低运价。

"N"（Normal Under 45KGS Rate）：货物在45千克以下的普通运价。

"Q"（Quantity Over 45KGS Rate）：货物在45千克以上的普通运价。

"C"（Special Commodity Rate）：特种商品运价。

"R"（Reduced Class Rate Less than Normal Rate）：折价运价，即低于45千克普通运价的运价。

"S"（Special Class Rate Higher than Normal Rate）：加费运价，即高于45千克普通运价的运价。

第十八项　收费重量（Chargeable Weight）。由承运人根据货物的比重大小选择"实际重量"和"体积重量"作为收费重量。以实际重量计费时，收费重量等于实际重量；以体积重量计费时，每6000立方厘米相当于1千克。若按起码运价收费，该栏目可不填。

第十九项　费率（Rate/Charge）。该栏由承运人根据不同的运价类别及货物数量填写相应的费率，一般填写每千克运价。

第二十项　货物名称及数量（Name and Quantity of Goods）。货物名称应注明其所属大类，贵重物品写明"Valuable"；货物的数量指体积与尺寸，尺寸填最长×最宽×最高，单位为cm^3。

第二十一项　预付费用（Prepaid）。指托运人在取得运单前已支付的各项费用，包括预付的重量运费（Weight Charges）、预付的价值运费（Valuation Charges）、预付的税款（Tax）、代理人要求预付的其他费用之和（Total Other Charges Due Carrier）等。

第二十二项　到付费用（Collect）。指收货人在提货时支付的各项费用。

第二十三项　托运人或其代理人签字（Signature of Shipper or Its Agent）。托运人关于所装货物为非危险品的保证。

第二十四项　签发日期和地点（Executed on... at...）、承运人或其代理人签字（Signature of Issuing Carrier or Its Agent）。签发日期应与"航班/日期"栏内容一致。若运单上未载明日期，则签发日期视为出口商交货日期，不得迟于合同或信用证规定的最迟交货期。签发地点为始发站所在地。承运人的任何签字或证实必须标明承运人身份。代理人代表承运人签字或证实也必须表明所代表的委托人的名称和身份，即表明代理是代表承运人签字或证实。

【样单1-4-4】

中国民航航空运单

航空运单号 AWB No. （1）：

托运人姓名及地址 Shipper's Name and Address （3）	托运人账号 Shipper's Account Number （3）	**NOT NEGOTIABLE** **中国民航 CAAC**（2）		
收货人姓名及地址 Consignee's Name and Address （4）	收货人账号 Consignee's Account No. （4）	航班/日期 Flight/Date （5）		
出具货运单的承运人代理人的名称和城市 Issuing Carrier's Agent Name and City （6）		出具货运单的承运人代理人的国际航空运输协会代号 The IATA Code of Issuing Carrier's Agent （7）		
始发站 Airport of Departure （8）	到达站 Airport of Destination （8）	路线 Requested Route （9）		
会计事项 Accounting Information （10）	币别 Currency （11）	运费支付方式　WT/VAL　（11）		
		PPD （预付）	COLL （到付）	Other （其他方式）
商品编号 Commodity Item No. （12）	托运人声明价值 Shipper's Declared Value （13）		保险金额 Amount Insured （14）	
	供运输用 For Carriage	供海关用 For Customs		
处理情况 Handling Information （15）				

件数 No. of Packages (16)	实际毛重 Actual Gross Weight (16)	运价类别 Rate Class (17)	收费重量 Chargeable Weight (18)	费率 Rate/ Charge (19)	货物名称及数量 Name and Quantity of Goods (20)
预付费用 Prepaid　(21)			到付费用 Collect　(22)		
托运人证实以上所填全部属实并愿遵守承运人的一切载运章程。 The shipper certifies that the particulars on the face are correct and agrees to all the conditions of carriage of the carrier. 　　　　　　　托运人或其代理人签字＿＿＿＿＿＿＿　(23) 　　　　　　　Signature of Shipper or Its Agent 签发日期　　　　　　地点　　　　承运人或其代理人签字　　(24) Executed on　　　　(date）at　　(place)　Signature of Issuing Carrier or Its Agent					

（五）国内航空运输单证填制规则

承运人是指本人或者委托他人以本人名义与托运人订立货物运输合同的当事人。

代理人是指在航空货物运输中，经授权代表承运人的任何人。

托运人是指为货物运输与承运人订立合同，并在航空货运单或者货物记录上署名的人。

收货人是指承运人按照航空货运单或者货物运输记录上所列名称而交付货物的人。

货物托运书是指托运人办理货物托运时填写的书面文件，是据以填开航空货运单的凭据。

航空货运单是指托运人或者托运人委托承运人填制的运单，是托运人和承运人之间为在承运人的航线上承运货物所订立合同的证据。

1. 货物托运

托运人凭本人居民身份证或者其他有效身份证件托运货物，填写货物托运书，向承运人或其代理人办理托运手续。如承运人或其代理人要求出具单位介绍信或其他有效证明时，托运人也应予以提供。政府规定限制运输的货物以及需向公安、检疫等有关政府部门办理手续的货物，应当随附有效证明。

（1）货物托运书的填写。托运人应当认真填写，对货物托运书内容的真实性、准确性负责，并在货物托运书上签字或者盖章。

（2）货物托运书的基本内容。

①货物托运人和收货人的具体单位或者个人的全称及详细地址、电话、邮政编码。

②货物品名。

③货物件数、包装方式及标志。

④货物实际价值。

⑤货物声明价值。

⑥普货运输或者急件运输。

⑦货物特性、储运及其他说明。

⑧运输条件不同或者因货物性质不能在一起运输的货物，应当分别填写货物托运书。

2. 航空货运单

航空货运单又称货运单，应当由托运人填写，连同货物交给承运人。如承运人依据托运人提供的托运书填写货运单并经托运人签字，则该货运单应当视为代托运人填写。

托运人应当对货运单上所填关于货物的声明的正确性负责。

货运单一式八份，其中正本三份、副本五份。正本三份：第一份交承运人，由托运人签字或盖章；第二份交收货人，由托运人和承运人签字或盖章；第三份交托运人，由承运人接收货物后签字或盖章。三份具有同等效力。承运人可根据需要增加副本。货运单的承运人联应当自填开货运单次日起保存两年。

货运单的基本内容包括：

（1）填单地点和日期；

（2）出发地点和目的地；

（3）第一承运人的名称、地址；

（4）托运人的名称、地址；

（5）收货人的名称、地址；

（6）货物的品名、性质；

（7）货物的包装方式、件数；

（8）货物的重量、体积或尺寸；

（9）计费项目及付款方式；

（10）运输说明事项；

（11）托运人的声明。

五、其他运输单据的内容及缮制要求

（一）国内水路运单

在国内水路货物运输中，水路运单是运输合同的证明，是承运人已经接收货物的收据。承运人接收货物应当签发水路运单。国内水路货物运输的当事人双方应该严格遵照国内水路货物运输规则进行实务操作，规范水路运单的签发，以防范相应风险。

1. 水路运单的缮制要求

（1）一份运单填写一个托运人、收货人、起运港、到达港。

（2）货物名称填写具体品名，品名过繁的可以填写概括名称。

（3）规定按重量或体积择大计费的货物应当填写货物的重量和体积（长、宽、高）。

（4）填写的各项内容应当准确、完整、清晰。

（5）危险货物应填制专门的危险货物运单（红色运单）。除国家禁止利用内河以及其他封闭水域等航运渠道运输的剧毒化学品以及交通运输部门禁止运输的其他危险化学品外，其余危险化学品只能委托有危险化学品运输资质的水运企业承运。因此，托运人在托运危险货物时，必须确认水运企业的资质。

（6）货物的品名、件数、重量、体积、包装方式、识别标志等应当与运输合同的约定相符。

（7）对整船散装的货物，如果托运人在确定重量时有困难，则可要求承运人提供船舶水尺计量数作为其确定重量的依据。

（8）对单件货物重量或者长度（沿海为5吨、12米，长江、珠江、黑龙江干线为3吨、10米）超过标准的，应当按照笨重、长大货物运输办理，在运单内写明总件数、重量和体积。

（9）托运人应当及时办理港口、检验、检疫、公安和其他货物运输所需的各项手续的单证送交承运人。

（10）已装船的货物，可由船长代表承运人签发运单。

水路运单一般为六联。第一联为起运港留存；第二联为解缴联，由起运港船公司留存；第三联为货运收据联，由起运港交托运人留存；第四联为船舶存查联，由承运船舶留存；第五联为收货人存查联；第六联为货物运单联，在收货人交款、提货、签收后交目的港留存。

2. 水路运单的样本（见样单1-4-5）

【样单1-4-5】

水路运单

船名		起运港			到达港			到达日期 承运人章		收货人章	
托运人	全称			收货人	全称						
	地址 电话				地址 电话						
	银行 账号				银行 账号						
发货符号	货号	件数	包装	价值	托运人确定		计费重量		等级	费率	金额	应收费用		
					重量	体积	重量	体积				项目	费率	金额
合计														
运到期限或约定							托运人章 日期		总计		
									核算员		
特约事项							承运日期 起运港承运人章		复核员		

小知识

中国部分重要港口名单

上海港、大连港、秦皇岛港、天津港、青岛港、黄埔港、湛江港、连云港港、烟台港、南通港、宁波港、温州港、北海港、海口港。

（二）铁路货物运单

铁路货物运单是托运人与承运人之间，为运输货物而签订的一种运输合同或运输合同的组成部分。它是确定托运人、承运人、收货人之间在铁路运输中的权利、义务和责任的原始依据。铁路货物运单即是托运人向承运人托运货物的申请书，也是承运人承运货物和核收运费、填制货票以及编制记录和备查的依据。铁路货物运单由货物运单和领货凭证两部分组成。

1. 铁路货物运单的传递过程

货物运单：托运人→发站→到站→收货人。

领货凭证：托运人→发站→托运人→收货人→到站。

2. 铁路货物运单的种类

（1）现付运单：黑色印刷。

（2）到付或后付运单：红色印刷。

（3）快运货物运单：黑色印刷，将"货物运单"改为"快运货物运单"字样。

（4）剧毒品专用运单：黄色印刷，并有剧毒品图形标志。

3. 铁路货物运单的缮制要求

（1）铁路货物运单填写的基本要求。

①正确：要求填记的内容和方法符合规定。

②完备：要求填记的事项必须齐全，不得遗漏，如危险货物不但要填写货物的名称，而且要填写其编号。

③真实：要求实事求是地填写，内容不得有虚假隐瞒，如不能错报、匿报货物品名。

④详细：要求填写的品名应具体，有具体品名的不填概括品名，如双人床、沙发、立柜不能填写为家具。

⑤清楚：填写字迹清晰，应使用钢笔、毛笔、圆珠笔、戳记、印刷等方法填写，不能用红色墨水填写，文字规范，以免造成办理上的错误。

A. 更改盖章：运单内填写各栏有更改时，在更改处，属于托运人记载事项，应由托运人盖章证明；属于承运人记载事项，应由车站加盖站名戳记。

B. 铁路规定，严禁中介部门代理国内危险货物运输。因此，在办理国内危险货物运输时，托运人应直接向铁路办理托运手续。在办理托运手续时，须出具相关资质证书、经办人身份证和业务培训合格证书。

（2）铁路货物运单的式样如样单1-4-6所示。

【样单 1 - 4 - 6】

铁路货物运单

| 承运人/托运人装车 | 货物指定于　月　日搬入　　　　××铁路局 |
| 承运人/托运人施封 | 货　位：　　　　　　　　　　货物运单 |

计划号码或运输号码：
运到期限：　　日　　　　　　托运人→发站→到站→收货人　　　　货票第　　　号

托运人填写		承运人填写	
发站	到站（局）	车种车号	货车标重
到站所属省(市)自治区		施封号码	

托运人	名称		经由	铁路货车篷布号码	
	地址	电话			
收货人	名称		运价里程	集装箱号码	
	地址	电话			

货物品名	件数	包装	货物价格	托运人确定重量	承运人确定重量	计费重量	品名代码	运价号	运价率	运费
合计										

| 托运人记载事项 | | 承运人记载事项 | | |
| 注：本单不用为收款凭证，托运人签约须知见背面 | 托运人盖章或签字　年　月　日 | 到站交付日期戳 | 发站承运日期戳 | |

领货凭证
车种及车号
货票第　号
运到期限　日
发站
到站
托运人
收货人
货物品名　件数
托运人盖章或签字
发站承运日期
注：收货人领货须知见背面

*注：本单背面略。

①发站、到站（局）和到站所属省（市）自治区各栏。发站和到站应按《铁路货物运价里程表》中所载的名称填写，不得省略，不得简称，如沈阳北不得写成"沈北"。到站（局）应填写到达站主管铁路局名的第一个字，如哈、沈、北等，同时，还必须注意到站营业限制。到站、到站所属铁路局及到站所属省（市）自治区，三者必须相符。

②托运人、收货人的名称、地址及电话各栏。托运人、收货人的名称，应填写托运单位、收货单位的全名；当为自然人时，应填写其姓名；对于危险货物，应是资质认定了的企业法人。

托运人地址和收货人地址，应详细填写其所在省、市、自治区城镇街道、门牌号码或乡、镇、村名称。托运人或收货人有电话时，应记明电话号码。如托运人要求于货物到达后用电话通知收货人时，必须将收货人电话号码填写清楚。

③货物品名栏。如果一批托运的货物品名过多，不能在运单内逐一填记或同一包装内有两种以上的货物时，托运人须提出物品清单一式三份。物品清单加盖车站承运日期戳后，一份由发站存查，一份随运输票据递交到站，一份退还托运人。

对危险货物、鲜活货物或使用集装箱运输的货物，除填记货物的完整品名外，还应按货物性质，在运单右上角用红色墨水书写或用加盖红色戳记的方法，注明"爆炸品""氧化剂""毒害品""腐蚀物品""易腐货物"等字样。

④件数栏。本栏按货物品名与包装种类，分别填写件数。按集装箱运输的货物填写箱数。只按重量承运的货物，本栏填写"散""堆""罐"字样。

⑤包装栏。本栏填写包装种类，如"木箱""纸箱""麻袋""铁桶"等。按件承运的无包装的货物填写"无"字。使用集装箱运输的货物填写箱型。只按重量承运的货物，

119

本栏可不填写。

⑥货物价格栏。按保价运输时，必须填写此栏。如果托运货物的种类为一种或多种时，按货物的品名分别填写，也可填写一个总数。

⑦托运人确定重量栏。本栏按货物名称与包装种类，以千克为单位，分别填写货物的重量，也可填写一个总数。

⑧合计栏。"货物价格""托运人确定重量"各栏填写其合计数。"件数"栏填写其合计数或"散""堆""罐"字样。

⑨托运人记载事项栏。此栏填写需要由托运人记载的事项，举例如下。

A. 货物本身有缺陷，但不至影响货物运输安全的，应具体注明其缺陷。

B. 需要证明文件的货物，应填写证明文件名称、号码及填发日期。

C. 派有押运人的货物，应填写押运人姓名、证明文件名称以及证明文件与业务培训合格号码。

D. 整车货物，应填写要求使用的车种、吨位、是否苫盖篷布；在专用线卸车时，还应填写"在××专用线卸车"。

E. 委托承运人代封货车或集装箱时，应填写"委托承运人施封"。

F. 笨重货物或规格相同的零担货物，应注明货物的长度、宽度、高度，规格不同的零担货物应注明全批货物的体积。

G. 托运人使用自备帆布时，应填写"自备帆布×张"。

H. 整车分卸货物，应分别注明最终到站和各分卸站的站名、货物品名、件数、重量。

I. 发站由托运人组织装车，到站由承运人卸车，托运人要求到站同收货人卸车时，应填写此要求事项。

J. 使用自备箱运输货物时，应填写"使用×吨自备箱"。

K. 集装箱内单件货物重量超过100千克时应注明。

L. 其他应注明的事项。

⑩领货凭证。领货凭证各栏的内容应与货物运单相应各栏保持一致。

托运人盖章或签字。托运人填写完货物运单和领货凭证并确认无误后，在此两栏内盖章或签字，还应在日期处填写日期。

（三）公路货物运单

公路货物运单是托运人根据贸易合同和信用证条款内容填制的，向承运人或其代理人办理货物托运的单证。其实质是承运人和托运人之间对托运货物的合约，记载着有关托运人与承运人相互间的权利和义务。

公路货物运单的内容如样单1-4-7所示。

填在一张货物运单内的货物必须是属同一托运人的。对拼装分卸货物，应将拼装或分卸情况注明。危险货物与普通货物，以及性质相抵触、运输条件不同的货物，不得使用同一张货物运单。托运人、承运人修改运单时，需签字盖章。本运单一式两份，一份为受理存根，一份为托运回执。

【样单 1 - 4 - 7】

公路货物运单

××汽车运输公司货物运单

托运人（单位）：　　　　　　　　经办人：

电话：　　　　　　　　　　　　　地址：　　　　　　　　运单编号：

发货人		地址		电话		装货地点			厂休日	
收货人		地址		电话		卸货地点			厂休日	
付款人		地址		电话		约定起运时间		约定到达时间	需要车种	
货物名称及规格	包装形式	件数	体积：长×宽×高（cm³）	件重（千克）	重量（吨）	保险、保价价格	货物等级	计费项目	计费重量	单价
合计										
托运人注意事项			付款人账号				承运人记载事项		承运人账号	
注意事项	1. 货物名称应填写具体品名，如货物品名过多不能在运单内逐一填写须另附物品清单。 2. 保险或保价货物，在相应价格栏中填写货物声明价值。					托运人签章 年　月　日			承运人签章 年　月　日	

六、海运货物保险单

保险单是保险人与被保险人之间订立保险合同的一种书面文件，又是保险人出具的承保证明。

（一）保险单据分类

1. 保险单

保险单俗称"大保单"，一般是由保险人根据投保人的投保申请而逐笔签发的，它是一种正规的保险合同，承保在保单中所指定的经由指定船舶承运的货物在运输途中的风险。货运险保险单可由被保险人背书随物权的转移而转让，货物安全抵达目的地或保险单规定的地点后，保险单的效力即告终止。进出口货运险保险单一般由三份正本和两份副本组成，也可根据投保人的要求增设正本或副本保单的份数。保险单是海运保险单据中最有代表性、承保形式最完整的一种。

2. 保险证明书

保险证明书俗称"小保单"，它是一种简化了的保险单，它同正式保险单具有同样的效力。保险证明书的正面依然载明了保险的基本项目，但背面未列保险条款。

3. 预约保险单和保险声明书

预约保险单是一种定期统保契约，也称预约合同或预保协议，是保险人与被保险人事先约定在一定时期内对指定范围内的货物进行统一承保的协议，这种形式适用于经常有大批货物进出口的投保人。被保险人在拥有预约保险单后，每批货物一经装运，就要将该批货物的数量、保险金额、船名、航线等内容以投保声明书的形式及时通知保险人。

4. 联合凭证

联合凭证又称"联合发票"，是一种发票和保险单相结合，较上述保险凭证更为简化的保险单据，与正式保险单具有同等的效力。此凭证只有我国采用，也仅适用于对港、澳地区中资银行的信用证项下的出口业务且不能转让。

（二）海运货物的投保流程

在国际贸易中，不同的贸易术语成交条件，在处理保险时相应的业务也不同，凡以CIF或CIP条件*成交的出口货物，由出口商向当地保险公司办理投保手续。海运货物的投保流程（见图1－4－5）是投保人备齐货物并确定开船期后（一般是在收到船公司的配舱回单后），在发货前向保险公司提交一式两份的海运出口货物投保单，并提交信用证或合同、发票等有效单证申请投保。保险公司根据有关工作程序审核后，如果同意承保，则在投保单上签署"同意承保"字样，将其中一联退还给投保人并收取保险费用。

图1－4－5　海运货物的投保流程

如果出口商同保险公司订有预约保险合同，则按约定时间收取保险费用（如一年、半年、三个月结算一次）。保险公司随后出具正式保险单，保险合同即告成立。有的保险公司要求出口商预制保险单然后送交保险公司确认签署。在保险期限内如发生航线变更或保险单所载明的货物、船名或航程有遗漏或错误时，投保人应在获悉后立即通知保险公司并在必要时加缴保险费用，该保险才继续有效。海运出口货物投保单如样单1－4－8所示。

---

* CIF和CIP条件是常用贸易术语。CIF是指成本、保险费加运费付至（指定目的港）。CIP是指运费、保险费付至（指定目的地）。

【样单1-4-8】

海运出口货物投保单

被保险人 INSURED

发票号 INVOICE NO.

合同号 CONTRACT NO.

信用证号 L/C NO.

发票金额 INVOICE AMOUNT　　　　　　　　投保加成 PLUS

兹有下列物品向中国人民保险公司广东分公司投保 INSURANCE IS REQUESTED ON THE FOLLOWING COMMODITIES

标记号码 MARKS	包装数量 QUANTITY	货物名称 DESCRIPTION OF GOODS	保险金额 AMOUNT INSURED

启运日期　　　　　　　　　　　　　　　　装载运输工具

DATE OF COMMENCEMENT　　　　　　　　PER CONVEYANCE

自　　　　　　　　经　　　　　　　　　　至

FROM　　　　　　　VIA　　　　　　　　　TO

提单号　　　　　　　　　　赔款偿付地点

B/L NO.　　　　　　　　　CLAIM PAYABLE AT

投保险别 PLEASE INDICATE THE CONDITIONS OR SPECIAL COVERAGES

请如实告知下列情况

1. 货物种类：袋装　　散装　　冷藏　　液体　　活体动物　　机器/汽车　　危险品等级

   GOODS：BAG/JUMBO　BULK　REEFER　LIQUID　LIVE ANIMAL　MACHINE/AUTO　DANGEROUS CLASS

2. 集装箱种类：　　普通　　开顶　　框架　　平板　　冷藏

   CONTAINER：　ORDINARY　OPEN　FRAME　FLAT　REEFER

3. 转运工具：　　海轮　　飞机　　驳船　　火车　　汽车

   BY TRANSIT：　SHIP　PLANE　BARGE　TRAIN　TRUCK

4. 船舶资料：　　　　船籍　　　　船龄

   PARTICULAR OF SHIP：　REGISTRY　AGE

续表

被保险人确认本保险合同条款和内容已经完全了解 THE ASSURED CONFIRMS HEREWITH THE TERMS AND CONDITIONS OF THIS INSURANCE CONTRACT FULLY UNDERSTOOD 投保日期 DATE	投保人（签名盖章）APPLICANT'S SIGNATURE 电话 TEL 地址 ADD
本公司自用 FOR OFFICE USE ONLY	
费率 RATE 保费 PREMIUM 经办人　核保人　　　　负责人　　　　联系电话　　　　承保公司签章 BY　UNDERWRITER　PERSON IN CHARGE　TEL　INSURANCE COMPANY'S SIGNATURE	

（三）海运货物保险单的内容及缮制要求

保险单是各类保险单据中最为常见的一种，由保险公司制单员根据投保人提供的投保单以及合同、信用证、商业发票和运输单据进行缮制。投保人预制保险单，保险公司审核后填制险别及签字盖章。现以中保财产保险有限公司海运货物保险单为样本，来说明保险单各栏目内容及缮制要点（见样单1－4－9）。

【样单1－4－9】

海运货物保险单

中保财产保险有限公司		
The People's Insurance（Property）Company of China Ltd.		
Head Office：BEIJING	海运货物保险单 MARINE CARGO INSURANCE POLICY	Established in 1949
发票号码（1） Invoice No.		保险单号次（2） Policy No.
被保险人（3） Insured 中保财产保险有限公司（以下简称本公司）根据被保险人的要求，及其所缴付的保险费，按照本保险单承保险别和所载条款与下列特别条款承保下述货物运输保险，特签发本保单 This policy of insurance witnesses that the People's Insurance Company of China Ltd.（hereinafter called "the Company"）at the request of the insured and in consideration of the agreed premium paying to the Company by the insured undertakes to insure the undermentioned goods in transportation subject to the conditions of this policy as per the clauses printed and other special clauses attached hereon		
标记及号码 Marks & Nos. （4）	包装数量 Quantity （5）	保险货物项目 Description of Goods （6）	保险金额 Amount Insured （7）

续表

总保险金额 Total Amount Insured（8）		
保费 Premium（9）	费率 Rate（9）	装载运输工具 Per Conveyance S. S.（10）
开航日期 SLG. on or ABT.（11）	起运港 From（12）	目的港 To（12）
承保险别 Conditions　　（13）		

所保货物，如发生本保单项下可能引起索赔的损失或损坏，应立即通知本公司下述代理人勘察。如有索赔，应向本公司提交保险单正本及有关部门文件。如一份正本已用于索赔，其余正本则自动失效
In the event loss or damage which may result in a claim under this policy, immediate notice applying for survey must be given to the Company's agent as mentioned hereunder. Claims, if any, one of the original policy which has been issued in original together with other relevant documents shall be surrendered to the Company. If one of the original policy has been accomplished, the others to be void

赔款偿付地点（14） Claim Payable at	**中保财产保险有限公司** The People's Insurance（Property）Company of China Ltd.
日期　　　　（15） Date	保险公司签章　　　　（16） Authorized Signature

第一项　发票号码（Invoice No.）。将被保险货物的商业发票编号转填此栏。一般填写为"As Per Invoice"或实际的发票号码。

第二项　保险单号次（Policy No.）。此栏填保险公司指定的保单号码。

第三项　被保险人（Insured）。被保险人填在"Insured"后。托收项下的保险单应填出口商名称。CIF条件下的信用证支付应按信用证要求填制，如信用证规定"To Order"，此栏转录受益人并要在保险单背面作空白背书；信用证要求"To Order of …"或"In Favor of …"时，此栏应填写"To Order of"加上被保险人名称，并作记名背书；信用证对此无具体规定时，受益人应视为被保险人，并作空白背书。

第四项　标记及号码（Marks & Nos.）。保险单的标记即货物唛头，填写时应与运输单据、发票等单据上的标记一致。若信用证无特殊规定，也可只填"As Per Invoice No. ×××"。

第五项　包装数量（Quantity）。此栏填最大包装件数，并与运输单据、发票所载件数一致。若是散装货物，填写"In Bulk"及计价数量。

第六项 保险货物项目（Description of Goods）。此栏填商品名称。若品种较多，可填商品大类名称，但应与运输单据所载货名一致。

第七项 保险金额（Amount Insured）。一般按发票 CIF 总值的 110% 填写。保险金额由金额数目和币别两部分组成。金额数目只取整数（进位取整），如 USD950.60，应填 USD951.00；币别应与信用证、发票所载币别一致，除非信用证另有规定。

第八项 总保险金额（Total Amount Insured）。此栏填英文大写的保险金额及货币全称，并与上栏小写保险金额一致。

第九项 保费（Premium）、费率（Rate）。通常保险公司已在此栏印"As Arranged"字样，无须填写。若信用证要求详细列明，应按来证办理，删除"As Arranged"字样，填上具体保险费额。

第十项 装载运输工具（Per Conveyance S. S.）。此栏直接填写船名、航号。若需中途转船，应在第一程船名后加填第二程船名，如第一程船名为"DONG FENG"，第二程船名为"YIN HE"，则本栏目应填写"DONG FENG / YIN HE"。

第十一项 开航日期（SLG. on or ABT.）。一般填运输单据签发日期，也允许填写运输单据签发日之前 5 天内的任何一天的日期。另外还可以填写"AS PER B/L"或"AS PER AIR WAYBILL"。

第十二项 起讫地点，即起运港和目的港（From…To…）。起讫地点按实际填写起运港和目的港名称，且与运输单据所载一致。若需要中途转船，则应加注转运港（Tran-shipment Port），如"FROM QING DAO TO NEW YORK VIA HONGKONG"。如海运至目的港，保险承保到内陆城市，应在目的港后注明，如"FROM SHANG HAI TO LIVERPOOL AND THENCE TO"。有时信用证中未明确规定具体的起运港和目的港，如"FROM ANY CHINESE PORT TO JAPANESE PORT"，制单时应根据货物实际装运情况选定一个具体的港口，如"FROM NING BO TO YOKOHAMA"。

第十三项 承保险别（Conditions）。此栏应严格按信用证规定填写，通常填保险险别的英文缩写并注明所依据的保险条款及颁布年份及"仓至仓条款"。

第十四项 赔款偿付地点（Claim Payable at）。此栏按信用证规定填制。若来证未明确此事项，则填写目的港名称。

第十五项 日期（Date）。这是指签发日期，根据有关规定，保险单的签发日期应不迟于运输单据签发日期，除非保险单据表明保险责任不迟于发运日生效。

第十六项 保险公司签章（Authorized Signature）。保险单经保险公司签章后方有效，其签章一般已事先印好在保险单的右下方。

特殊条款（Special Conditions）。如 L/C 或合同对保险单据有特殊要求的填在此栏。如信用证要求"L/C NO. MUST BE INDICATED IN ALL DOCUMENTS"，此时就应在此栏中注明"L/C No. ×××"。

背书（Endorsement）。海运保险单是可以经背书转让的单据。根据惯例，保险单经被保险人背书后，即随着被保险货物的所有权转移到受让人手中。背书无须通知保险公司，出口方在保险单上背书就完成了转让手续。

保险单的背书和提单的背书一样有空白背书和记名背书两种方式。不管是空白背书还是记名背书，其方法和提单的背书一样。

公司出具的全套保险单一般包括正本（Original）一份，复本（Duplicate）一份和副本（Copy）三至四份。实际签发份数按信用证规定提供。

七、其他运输方式货物保险单

其他运输方式货物保险单如样单 1 - 4 - 10、样单 1 - 4 - 11 所示。

【样单 1 - 4 - 10】

其他运输方式货物保险单（1）

中保财产保险有限公司		
The People's Insurance（Property）Company of China Ltd.		
Head Office：BEIJING	航空货物保险单 **AIRCARGO INSURANCE POLICY**	Established in 1949
保险单号次 Policy No.		发票号码 Invoice No.

被保险人

Insured

中保财产保险有限公司（以下简称本公司）根据被保险人的要求，及其所缴付的保险费，按照本保险单承保险别和所载条款与下列特别条款承保下述货物运输保险，特签发本保单

This policy of insurance witnesses that the People's Insurance Company of China Ltd.（hereinafter called "the Company"）at the request of the insured and in consideration of the agreed premium paying to the Company by the insured undertakes to insure the undermentioned goods in transportation subject to the conditions of this policy as per the clauses printed and other special clauses attached hereon

标记及号码 Marks & Nos.	包装数量 Quantity	保险货物项目 Description of Goods	保险金额 Amount Insured
总保险金额 Total Amount Insured			

保费 Premium	费率 Rate	装载运输工具 Per Conveyance S. S.	航班号 Flight No.

开航日期 SLG. on or ABT.	起运港 From	目的港 To

承保险别

Conditions

所保货物，如发生本保单项下可能引起索赔的损失或损坏，应立即通知本公司下述代理人勘察。如有索赔，应向本公司提交保险单正本及有关部门文件。如一份正本已用于索赔，其余正本则自动失效

In the event loss or damage which may result in a claim under this policy, immediate notice applying for survey must be given to the Company's agent as mentioned hereunder. Claims, if any, one of the original policy which has been issued in original together with other relevant documents shall be surrendered to the Company. If one of the original policy has been accomplished, the others to be void

赔款偿付地点 Claim Payable at	中保财产保险有限公司 The People's Insurance（Property）Company of China Ltd.
日期 Date	保险公司签章 Authorized Signature
地址 Address	

【样单 1 –4 –11】

其他运输方式货物保险单（2）

中保财产保险有限公司		
The People's Insurance（Property）Company of China Ltd.		
Head Office：BEIJING	铁路货物保险单 **RAILWAY CARGO INSURANCE POLICY**	Established in 1949
发票号码 Invoice No.		保险单号次 Policy No.

被保险人
Insured

中保财产保险有限公司（以下简称本公司）根据被保险人的要求，及其所缴付的保险费，按照本保险单承保险别和所载条款与下列特别条款承保下述货物运输保险，特签发本保单

This policy of insurance witnesses that the People's Insurance Company of China Ltd.（hereinafter called "the Company"）at the request of the insured and in consideration of the agreed premium paying to the Company by the insured undertakes to insure the undermentioned goods in transportation subject to the conditions of this policy as per the clauses printed and other special clauses attached hereon

标记及号码 Marks & Nos.	包装数量 Quantity	保险货物项目 Description of Goods	保险金额 Amount Insured
总保险金额 Total Amount Insured			

续表

保费 Premium	费率 Rate	装载运输工具 Per Conveyance S. S.	车次号 Train No.
开车日期 SLG. on or ABT.		起运地 From	目的地 To
承保险别 Conditions			

所保货物，如发生本保单项下可能引起索赔的损失或损坏，应立即通知本公司下述代理人勘察。如有索赔，应向本公司提交保险单正本及有关部门文件。如一份正本已用于索赔，其余正本则自动失效

In the event loss or damage which may result in a claim under this policy, immediate notice applying for survey must be given to the Company's agent as mentioned hereunder. Claims, if any, one of the original policy which has been issued in original together with other relevant documents shall be surrendered to the Company. If one of the original policy has been accomplished, the others to be void

赔款偿付地点 Claim Payable at	**中保财产保险有限公司** The People's Insurance（Property）Company of China Ltd.
日期 Date	保险公司签章 Authorized Signature
地址 Address	

小知识

填单小提示

（1）承保险别是保险单的核心内容，是保险公司与被保险人责任划分的依据。保险单的缮制既要符合保险公司的要求，又要与信用证的规定相一致。

（2）承保险别的缮制以基本险在前，附加险在后，尽量用信用证有关原句。

（3）保险费金额严格按信用证要求计算，不得有误，小数点后尾数要取整数。

任务实施

基于工作任务，山东艺佳纺织品进出口公司与货运代理确定运输价格及服务条款后，收到货运代理给的一份空白的"货物托运委托书"，如实填写该委托书，盖章后交给货运代理人，山东艺佳纺织品进出口公司填写的货物托运委托书如样单1－4－12所示。

【样单 1 –4 –12】

货物托运委托书

填制日期： 年 月 日

提单抬头人：	运编号 NBF2218S12M0016
	信用证号 BMT0712198TM　　合同号 13NTKB5201
	成交方式： FOB　　　　　　　贸易方式： 　　　　　　　　　一般贸易
	交易国别： CANADA　　　　　结汇方式： 　　　　　　　　　L/C
	付款期限：

提单通知人：		唛头号： Marks and Nos.
运费： FREIGHT COLLECT	运输方式： 海运	
出运港：	目的港：	
可否转运： Y	可否分批： Y	
出运日期：	有效期限：	

| 英文总品名： | | | 中文总品名：女式针织衫 | | | |

货品规格	件数	数量	毛重	净重	单价	总价

6110200099 女士针织衫非起绒套头

STYLE NO. A03 – 18133F　45CTNS　1105PCS　303.00KGS　288.00KGS　USD9.90/Pc　USD10939.50

PO NO. 271390

BRAND：AE

L ADIES KNIT SWEATER

　80% COTTON 20% NYLON

6110300099 女士针织衫非起绒套头

STYLE NO. A03 – 18010F　69CTNS　1737PCS　663.00KGS　594.00KGS　USD8.25/Pc　USD14330.25

PO NO. 271736

BRAND：AE

L ADIES KNIT SWEATER

70% COTTON 30% NYLON

Total	114CTNS 2842PCS 996KGS	882KGS		USD25269.75
特别事项： 客人指定货代： 地址： 联系人： 电话： 运编号：NBF2218S12M0016	FOB 价： USD25269.75	总体积： 6.040 CBM		
	业务员：	核销单号：82/7067115		
	工厂：	托运单日期： 2020 - 07 - 16 下午 02：44：25		
	打印日期：2020 - 07 - 16 下午 04：15：24			

说明：

①货物托运委托书实质是货主和货代之间的简式运输合同。

②货物托运委托书中内容全面，包括提单的内容以及报关所需填写的内容。比如：提单抬头人、提单通知人、交易国别、合同号、成交方式、运费、运输方式、出运港、目的港、出运日期、结汇方式、唛头号、货品规格、件数、数量、毛重、净重、单价、总价、总体积等。

③货品规格的填写内容主要包括款号、订单号、成分含量等。

④单价、品名不一致的货物分别填写。

注意：

运费不是写数目，而是写 FREIGHT PREPAID 或 FREIGHT COLLECT。

归纳总结

本任务归纳总结如图 1 - 4 - 6 所示。

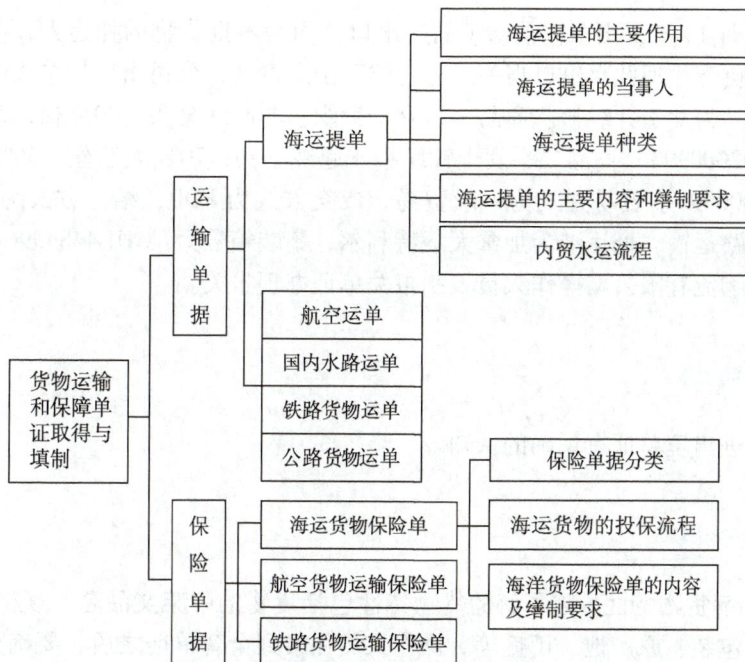

图 1 - 4 - 6　货物运输和保险单证取得与填制归纳总结

思考与训练

简答题

1. 运输单据有哪些？
2. 海洋货物保险单的内容是什么？

任务五　货物进出境单证取得与填制

知识目标

- 掌握货物进出境单证的内容
- 了解货物进出境单证的种类
- 掌握货物进出境单证的一般格式

能力目标

- 能够熟悉如何取得各种进出境单证
- 能够结合进出口资料填写相关单证

素质目标

- 增强爱岗敬业、精益求精的工匠精神，提升为党、为国和为企业服务的决心与能力

任务引入案例

2020年7月14日，山东艺佳纺织品进出口公司为本批货物的托运人，委托山东风华物流有限公司负责代理此次出口报关。公司位于山东青岛，公司出口加拿大蒙特利尔一批服装，具体商品为女士针织衫。商品一，女士针织衫非起绒套头，80%棉，20%尼龙（商品编码为6110200099）；商品二，女士针织衫非起绒套头，70%人造丝，30%尼龙（商品编码为6110300099）。贸易方式为一般贸易，成交方式为FOB，结汇方式为信用证结算，运输方式为水路运输，抵运港为加拿大蒙特利尔，集装箱号为TGHU4484596/40/3750。请协同山东风华物流有限公司操作人员填制报关单证办理报关。

任务目标

能对货物进出境单证有正确的认知。

任务分析

1. 详细了解货物特性。需了解的货物特性包括货物的中英文品名、规格型号、质量、体积、价格、包装、原产地、用途等。操作人员在接到全套单证之后，要确认货物的商品编码，查阅海关税则，确认出口税率，确认货物需要的监管条件等。

2. 熟悉国家相关规定。单证人员要熟悉我国的通关制度、进出口许可管理制度、国家强制性产品认证制度等。

3. 流程设计要连贯、完整。在设计通关流程时，要按照国家规定，根据货物特点来计划、安排，要求通关流程要连贯、完整、合理、可操作性强。

4. 通关单证要齐全、准确。

5. 报关单填制要认真、规范。必须按照相关规定填写，填制内容必须真实，做到"单证相符"和"单单相符"。报关单的填报要准确、齐全、完整、字迹清楚。

任务导读

进出境的货物分进口货物、出口货物及过境、转运和通运货物。"进出境货物"包括自进境起到办结海关手续止的进口货物，自向海关申报起到出境止的出口货物，自进境起到出境止的过境、转运和通运货物。

货物进出境一般来说分为五个基本环节，即申报和审单、海关查验、税费计征和缴纳、海关放行和结关、放行后的海关稽查。

货物进出境涉及的主要单证有进出口许可证、海关发票与领事发票、原产地证明书、进出口货物报关单、装箱单以及部分商品需要的各类检验检疫证书等。

小知识

什么是电子钥匙？

电子钥匙是一种物理存储设备，一般插在计算机的 USB 接口上，里面存储了用户的数字证书。电子钥匙相当于用户在系统中的身份证与通行证，即系统只允许拥有电子钥匙的用户登录系统并进行相关操作。

一、进出口许可证

进出口许可证是指由国家有关机关给进出口商签发的允许商品进口或出口的证书。进出口许可证制度是我国及世界各国普遍采用的对外贸易管制手段之一。商品的进出口都要申领许可证，之后方可对外签订合同或办理订货手续，没有许可证，一律不准进出口。进出口许可证的主要内容包括商品名称、规格、数量、进出口商国别、期限、总值、运输方式、贸易方式和支付方式等。

（一）进口许可证管理*

1. 进口许可证的申领

（1）管理范围和管理机构。国家规定有数量限制的限制进口货物，实行配额管理，其

---

* 进口许可证最新的管理范围及其他相关政策请参考中华人民共和国商务部和中华人民共和国海关总署相关文件。

他限制进口货物，实行许可证管理。

2022年，实施进口许可证管理的货物为消耗臭氧层物质、重点旧机电产品2类。中华人民共和国商务部（以下简称商务部）配额许可证事务局负责签发重点旧机电产品的进口许可证，商务部授权的地方商务主管部门负责签发消耗臭氧层物质的进口许可证，在京中央管理企业的进口许可证由商务部配额许可证事务局签发。

（2）应提交的书面材料。

①加盖经营者公章的相对应的《中华人民共和国进口许可证申请表》（以下简称《进口许可证申请表》）。

②申领单位的公函或申领人的工作证。代办人员应出示委托单位的委托函。

③非外贸单位（指没有外贸经营权的机关、团体和企事业单位）申领进口许可证，需提供其主管部门（司、局级以上）证明。

④第一次办理进口许可证的申领单位，应提供其主管部门批准该企业进出口经营权的文件（正本、复印件）。

⑤外商投资企业第一次申领进口许可证，应提供政府主管部门下发该企业的批准证书和营业执照（复印件），由发证机关存档备案。

⑥商务部规定的其他应当提交的材料。

（3）申领流程。收货人应当先到发证机关申领用于企业身份认证的电子钥匙。申请时，登录相关网站，进入相关申领系统，按要求如实在线填写《进口许可证申请表》等材料，审核通过后，到发证机关领取许可证，并提交上述需提交的材料，详细流程如图1-5-1所示。

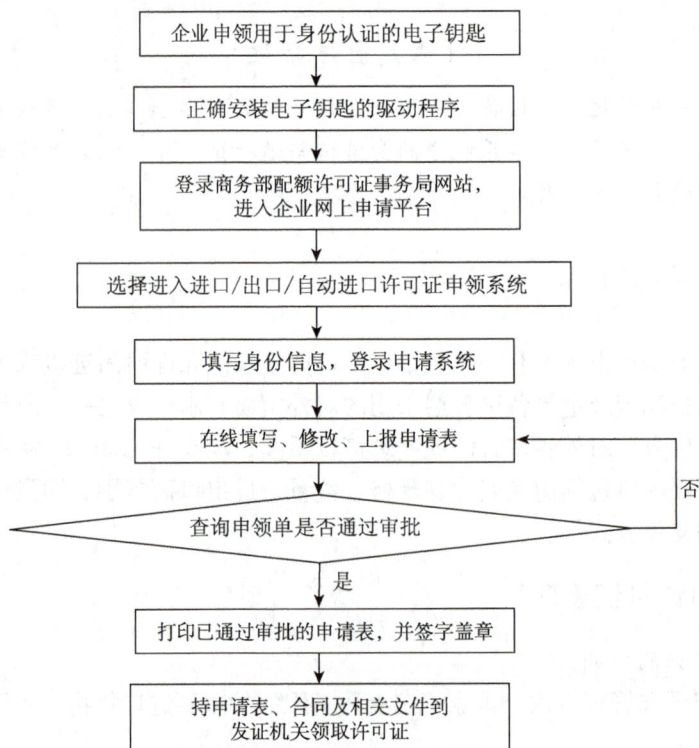

```
┌─────────────────────────────────┐
│   企业申领用于身份认证的电子钥匙    │
└─────────────────────────────────┘
               ↓
┌─────────────────────────────────┐
│      正确安装电子钥匙的驱动程序      │
└─────────────────────────────────┘
               ↓
┌─────────────────────────────────┐
│  登录商务部配额许可证事务局网站，    │
│       进入企业网上申请平台          │
└─────────────────────────────────┘
               ↓
┌─────────────────────────────────┐
│ 选择进入进口/出口/自动进口许可证申领系统 │
└─────────────────────────────────┘
               ↓
┌─────────────────────────────────┐
│     填写身份信息，登录申请系统       │
└─────────────────────────────────┘
               ↓
┌─────────────────────────────────┐
│    在线填写、修改、上报申请表   ◄────┐
└─────────────────────────────────┘    │
               ↓                      否
         ◇────────────◇              │
       查询申领单是否通过审批 ──────────┘
         ◇────────────◇
               ↓ 是
┌─────────────────────────────────┐
│  打印已通过审批的申请表，并签字盖章   │
└─────────────────────────────────┘
               ↓
┌─────────────────────────────────┐
│   持申请表、合同及相关文件到         │
│      发证机关领取许可证             │
└─────────────────────────────────┘
```

图1-5-1　进口许可证申领流程

（4）进口许可证的有效期。进口许可证的有效期为发证之日起至当年 12 月 31 日，进口许可证应在有效期内使用，逾期自行失效。在有效期内，因特殊原因需要变更进口许可证中有关项目内容的，进口单位应当持原进口许可证到原发证机关申请办理变更换证手续，原发证机关应当收回旧证。实际用汇额不超过原定用汇额 10% 的，不需变更进口许可证。

进口许可证的延期应在有效期内提出申请，由发证机关收回原证后重新签发进口许可证，并在备注栏中注明延期使用和原证证号。进口许可证只能延期一次，延期最长不超过 3 个月。

（5）进口许可证的使用。进口许可证管理实行"一证一关"（指许可证只能在一个直属海关报关）管理。一般情况下，进口许可证为"一批一证"（指许可证在有效期内只能一次报关使用）。如要实行"非一批一证"（指许可证在有效期内可多次报关使用），应当同时在进口许可证备注栏内打印"非一批一证"字样，但最多不超过 12 次，由海关在许可证背面"海关验放签注栏"内逐批核减进口数量。

2. 进口许可证申请表的填制

第一项　进口商

进口商指进口合同签订单位。进口商代码为《中华人民共和国进出口企业资格证书》《对外贸易经营者备案登记表》或《中华人民共和国外商投资企业批准证书》中的 13 位企业代码。

第二项　收货人

收货人指实际进口用货单位。

第三项　进口许可证号

进口许可证号的结构如下。

$$\underset{\text{I}}{\underline{\times\times}}-\underset{\text{II}}{\underline{\times\times}}-\underset{\text{III}}{\underline{\times\times\times\times\times\times}}$$

I 为年份；II 为发证机构代码；III 为顺序号，由发证系统自动生成。

第四项　进口许可证有效截止日期

进口许可证有效截止日期按《货物进口许可证管理办法》确定的许可证有效期，由发证系统自动生成。

第五项　贸易方式

贸易方式指该项进口货物的贸易性质。贸易方式包括一般贸易、进料加工、来料加工、外资企业进口、边境贸易、赠送等，只允许填报一种。

第六项　外汇来源

常见的外汇来源有银行购汇、现金、外资等，只允许填报一种。

第七项　报关口岸

报关口岸指进口口岸，只允许填报一个。进口许可证实行"一证一关"制。对指定口岸的进口商品，按国家有关规定执行。

第八项　出口国（地区）

出口国（地区）指签约国（地区）名称，只允许填报一个。不能使用区域名，如欧盟等。如是从中国保税区进口，出口国（地区）应填报"中国"。

第九项　原产地国（地区）

原产地国（地区）指商品进行实质性加工的国家（地区）。

第十项　商品用途

商品用途包括自用、生产用、内销、维修、样品、加工复出口、加工贸易内销等，只允许填报一种并应与批准文件一致。

第十一项　商品名称、商品编码

商品名称由系统自动生成，商品编码按商务部公布的年度《进口许可证管理货物目录》中的商品编码填报。商品编码栏只允许填报一个商品编码并应与进口批准文件一致。

第十二项　规格、型号

该项只能填报同一商品编码下的4种不同规格、型号，超过4种规格、型号的，另行申请许可证。

第十三项　单位

单位指计量单位。按商务部公布的年度《进口许可证管理货物目录》中的计量单位执行，由发证系统自动生成。如合同使用的计量单位与规定的计量单位不一致，应换算成规定的计量单位，无法换算的，可进行备注。

第十四项　数量

数量指申请进口的商品数量，最大为9位阿拉伯数字，最小保留小数点后1位。如数量过小，可进行备注；如数量过大，可分证办理。计量单位为"批"的，此项均为"1"。

第十五项　单价（币别）

单价（币别）指与第十三项"单位"所使用的计量单位相对应的单价和货币种类。计量单位为1批的，此项为总金额。

第十六、十七、十八项　总值（币别）、总值折美元、总计

这三项由发证系统自动计算。

第十九、二十、二十一项　领证人姓名、联系电话、申请日期、下次联系日期、签证机构审批（初审）、终审

略。

3.《进口许可证申请表》样单

具体如样单1-5-1所示。

【样单1-5-1】

中华人民共和国进口许可证申请表

(1) 进口商：　　　　　代码 Importer　　　　　　Code	(3) 进口许可证号： Import licence No.
(2) 收货人： Consignee	(4) 进口许可证有效截止日期： Import licence expiry date
(5) 贸易方式： Terms of trade	(8) 出口国（地区）： Country/Region of exportation

续表

(6) 外汇来源： Terms of foreign exchange				(9) 原产地国（地区）： Country/Region of origin	
(7) 报关口岸： Place of clearance				(10) 商品用途： Use of goods	
(11) 商品名称： Description of goods			商品编码： Code of goods		
(12) 规格、型号 Specification	(13) 单位 Unit	(14) 数量 Quantity	(15) 单价（币别） Unit price	(16) 总值（币别） Amount	(17) 总值折美元 Amount in USD
(18) 总计： Total					
(19) 领证人姓名： Name of licensee 联系电话： Tel. 申请日期： Application date 下次联系日期： Next contact date			(20) 签证机构审批（初审）： Approval of the institution（first trial）		
			(21) 终审： Last trial		

以中华人民共和国商务部配额许可证事务局版本为准。此处仅附第一联（正本）。

（二）出口许可证管理*

1. 出口许可证的申领

对外贸易经营者应当在出口前按规定向指定的发证机构申领《中华人民共和国出口许可证》（以下简称出口许可证），海关凭出口许可证接受申报和验放。

国家规定有数量限制的限制出口货物，实行配额管理；其他限制出口货物，实行许可证管理。

2022 年实行许可证管理的出口货物为 43 种。对外贸易经营者出口目录内所列货物，应向商务部或者商务部委托的地方商务主管部门申请取得出口许可证，凭出口许可证向海

---

* 出口许可证最新的管理范围及其他相关政策请参考中华人民共和国商务部和中华人民共和国海关总署相关文件。

关办理通关验放手续。

（1）管理范围。

①出口活牛（对港澳）、活猪（对港澳）、活鸡（对香港）、小麦、玉米、大米、小麦粉、玉米粉、大米粉、药料用人工种植麻黄草、煤炭、原油、成品油（不含润滑油、润滑脂、润滑油基础油）、锯材、棉花的，凭配额证明文件申领出口许可证；出口甘草及甘草制品、蔺草及蔺草制品的，凭配额招标中标证明文件申领出口许可证。

②以加工贸易方式出口第二款（详见条例规定）所列货物的，凭配额证明文件、货物出口合同申领出口许可证。其中，出口甘草及甘草制品、蔺草及蔺草制品的，凭配额招标中标证明文件、海关加工贸易进口报关单申领出口许可证。

③以边境小额贸易方式出口第二款（详见条例规定）所列货物的，由省级地方商务主管部门根据商务部下达的边境小额贸易配额和要求签发出口许可证。以边境小额贸易方式出口甘草及甘草制品、蔺草及蔺草制品、消耗臭氧层物质、摩托车（含全地形车）及其发动机和车架、汽车（包括成套散件）及其底盘等货物的，需按规定申领出口许可证。以边境小额贸易方式出口本款上述情形以外的货物的，免于申领出口许可证。

④出口活牛（对港澳以外市场）、活猪（对港澳以外市场）、活鸡（对香港以外市场）、牛肉、猪肉、鸡肉、天然砂（含标准砂）、矾土、磷矿石、镁砂、滑石块（粉）、萤石（氟石）、稀土、锡及锡制品、钨及钨制品、钼及钼制品、锑及锑制品、焦炭、成品油（润滑油、润滑脂、润滑油基础油）、石蜡、部分金属及制品、硫酸二钠、碳化硅、消耗臭氧层物质、柠檬酸、白银、铂金（以加工贸易方式出口）、铟及铟制品、摩托车（含全地形车）及其发动机和车架、汽车（包括成套散件）及其底盘的，需按规定申领出口许可证。其中，消耗臭氧层物质货样广告品需凭出口许可证出口；以一般贸易、加工贸易、边境贸易和捐赠贸易方式出口汽车、摩托车产品的，需按规定的条件申领出口许可证；以工程承包方式出口汽车、摩托车产品的，凭对外承包工程项目备案回执或特定项目立项函、中标文件等材料申领出口许可证；以上述贸易方式出口非原产于中国的汽车、摩托车产品的，凭进口海关单据和货物出口合同申领出口许可证。

⑤以加工贸易方式出口第五款（详见条例规定）所列货物的，除另有规定以外，凭有关批准文件、海关加工贸易进口报关单和货物出口合同申领出口许可证。出口润滑油、润滑脂、润滑油基础油以外的成品油的，免于申领出口许可证。

⑥出口铈及铈合金（颗粒<500微米）、钨及钨合金（颗粒<500微米）、锆、铍的可免于申领出口许可证，但需按规定申领《中华人民共和国两用物项和技术出口许可证》。

⑦我国政府对外援助项下提供的货物免于申领出口许可证。

（2）应提交的书面材料。

①加盖经营者公章的相对应的《中华人民共和国出口许可证申请表》（以下简称《出口许可证申请表》）。

②与申请表内容一致的出口合同正本复印件。

③申领单位的公函或申领人的工作证；代办人员应出示委托单位的委托函。

④非外贸单位（指没有外贸经营权的各机关、团体和企事业单位，下同）申领出口许可证，需提供其主管部门（司、局级以上）证明。

⑤第一次办理出口许可证的申领单位，应提供其主管部门批准企业进出口经营权的文

件（正本、复印件）。

⑥外商投资企业第一次出口申领许可证，应提供政府主管部门批准该企业的批准证书和营业执照（复印件），由发证机关存档备案。

⑦商务部规定的其他应当提交的材料。

（3）申领程序。

①由领证人（申领单位或个人）向发证机关提出书面申请函件。

②发证机关收到上述有关申请材料后进行审核。经同意后，由领证人按规定要求填写《出口许可证申请表》。

③填好的《出口许可证申请表》，由申领单位加盖公章后送交发证机关，经审核符合要求的，由发证机关将申请表各项内容输入电脑。

④发证机关在申请表送交后的三个工作日内，将第一、二、三联（出口许可证一式四联）交领证人，凭以向海关办理货物出口报关和银行结汇手续。同时，收取一定的办证费用。

（4）出口许可证的有效期。出口许可证的有效期最长不得超过 6 个月，且有效期截止时间不得超过当年的 12 月 31 日。商务部可视具体情况，调整某些货物出口许可证的有效期。出口许可证应当在有效期内使用，逾期自行失效。

出口许可证一经签发，不得擅自更改证面内容，如需更改，经营者应当在出口许可证有效期内提出更改申请，并将出口许可证交回原发证机构，重新申领出口许可证。

（5）出口许可证的使用。出口许可证管理实行"一证一关"制。一般情况下，出口许可证为"一批一证"。如要实行"非一批一证"，应当同时在出口许可证备注栏内打印"非一批一证"字样，但最多不超过 12 次，由海关在出口许可证背面的"海关验放签注栏"内逐批签注出运数。

2. 出口许可证申请表的填制

第一项　出口商、代码、领证人姓名和电话

出口商指出口合同签订单位，应与出口批准文件一致。代码为《对外贸易经营者备案登记表》《中华人民共和国进出口企业资格证书》或者《中华人民共和国外商投资企业批准证书》中的 13 位企业代码。

第二项　发货人、代码

发货人指具体执行合同发货的单位。配额以及配额招标商品的发货人应与出口商保持一致。

第三项　出口许可证号

该项同进口许可证填写规范。

第四项　出口许可证有效截止日期

出口许可证有效截止日期按《货物出口许可证管理办法》确定的有效期，由发证系统自动生成。

第五项　贸易方式

贸易方式指该项出口货物的贸易性质。贸易方式包括一般贸易、进料加工、来料加工、出料加工、外资企业出口、捐赠、赠送等，只能填报一种。

第六项　合同号

合同号指申请出口许可证时提交出口合同的编号，只允许填报一个合同号。

第七项　报关口岸

报关口岸指出口口岸，只允许填报一个关区。出口许可证实行"一证一关"制。对指定口岸的出口商品，按国家有关规定执行。

第八项　进口国（地区）

进口国（地区）指合同目的地。只能填报一个国家（地区），不能使用地区名，如欧盟。如对中国保税区出口，进口国（地区）应打印"中国"。

第九项　付款方式

付款方式包括信用证、托收、汇付等，只能填报一种。

第十项　运输方式

运输方式指货物离境时的运输方式。包括海上运输、铁路运输、公路运输、航空运输等，只允许填报一种。

第十一项　商品名称、商品编码

商品名称由发证系统自动生成，商品编码按商务部公布的年度《出口许可证管理货物目录》中的商品编码填报。该项只允许填报一个商品编码并应与出口批准文件一致。

第十二项　规格、等级

该项只能填报同一商品编码下的4种不同规格、等级，超过4种规格、等级的，另行申请许可证。

第十三项　单位

该项同进口许可证填写规范。

第十四项　数量

数量指申请出口商品数量。具体填写规范同进口许可证。

第十五项　单价（币别）

该项同进口许可证填写规范。

第十六、十七、十八项　总值（币别）、总值折美元、总计

这三项由发证系统自动计算。

第十九项　备注

备注用于注明其他需要说明的情况。如不是"一批一证"报关的出口许可证，在此项注明"非一批一证"。

第二十项　签证机构审批（初审）

发证机构发放出口许可证之前在此栏加盖《中华人民共和国出口许可证专用章》。

第二十一项　终审

略。

3.《出口许可证申请表》样单

具体如样单1－5－2所示。

【样单 1 – 5 – 2】

中华人民共和国出口许可证申请表

(1) 出口商： 代码： Exporter Code 领证人姓名： 电话： Name of licensee Tel.	(3) 出口许可证号： Export licence No.
(2) 发货人： 代码： Consignor Code	(4) 出口许可证有效截止日期： Export licence expiry date
(5) 贸易方式： Terms of trade	(8) 进口国（地区）： Country/Region of importation
(6) 合同号： Contract No.	(9) 付款方式： Terms of payment
(7) 报关口岸： Place of clearance	(10) 运输方式： Means of transport

(11) 商品名称： Description of goods			商品编码： Code of goods		
(12) 规格、等级 Specification	(13) 单位 Unit	(14) 数量 Quantity	(15) 单价（币别) Unit price	(16) 总值（币别) Amount	(17) 总值折美元 Amount in USD
(18) 总计： Total					

(19) 备注： Supplementary details 申请单位盖章： Application Entity Seal	(20) 签证机构审批（初审）： Approval of the institution（first trial) 经办人： Operator
申领日期： Application date	(21) 终审： Last trial

以中华人民共和国商务部配额许可证事务局版本为准。此处不再附填表说明。

（三）自动进口许可证管理*

1. 自动进口许可证及制度

自动进口许可证是指免费批准申请的进口许可证。这种许可证一般不限制有关产品的进口，而主要是为国家统计进口贸易提供数据的。

自动进口许可证制度，即把进口许可证毫无数量限制地签发给进口商，也就是说，凡是列入许可证项下的商品清单中的货物，进口商只要申请，就可进口。自动进口许可证通常用于统计，有时也用于监督，为政府提供可能损害国内工业的大量重要产品的进口情况。

2. 自动进口许可证的申领

（1）管理范围和管理机构。自动进口许可管理的范围可查看《自动进口许可管理货物目录》。

商务部授权配额许可证事务局，商务部驻各地特派员办事处，各省、自治区、直辖市、计划单列市商务（外经贸）主管部门和地方机电产品进出口机构负责自动进口许可货物的管理和《中华人民共和国自动进口许可证》（以下简称自动进口许可证）的签发工作。

（2）应提交的书面材料。根据《货物自动进口许可管理办法》的规定，申请自动进口许可证，应当提交以下材料。

①《中华人民共和国自动进口许可证申请表》或《机电产品进口申请表》。

②企业法人营业执照复印件。

③货物进口合同原件。

④针对不同商品在《自动进口许可管理货物目录》中列明的应当提交的材料。

⑤其他法定材料。

（3）申领流程，收货人应当先到发证机关申领用于企业身份认证的电子钥匙。申领时，登录相关网站，进入相关申领系统，按要求如实在线填写《中华人民共和国自动进口许可证申请表》等资料，审核通过后，向发证机构取证，并提交上述需提交的材料，详细流程如图1-5-2所示。

（4）自动进口许可证的有效期。自动进口许可证自签发之日起1个月后未领证的，发证机构可予以收回并撤销。

自动进口许可证在公历年度内有效，有效期为6个月。自动进口许可证应当在有效期内使用，逾期自行失效。

自动进口许可证需要延期或者变更，一律在原发证机构重新办理，旧证同时撤销，并在新证备注栏中注明原证号。实行"非一批一证"的自动进口许可证需要延期或者变更的，核减原证已报关数量后，按剩余数量发放新证。

（5）自动进口许可证的使用。商务部对自动进口许可证项下货物原则上实行"一批一证"管理，对部分货物也可实行"非一批一证"管理。实行"非一批一证"管理的，同一份自动进口许可证在有效期内可以分批次累计报关使用，但累计使用不得超过六次，每次使用海关在自动进口许可证原件"海关验放签注栏"内进行批注，并且留存复印件，最后一次使用后，海关留存正本。

---

* 自动进口许可证最新的管理范围及其相关政策请参考中华人民共和国商务部和中华人民共和国海关总署相关文件。

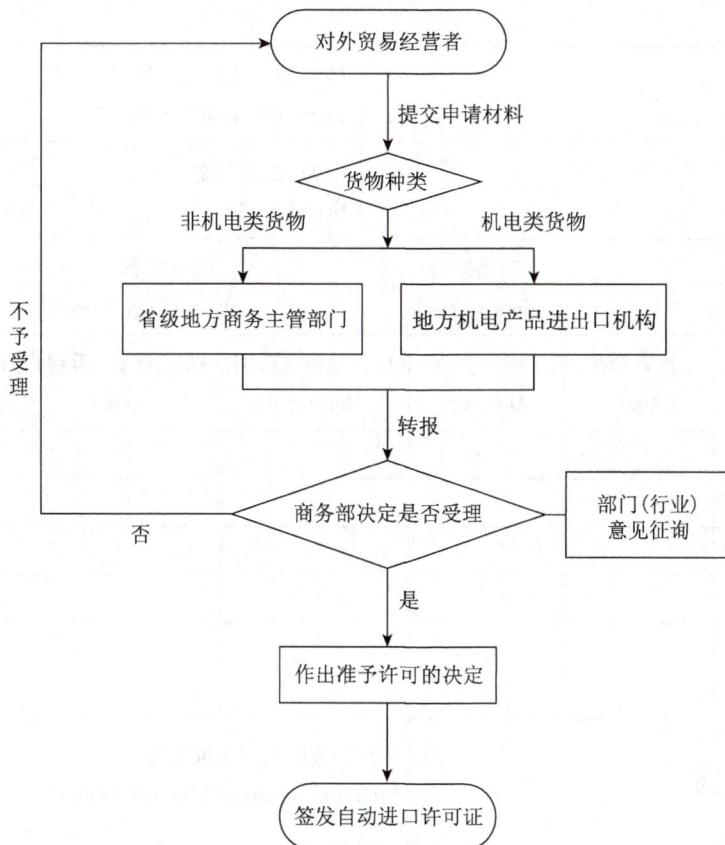

图 1-5-2　自动进口许可证申领流程

3.《中华人民共和国自动进口许可证申请表》样单

具体如样单 1-5-3 所示，自动进口许可证申请表的填制规范与进口许可证申请表相近，但要特别注意与进口许可证申请表填制的不同之处。

【样单 1-5-3】

中华人民共和国自动进口许可证申请表

（1）进口商：　　　　　代码： Importer　　　　　Code	（3）自动进口许可证申请表号： Automatic import licence application form No. 自动进口许可证号： Automatic import licence No.
（2）进口用户： Consignee	（4）申请自动进口许可证有效截止日期： Expiry date of applying automatic import licence
（5）贸易方式： Terms of trade	（8）贸易国（地区）： Country/Region of exportation

续表

(6) 外汇来源： Terms of foreign exchange				(9) 原产地国（地区）： Country/Region of origin		
(7) 报关口岸： Place of clearance				(10) 商品用途： Use of goods		
(11) 商品名称： Description of goods		商品编码： Code of goods		设备状态 Status of equipment		
(12) 规格、等级 Specification	(13) 单位 Unit	(14) 数量 Quantity	(15) 单价（币别） Unit price	(16) 总值（币别） Amount		(17) 总值折美元 Amount in USD
(18) 总计： Total						
(19) 备注： Supplementary details 联系人： Contacts 联系电话： Tel. 申请日期： Application date				(20) 签证机构审批意见： Approval opinions of the institution：		

以中华人民共和国商务部配额许可证事务局版本为准。此处不再附填表说明。

小问答

进口许可证与自动进口许可证有什么区别？

二、海关发票与领事发票

（一）海关发票

海关发票（Customs Invoice）是根据某些国家海关的规定，由出口商填制的供进口商报关用的特定格式的发票，要求由国外出口商填写，供本国进口商随附商业发票和其他有关单据办理进口报关手续。

在出口贸易中，国外进口商若来证要求提供海关发票，制单人员应根据信用证的规定填制相应格式的海关发票。如果进口商要求提供的海关发票式样在国内很少见，可以向进口商索取样单，制单人员按栏目填制即可。

小知识

发票的种类

在进出口业务中，狭义的发票仅指商业发票这一类基本单据，广义的发票还包括具有附属性质的各种发票，主要有海关发票、领事发票、厂商发票、签证发票、宣誓发票、收讫发票、形式发票、样品发票、寄售发票、银行发票、联合发票等，每种发票的作用各不相同。

1. 海关发票的作用
（1）供进口商向海关办理进口报关、纳税等手续。
（2）供进口国海关核定货物的原产地国，以采取不同的国别政策。
（3）供进口国海关掌握进口商品在出口国市场的价格情况，以确定是否为低价倾销，以便征收反倾销税。
（4）供进口国海关作为统计的依据。
2. 海关发票的填制
由于各国海关的规定不同，各国和各地区的海关发票有各自不同的格式。
常见的海关发票有如下几种形式：①CANADA CUSTOMS INVOICE（加拿大海关发票）；②SPECIAL CUSTOMS INVOICE（美国海关发票）；③FORM 59A（新西兰海关发票）；④FORM C（西非海关发票）；⑤CARICOM INVOICE（加勒比共同体海关发票）。
虽然海关发票的格式与具体内容因国而异，但是各国海关发票需填写的一般内容和项目是相近的。以加拿大海关发票为例，介绍海关发票的填写规范。
第一项　卖方的名称与地址
填写出口商的名称及地址，包括城市和国家的名称。信用证支付条件下此栏填写受益人的姓名和地址。
第二项　直接运往加拿大的装运日期
填写直接运往加拿大的装运日期，此日期应与提单日期相一致。如单据送银行预审，也可请银行按正本提单日期代为加注。
第三项　其他参考事项（包括买方订单号码）
填写有关合同、订单或商业发票的号码。
第四项　收货人的名称及地址
填写加拿大收货人的名称和详细地址。信用证支付条件下该项一般为信用证的开证人。
第五项　买方的名称与地址
填写实际购货人的名称及地址。如与第四项的收货人相同，则此项可填写"THE SAME AS CONSIGNEE"。

第六项　转运国家

应填写转船地点。如在广州装船经香港转船到温哥华，可填写"FROM GUANGZHOU TO VANCOUVER WITH TRANSHIPMENT AT HONGKONG BY VESSEL"。如不转船，可填"N/A"（NOT APPLICCABLE）。

第七项　生产国别

填写"CHINA"，若非纯粹国产货物，应在商品描述栏中逐一列明各项商品的原产地国名。

第八项　运输方式及直接运往加拿大的起讫地点

填写运输方式和起讫地两项内容。例如，装船从广州运往温哥华，应填写"FROM GUANGZHOU TO VANCOUVER BY VESSEL"。需注意的是不论是否转船，均填写起运地和目的地名称以及所用运载工具名称。

第九项　价格条件及支付方式，如销售、委托发运、租赁商品等

按商业发票的价格术语及支付方式填写，如"FOB VANCOUVER D/P AT SIGHT"或"C AND F MONTREAL BY L/C AT SIGHT"。

第十项　货币名称

卖方要求买方支付货币的名称，须与商业发票使用的货币相一致，如 USD、HKD 等。

第十一项　件数

填写该批商品的包装件数，如"600 CARTONS"。

第十二项　商品详细描述

应按商业发票中相同项目的描述填写，并将包装情况及唛头填写在此项中（包括种类、唛头、品名和特性）。

第十三项　数量

本项与第十一项不同，应填写商品的具体数量，而不是包装的件数。

第十四项　单价

应按商业发票记载的每项单价填写，使用的货币应与信用证和商业发票的一致。

第十五项　总值

按商业发票的总金额填写。

第十六项　总净重及总毛重

填写整批货物的总毛重和总净重，应与其他单据的总毛重和总净重相一致。

第十七项　发票总金额

按商业发票的总金额填写。

第十八项　如果从第一项到第十七项所填内容都已填写在所附的商业发票中，则查对本项

如果第一项到第十七项的任何项的内容均已包括在所随附的商业发票内，则在方框内画一个记号"√"，并将有关商业发票号填写在横线上。

第十九项　出口商名称及地址（如不是卖方）

若出口商与第一项的卖方不是同一名称，则列入实际出口商名称；若出口商与第一项的卖方为同一者，则在本项填上"THE SAME AS VENDOR"。

第二十项　负责人的姓名及地址

此项仍填写出口公司的名称、地址、负责人姓名。

第二十一项　适用的主管当局现行管理条例

指加拿大海关和税务机关对该货物进口的相关规定。如有，则按实际填写；如无，则填"N/A"。

第二十二项　如果第二十三项到第二十五项均不适用，查对本项

如第二十三项到第二十五项填上了内容（不一定全部填满），此项不填；如第二十三项到第二十五项均不适用，可在方框内画记号"√"。

第二十三项　如果以下金额已包括在第十七项内（填写此项）

Ⅰ　从起运地至加拿大的运费和保险费

填运费和保险费的总和，允许以支付的原币填写。若不适用则在横线上方填上"N/A"。

Ⅱ　货物进口到加拿大后因建造、安装及组装而产生的费用

按实际情况填写，如无此费用产生，在横线上方填上"N/A"。

Ⅲ　出口包装费用

按实际情况将包装费用的金额填在横线上，如无，则填"N/A"。

第二十四项　如果以下金额不包括在第十七项内，填写此项

Ⅰ　从起运地至加拿大的运费和保险费

Ⅱ　购买佣金以外的佣金

Ⅲ　出口包装费

此三栏，一般填"N/A"。如果在 FOB 等价格条件下，卖方又替买方租船订舱时，其运费于货到时支付，则Ⅰ栏可填实际运费额。

第二十五项　核对

Ⅰ　卖方已支付的专利费或售后支付的款项

一般情况下此栏空白或填上"N/A"。

Ⅱ　卖方为这些货物的生产提供的货物或服务

若适用，在方格内画记号"√"，本栏为补偿贸易，来件、来料加工，装配等贸易方式专用；一般贸易不适用，可在方格内填"N/A"。

3. 填制海关发票应该注意的问题

（1）由于各国海关发票格式不尽相同，不同国家或地区有各自的专门格式，一般有规定，切勿用错格式。

（2）凡与商业发票共有的项目，两者内容必须完全一致，如数量、品名、唛头、金额等。

（3）凡需列明国内市场价或成本价时，应注意要低于 FOB 价，否则将可能被视为倾销。

（4）正确核算运费、保险费和包装费，若以 CIF 或 CFR 成交，要正确计算出运费或保险费，再求出 FOB 净值。

（5）海关发票应以收货人或提单的被通知人为抬头。

（6）海关发票可由出口单位负责人员签字，如格式上要求填写证明人，证明人不能为同一人，必须由其他人员签字，且该证明人的名字不能出现在其他出口单据上。

（7）各国海关发票填制的要求不同，填写时应该注意其特殊规定。例如，加勒比共同体海关发票要以发票同样的货币列明包装费用、运费和保险费；加拿大海关发票要求逐栏填写，不可留空，如没有相应内容，则填"N/A"等。

以上是填制海关发票应注意的事项，在实务操作中一定要多加注意。

（二）领事发票

领事发票（Consular Invoice）是指经驻在出口国的进口国领事馆所签发的特定格式的发票。

1. 领事发票的取得

领事发票由进口国驻出口国领事馆提供。

对于领事发票各国有不同的规定，有些国家制定了固定的格式，也有一些国家规定在出口商的商业发票上由该国领事签证（Consular Visa）即可，即领事签证发票（Consular Legalized Invoice）。

如果进口国在出口地没有设立领事馆，出口商则无法提供此项单据，所以若国外进口商来证需由我方提供领事发票，我方应争取取消，或者要求开证人同意接受由出口地商会签证的发票。

2. 领事发票的作用

（1）作为课税的依据。

（2）审核有无低价倾销情况。

（3）证明出口商所填写的货物名称、数量与价格等是否属实。

（4）增加领事馆的收入。签证时领事馆一般要根据货物的价值收取一定费用。

3. 领事发票的内容

领事发票格式不一，主要内容一般包括以下几项。

（1）出口商与进口商的名称、地址。

（2）出口地（港）。

（3）目的地（港）。

（4）运输方式。

（5）品名、唛头与包装号。

（6）包装的数量、种类。

（7）货物的毛重、净重。

（8）货物的品质、规格。

（9）货物的价值与产地。

4. 填制领事发票应注意的问题

（1）当来证规定要提供这种发票时，受益人要考虑能否做到，还要商议好签证费用由哪方承担，然后再决定是否接受。

（2）填制领事发票时，要注意相关内容应与商业发票、提单等单据相符。

（3）发票内必须注明所装运货物的制造地（或者出产地）。

（4）注意核发的领事馆是否与来证规定相符。

（5）领事发票的日期不应迟于汇票和提单的日期。

5. 领事发票样本

下面以巴西领事发票为例，展示领事发票的格式与内容，如样单1-5-4所示。

【样单 1 – 5 – 4】

巴西领事发票

THE GOVERNMENT OF BRAZIL		
Date： Invoice No. ： Issued At：	Port of Loading： Port of Discharge： Date of Departure： Carrier：	
EXPORTER		CONSIGNEE
Marks and Numbers	Quantity	Description of Goods Value of Shipment
		Total (FOB, C&F, CIF)
Other Charges		Amount of Charges
Certified Correct By： Witnessed By： Fee Paid：U. S. $		Total U. S. $

三、原产地证明书

原产地证明书（Certificate of Origin），即原产地证，是出口商应进口商要求而提供的，由公证机构、政府或出口商出具的证明货物原产地或制造地的一种证明文件。在我国，申请原产地证明书的单位须向签证机构办理注册登记手续并经签证机构审核合格后，才享有申办原产地证明书的资格。

原产地证明书是贸易关系人交接货物、结算货款、索赔理赔，进口国通关验收、征收关税的有效凭证，它还是出口国享受配额待遇、进口国对不同出口国实行不同贸易政策的凭证。

根据签发者不同，原产地证明书一般可分为以下三类。

第一类　商检机构出具的原产地证明书，如中华人民共和国海关总署出具的普惠制原产地证明书格式 A（GSP FORM A）、一般原产地证明书等。

第二类　商会出具的原产地证明书，如中国国际贸易促进委员会（CCPIT）出具的一般原产地证明书，简称贸促会原产地证明书（CCPIT Certificate of Origin）。

第三类　制造商或出口商出具的原产地证明书。

在国际贸易实务中，应该提供哪种原产地证明书，主要依据合同或信用证的规定。

下面以一般原产地证明书和普惠制原产地证明书为例进行详细讲解。

（一）一般原产地证明书

一般原产地证明书，也称普通原产地证明书，通常用于不使用海关发票或领事发票的国家和地区，以确定对货物征税的税率。有的国家限制从某个国家或地区进口货物，要求以原产地证明书来确定货物来源国。它是在国际贸易中使用最多的产地证明。

1. 一般原产地证明书的申领

（1）申领时间。根据我国有关原产地证明书申领的规定，出口单位最迟于货物出运前三天向签证机构申请办理。

（2）申领所需文件。

①出口货物商业发票。

②签证机构认为必要的其他证明文件。

2. 一般原产地证明书的填制

我国一般原产地证明书的填制如下。

第一项　证书编号

一般原产地证明书的编号为16位，如C093306002130001，其编排规则为证书类型（1位）＋年份（2位）＋注册号（9位）＋流水号（4位）。

第二项　出口商

填写出口公司的名称、详细地址和国家（地区）名称。若经其他国家或地区，需填写转口商名称时，可在出口商后面填英文"VIA"，然后再填写转口商名称、地址和国家名称。

第三项　收货人

填写最终收货人名称、地址和国家（地区）名称。通常是信用证业务的开证申请人、托收业务中的进口方。如果信用证规定所有单证收货人一栏留空，此栏应加注"TO WHOM IT MAY CONCERN"或"TO ORDER"，但此项不得留空。若需填写转口商名称，可在收货人后面加上英文"VIA"，然后再填写转口商名称、地址和国家名称。

第四项　运输方式和路线

填写装运港、中转港和目的港名称，并说明运输方式和运输路线。例如，通过海运，由大连港运至汉堡港，应填为"FROM DALIAN TO HAMBURG BY SHIPPING"。

第五项　目的地国家（地区）

填写货物最终到达的国家或地区。一般应与最终收货人或最终目的港一致，不能填写中间商的国家或地区名称。

第六项　签证机构用栏

本栏供签证当局填写。由签证机构发证、补发证书或加注其他声明时使用。证书申领单位应将此栏留空不填。

第七项　唛头和包装号

填写唛头时应按信用证、合同及发票上所列唛头完整填写。如唛头过长，超出本栏，可延续到第8栏内的空白处填写，如还是不够，可用附页填写。如无唛头，应填写"N/M"。此栏不得留空。

第八项　包装数量、种类和商品描述

包装数量及种类要按具体单位填写，应与信用证及其他单据严格一致。填写商品描述时，要填写商品具体名称，不得用概括性表述，如服装、食品等。本栏的末行要打上表示结束的符号（如＊＊＊＊＊＊＊＊＊＊＊＊＊＊），防止添加内容。

第九项　商品编码

此栏要求填写HS编码。若同一证书包含几种商品，则应将相应的商品编号全部填写。此栏不得留空。

第十项　数量或重量

此栏要求填写出口货物的数量及计量单位。如果计量单位为重量，要标明毛重和净重，如"G. W. 500kg"或"N. W. 480kg"。

第十一项　发票号码及日期

填写发票号码及日期。此栏不得留空。为避免对月份、日期的误解，月份一律用英文表述，如2020年4月15日，则为APR. 15，2020。

第十二项　出口方声明

填写出口人的申报地点及日期，由已在签证机构注册的人员签名并加盖有中英文的印章。

第十三项　签证机构证明

填写签证地点、日期。签证机构签证人经审核后在此栏签名，并盖印章。

3. 一般原产地证明书样单

具体如样单1-5-5所示。

【样单1-5-5】

一般原产地证明书
ORIGINAL

(2) Exporter (full name and address)			(1) Certificate No. CERTIFICATE OF ORIGIN OF THE PEOPLE'S REPUBLIC OF CHINA		
(3) Consignee (full name and address)					
(4) Means of transport and route			(6) For certifying authority use only		
(5) Country / Region of destination					
(7) Marks and numbers	(8) Number and kind of packages description of goods	(9) H. S. Code	(10) Quantity or Weight	(11) Number and date of invoices
(12) Declaration by the exporter The undersigned hereby declares that the above details and statements are correct; that all the goods were produced in China and that they comply with the Rules of the People's Republic of China. Place and date, signature and stamp of authorized signatory			(13) Certification It is hereby certified that the declaration by the exporter is correct. Place and date, signature and stamp of certifying authority		

（二）普惠制原产地证明书（FORM A）

普惠制原产地证明书又称 G.S.P 证书，是指发达国家给予发展中国家或地区在经济、贸易方面的一种非互利的特别优惠待遇，是享受普惠制关税待遇的国家出口受惠商品须提供的作为进口国海关减免关税依据的证明文件。

1. 普惠制原产地证明书的申领

（1）申领时间。根据中华人民共和国海关总署相关规定，出口单位最迟于货物出运前 5 天向签证机构申请。

（2）申领所需文件如下。

①规定格式并已缮制的《普惠制原产地证明书申请单》一份。

②制作完毕的《普惠制原产地证明书 FORM A》一套（一正三副）。

③出口商业发票正本一份。

④发证机构所需的其他证明文件。

⑤如果出口商品含有进口成分，还应提供《含进口成分受惠商品成本明细单》一式两份。

2. 普惠制原产地证明书的填制

普惠制原产地证明书的填制规范如下。

第一项　证书编号

普惠制原产地证明书的编号为 16 位，如 G093306002130001，其编号规则为证书类型（1 位）+年份（2 位）+注册号（9 位）+流水号（4 位）。

第二项　签发国别

填写"THE PEOPLE'S REPUBLIC OF CHINA"。一般来说，中华人民共和国海关总署在印刷证书时已印妥。

第三项　出口商

填写出口商的名称、地址和国家名称。

第四项　收货人

填写收货人名称、地址和国家名称。收货人通常是信用证业务的开证申请人。如果不明确最终收货人，可填写提单通知人或发票抬头人。也可加注"TO WHOM IT MAY CONCERN"。

第五项　运输方式和路线

填写装运港、中转港和目的港名称，并说明运输方式和运输路线。例如，通过海运，由大连港运至汉堡港，应填为"FROM DALIAN TO HAMBURG BY SHIPPING"。

第六项　签证机构用栏

由签证机构（中华人民共和国海关总署）在发证或加注其他声明时使用。证书申领单位应将此栏留空。

第七项　项目号

如果同一批出口货物有不同种类的商品，则将每一项商品归类后，用数字"1""2""3"等编号填入此栏。

第八项　唛头和包装号

本栏的填写内容与一般原产地证明书一致。

第九项　包装数量、种类和商品描述

本栏的填写内容与一般原产地证明书一致。

第十项　原产地标准

此栏是本证明书的核心栏，本栏目填写正确与否，牵涉产品是否可以享受普惠制待遇。本栏应按照《普惠制原产地证明书申请单》对产品原料的成分比例的不同填写"W""P""F"等字母。具体填法如下。

（1）不含任何进口成分，完全自产的，到所有的给惠国一律填"P"。

（2）含有进口成分，经过国内实质性加工，符合原产地标准的，按下列方法填写。

①到欧盟、挪威、瑞士、土耳其及日本的，填"W"，后面填明该产品的前四位商品编码，如"W42.03"。

②到白俄罗斯、俄罗斯、乌克兰、哈萨克斯坦、捷克和斯洛伐克的，填"Y"，后面填明进口成分的价值在出口产品离岸价中所占的百分比，如"Y45%"。

③到加拿大的，填"F"。

④到澳大利亚和新西兰的，不必填写，此栏留空。

第十一项　毛重量或其他数量

本栏的填写与一般原产地证明书基本一致。

第十二项　发票号码及日期

本栏的填写与一般原产地证明书一致。

第十三项　签证机构证明

此栏由签证当局填写机构的名称并由其代理人手签。一般由如下内容组成：①中华人民共和国海关总署盖公章，只签一份正本；②中华人民共和国海关总署授权人手签；③签证日期不得早于发票日期，也不得晚于提单的装运日期；④签发地点，包括城市名称和国家名称。

第十四项　出口商声明

本栏包括产品原产国名称、进口国名称、出口公司名称、出口公司指派的专人签字、申报地点和申报时间。该日期不能早于发票签发日期，不能迟于装运日期和第十三项的签证机构签发日期。

3. 普惠制原产地证明书样单

具体如样单1-5-6所示。

【样单 1 - 5 - 6】

普惠制原产地证明书
ORIGINAL

(3) Goods consigned from (Exporter's business name, address, country)	(1) Reference No. GENERALIZED SYSTEM OF PREFERENCES CERTIFICATE OF ORIGIN (Combined declaration and certificate) FORM A		
(4) Goods consigned to (Consignee's name, address, country)	(2) **Issued in THE PEOPLE'S REPUBLIC OF CHINA** (Country)		
(5) Means of transport and route (as far as known)	(6) For official use		
(7) Item number	(8) Marks and numbers of packages	(9) Number and kind of packages; description of goods	(10) Origin criterion	(11) Gross weight or other Quantity	(12) Number and date of invoices
(13) Certification It is hereby certified, on basis of control carried out, that the declaration by the exporter is correct.	(14) Declaration by the exporter The undersigned hereby declares that the above details and statements are correct; that all the goods were produced in **CHINA** (Country) and that they comply with the origin requirements specified for those goods in the Generalized System of Preferences for goods exported to --------------------------------------- (Importing country)		
Place and date, signature and stamp of certifying authority	Place and date, signature and stamp of authorized signatory		

小问答

原产地证明书的更改、重发如何申请？

四、进出口货物报关单

报关是指进出境运输工具的负责人、货物和物品的收发货人或其代理人，在通过海关监管口岸时，依法进行申报并办理有关手续的过程，是履行海关进出境手续的必要环节之一。

进出口货物报关单是指进出口货物的收发货人或其代理人，按照海关规定的格式对进出口货物的实际情况作出书面申明，以此要求海关对其货物按适用的海关制度办理通关手续的法律文书。报关单和报关委托书由进出口货物的收发货人或其代理人向海关免费领取。

小知识

我国海关标志的含义

关徽是中华人民共和国海关的专用标志，由金色钥匙与商神手杖交叉组成。其中商神手杖代表国际贸易，而钥匙则具有海关掌管国家经济大门的含义，象征海关为祖国把关。钥匙上的三个齿，分别代表海关的监管、征税、查私三大任务（后改为监管、征税、缉私、统计四项）。

（一）一般进出口货物报关程序

1. 进出口申报

（1）申报地点。一般情况下，进口货物的收货人或其代理人应当在货物的进境地向海关申报，出口货物的发货人或其代理人应当向出境地海关申请。申报企业登录"互联网＋海关"全国一体化在线政务服务平台（平台网址：http：//online. customs. gov. cn）向隶属海关报关，提交电子版报关材料。经收发货人申请，并且海关同意后，进口货物的收货人或其代理人可以在设有海关的货物指运地申报。

（2）申报期限。进境货物的申报期限为自装运货物的运输工具申报进境之日起14日内。出口货物的申报期限为货物运抵海关监管区后、装货的24小时以前。

（3）货物通关流程如图1-5-3所示。

2. 查验

（1）海关查验。海关查验是指海关为确定进出境货物收发货人向海关申报的内容是否与进出口货物真实情况相符，或为确定商品的归类、价格、原产地等，依法对进出口货物进行实际核查的执法行为。

海关查验一般应当在海关监管区内实施，可分为彻底查验与抽查两种方法，查验操作可分为人工查验和设备查验两种。

（2）配合查验。海关查验货物时，进出口货物收货人或其代理人应当到场，并且配合海关查验。

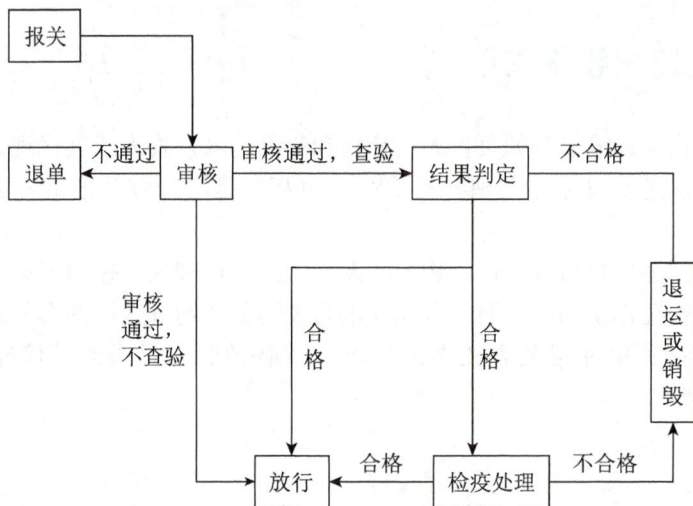

图1-5-3 货物通关流程

3. 缴纳税费

进出口货物收发货人或其代理人将报关单和随附单据提交给货物进出境地指定海关，海关对报关单进行审核，对需要查验的货物先由海关查验，然后核对计算机计算的税费，开具税款缴款书和收费票据。进出口货物收发货人或其代理人在规定时间内，持缴款书或收费单据在指定银行办理税费交付手续；或者在试行中国电子口岸网上缴费和付费的海关，通过接收电子税款缴款书和收费票据，在网上指定银行支付税费。

4. 提取或装运货物

进出口货物收发货人或其代理人缴纳税费后，一旦收到银行缴款成功的信息，即可向海关申请办理货物放行手续。

（1）提取货物。进口货物收货人或其代理人签收加盖海关放行章戳记的进口提货凭证，凭此到货物进境地的港区、机场、车站、邮局等地的海关监管仓库，办理提取货物的手续。

（2）装运货物。出口货物发货人或其代理人签收加盖海关放行章戳记的出口提货凭证，凭此到货物出境地的港区、机场、车站、邮局等地的海关监管仓库，办理将货物装上运输工具离境的手续。

（二）进出口货物报关单的填制规范

登录"互联网＋海关"全国一体化在线政务服务平台（平台网址：http：//online.customs.gov.cn），向隶属海关报关（见图1-5-4、图1-5-5、图1-5-6）。

图 1-5-4　中华人民共和国海关总署网站登录界面

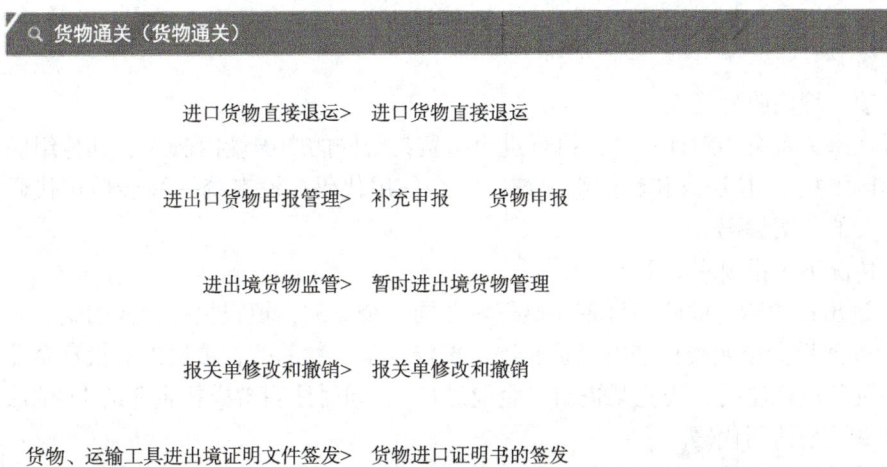

图 1-5-5　货物通关申报界面

第一项　预录入编号

预录入编号指预录入报关单的编号，一份报关单对应一个预录入编号，由系统自动生成。报关单预录入编号为 18 位，其中第 1～4 位为接受申报海关的代码（海关规定的《关区代码表》中相应的海关代码），第 5～8 位为录入时的公历年份，第 9 位为进出口标志（"1"为进口，"0"为出口；集中申报清单"I"为进口，"E"为出口），后 9 位为顺序编号。

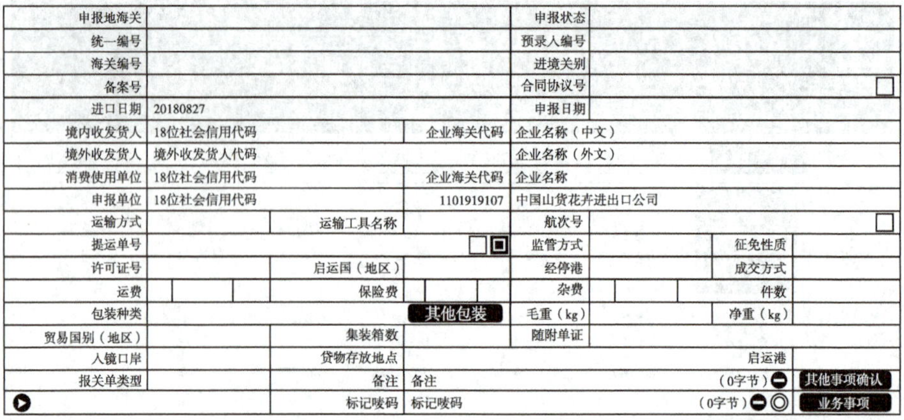

申报地海关			申报状态	
统一编号			预录入编号	
海关编号			进境关别	
备案号			合同协议号 □	
进口日期 20180827			申报日期	
境内收发货人 18位社会信用代码		企业海关代码	企业名称（中文）	
境外收发货人 境外收发货人代码			企业名称（外文）	
消费使用单位 18位社会信用代码		企业海关代码	企业名称	
申报单位 18位社会信用代码		1101919107	中国山货花卉进出口公司	
运输方式	运输工具名称		航次号 □	
提运单号	□ ■	监管方式		征免性质
许可证号	启运国（地区）	经停港		成交方式
运费	保险费	杂费		件数
包装种类	其他包装	毛重（kg）		净重（kg）
贸易国别（地区）	集装箱数	随附单证		启运港
入镜口岸	货物存放地点			启运港
报关单类型	备注 备注		（0字节）	其他事项确认
▶	标记唛码 标记唛码		（0字节）◎○	业务事项

图1-5-6 网上报关界面

第二项 海关编号

海关编号指海关接受申报时给予报关单的编号，一份报关单对应一个海关编号，由系统自动生成。报关单海关编号为18位，其中第1~4位为接受申报海关的代码（海关规定的《关区代码表》中相应海关代码），第5~8位为海关接受申报的公历年份，第9位为进出口标志（"1"为进口，"0"为出口；集中申报清单"I"为进口，"E"为出口），后9位为顺序编号。

第三项 境内收发货人

填报在海关备案的对外签订并执行进出口贸易合同的中国境内法人、其他组织名称及编码。编码填报18位法人和其他组织统一社会信用代码，没有统一社会信用代码的，填报其在海关的备案编码。

特殊情况下填报要求如下。

（1）进出口货物合同的签订者和执行者非同一企业的，填报执行合同的企业。

（2）外商投资企业委托进出口企业进口投资设备、物品的，填报外商投资企业，并在标记唛码及备注栏注明"委托某进出口企业进口"，同时注明被委托企业的18位法人和其他组织统一社会信用代码。

（3）有代理报关资格的报关企业代理其他进出口企业办理进出口报关手续时，填报委托的进出口企业。

（4）海关特殊监管区域收发货人填报该货物的实际经营单位或海关特殊监管区域内经营企业。

（5）免税品经营单位经营出口退税国产商品的，填报免税品经营单位名称。

第四项 进出境关别

根据货物实际进出境的口岸海关，填报海关规定的《关区代码表》中相应口岸海关的名称及代码。

特殊情况下填报要求如下。

（1）进出口货物合同的签订者和执行者非同一企业的，填报执行合同的企业。

（2）外商投资企业委托进出口企业进口投资设备、物品的，填报外商投资企业，并在标记唛码及备注栏注明"委托某进出口企业进口"，同时注明被委托企业的18位法人和其他组织统一社会信用代码。

（3）有代理报关资格的报关企业代理其他进出口企业办理进出口报关手续时，填报委托的进出口企业。

（4）海关特殊监管区域收发货人填报该货物的实际经营单位或海关特殊监管区域内经营企业。

（5）免税品经营单位经营出口退税国产商品的，填报免税品经营单位名称。

第五项　进出口日期

进口日期填报运载进口货物的运输工具申报进境的日期。出口日期指运载出口货物的运输工具办结出境手续的日期，在申报时免予填报。无实际进出境的货物，填报海关接受申报的日期。

进出口日期为8位数字，顺序为年（4位）、月（2位）、日（2位）。

第六项　申报日期

申报日期指海关接受进出口货物收发货人、受委托的报关企业申报数据的日期。以电子数据报关单方式申报的，申报日期为海关计算机系统接受申报数据时记录的日期。以纸质报关单方式申报的，申报日期为海关接受纸质报关单并对报关单进行登记处理的日期。本栏目在申报时免予填报。

申报日期为8位数字，顺序为年（4位）、月（2位）、日（2位）。

第七项　备案号

填报进出口货物收发货人、消费使用单位、生产销售单位在海关办理加工贸易合同备案或征、减、免税审核确认等手续时，海关核发的《加工贸易手册》、海关特殊监管区域和保税监管场所保税账册、《中华人民共和国海关进出口货物征免税证明》（以下简称《征免税证明》）或其他备案审批文件的编号。

一份报关单只允许填报一个备案号。具体填报要求如下。

（1）加工贸易项下货物，除少量低值辅料按规定不使用《加工贸易手册》及以后续补税监管方式办理内销征税的外，填报《加工贸易手册》编号。

使用异地直接报关分册和异地深加工结转出口分册在异地口岸报关的，填报分册号；本地直接报关分册和本地深加工结转分册限制在本地报关的，填报总册号。

加工贸易成品凭《征免税证明》转为减免税进口货物的，进口报关单填报《征免税证明》编号，出口报关单填报《加工贸易手册》编号。

对加工贸易设备、使用账册管理的海关特殊监管区域内减免税设备之间的结转，转入和转出企业分别填制进、出口报关单，在报关单"备案号"栏目填报《加工贸易手册》编号。

（2）涉及征、减、免税审核确认的报关单，填报《征免税证明》编号。

（3）减免税货物退运出口，填报《中华人民共和国海关进口减免税货物准予退运证明》的编号；减免税货物补税进口，填报《减免税货物补税通知书》的编号；减免税货物进口或结转进口（转入），填报《征免税证明》的编号；相应的结转出口（转出），填报《中华人民共和国海关进口减免税货物结转联系函》的编号。

（4）免税品经营单位经营出口退税国产商品的，免予填报。

第八项　境外收发货人

境外收货人通常指签订并执行出口贸易合同中的买方或合同指定的收货人，境外发货人通常指签订并执行进口贸易合同中的卖方。

填报境外收发货人的名称及编码。名称一般填报英文名称，检验检疫要求填报其他外文名称的，在英文名称后填报，以半角括号分隔；对于 AEO 互认国家（地区）企业的，编码填报 AEO 编码，填报样式为"国别（地区）代码＋海关企业编码"，如新加坡 AEO 企业 SG123456789012（新加坡国别代码＋12 位企业编码）；非互认国家（地区）AEO 企业等其他情形，编码免予填报。

特殊情况下无境外收发货人的，名称及编码填报"NO"。

第九项　运输方式

运输方式包括实际运输方式和海关规定的特殊运输方式，前者指货物实际进出境的运输方式，按进出境所使用的运输工具分类；后者指货物无实际进出境的运输方式，按货物在境内的流向分类。

根据货物实际进出境的运输方式或货物在境内流向的类别，按照海关规定的《运输方式代码表》选择填报相应的运输方式。

1. 特殊情况填报要求

（1）非邮件方式进出境的快递货物，按实际运输方式填报。

（2）进口转关运输货物，按载运货物抵达进境地的运输工具填报；出口转关运输货物，按载运货物驶离出境地的运输工具填报。

（3）不复运出（入）境而留在境内（外）销售的进出境展览品、留赠转卖物品等，填报"其他运输"（代码9）。

（4）进出境旅客随身携带的货物，填报"旅客携带"（代码L）。

（5）以固定设施（包括输油、输水管道和输电网等）运输货物的，填报"固定设施运输"（代码G）。

2. 无实际进出境货物在境内流转时的填报要求

（1）境内非保税区运入保税区货物和保税区退区货物，填报"非保税区"（代码0）。

（2）保税区运往境内非保税区货物，填报"保税区"（代码7）。

（3）境内存入出口监管仓库和出口监管仓库退仓货物，填报"监管仓库"（代码1）。

（4）保税仓库转内销货物或转加工贸易货物，填报"保税仓库"（代码8）。

（5）从境内保税物流中心外运入中心或从中心运往境内中心外的货物，填报"物流中心"（代码W）。

（6）从境内保税物流园区外运入园区或从园区内运往境内园区外的货物，填报"物流园区"（代码X）。

（7）保税港区、综合保税区与境内（区外）（非海关特殊监管区域、保税监管场所）之间进出的货物，填报"保税港区/综合保税区"（代码Y）。

（8）出口加工区、珠澳跨境工业区（珠海园区）、中哈霍尔果斯边境合作中心（中方配套区）与境内（区外）（非海关特殊监管区域、保税监管场所）之间进出的货物，填报"出口加工区"（代码Z）。

（9）境内运入深港西部通道港方口岸区的货物以及境内进出中哈霍尔果斯边境合作中心中方区域的货物，填报"边境特殊海关作业区"（代码H）。

（10）经横琴新区和平潭综合实验区（以下简称综合试验区）二线指定申报通道运往境内区外或从境内经二线指定申报通道进入综合试验区的货物，以及综合试验区内按选择性征收关税申报的货物，填报"综合试验区"（代码T）。

（11）海关特殊监管区域内的流转、调拨货物，海关特殊监管区域、保税监管场所之间的流转货物，海关特殊监管区域与境内区外之间进出的货物，海关特殊监管区域外的加工贸易余料结转、深加工结转、内销货物，以及其他境内流转货物，填报"其他运输"（代码9）。

第十项　运输工具名称及航次号

填报载运货物进出境的运输工具名称或编号及航次号。填报内容应与运输部门向海关申报的舱单（载货清单）所列相应内容一致。

1. 运输工具名称具体填报要求

（1）直接在进出境地或采用全国通关一体化通关模式办理报关手续的报关单填报要求如下。

水路运输：填报船舶编号（来往港澳小型船舶为监管簿编号）或者船舶英文名称。

公路运输：启用公路舱单前，填报该跨境运输车辆的国内行驶车牌号，深圳提前报关模式的报关单填报国内行驶车牌号＋"/"＋"提前报关"。启用公路舱单后，免予填报。

铁路运输：填报车厢编号或交接单号。

航空运输：填报航班号。

邮件运输：填报邮政包裹单号。

其他运输：填报具体运输方式名称，如管道、驮畜等。

（2）转关运输货物的报关单填报要求如下。

①进口。

水路运输：直转、提前报关填报"@"＋16位转关申报单预录入号（或13位载货清单号）；中转填报进境英文船名。

铁路运输：直转、提前报关填报"@"＋16位转关申报单预录入号；中转填报车厢编号。

航空运输：直转、提前报关填报"@"＋16位转关申报单预录入号（或13位载货清单号）；中转填报"@"。

公路及其他运输：填报"@"＋16位转关申报单预录入号（或13位载货清单号）。

以上各种运输方式使用广东地区载货清单转关的提前报关货物填报"@"＋13位载货清单号。

②出口。

水路运输：非中转填报"@"＋16位转关申报单预录入号（或13位载货清单号），如多张报关单需要通过一张转关单转关的，运输工具名称字段填报"@"。

中转货物，境内水路运输填报驳船船名；境内铁路运输填报车名（主管海关4位关区代码＋"TRAIN"）；境内公路运输填报车名（主管海关4位关区代码＋"TRUCK"）。

铁路运输：填报"@"＋16位转关申报单预录入号（或13位载货清单号），如多张报关单需要通过一张转关单转关的，填报"@"。

航空运输：填报"@"＋16位转关申报单预录入号（或13位载货清单号），如多张报关单需要通过一张转关单转关的，填报"@"。

其他运输方式：填报"@"+16位转关申报单预录入号（或13位载货清单号）。

（3）采用"集中申报"通关方式办理报关手续的，报关单填报"集中申报"。

（4）免税品经营单位经营出口退税国产商品的，免予填报。

（5）无实际进出境的货物，免予填报。

2. 航次号具体填报要求

（1）直接在进出境地或采用全国通关一体化通关模式办理报关手续的报关单。

水路运输：填报船舶的航次号。

公路运输：启用公路舱单前，填报运输车辆的8位进出境日期［顺序为年（4位）、月（2位）、日（2位），下同］。启用公路舱单后，填报货物运输批次号。

铁路运输：填报列车的进出境日期。

航空运输：免予填报。

邮件运输：填报运输工具的进出境日期。

其他运输方式：免予填报。

（2）转关运输货物的报关单。

①进口。

水路运输：中转转关方式填报"@"+进境干线船舶航次；直转、提前报关免予填报。

公路运输：免予填报。

铁路运输：填报"@"+8位进境日期。

航空运输：免予填报。

其他运输方式：免予填报。

②出口。

水路运输：非中转货物免予填报；中转货物，境内水路运输填报驳船航次号，境内铁路、公路运输填报6位启运日期［顺序为年（2位）、月（2位）、日（2位）］。

铁路拼车拼箱捆绑出口：免予填报。

航空运输：免予填报。

其他运输方式：免予填报。

（3）免税品经营单位经营出口退税国产商品的，免予填报。

（4）无实际进出境的货物，免予填报。

第十一项　提运单号

填报进出口货物提单或运单的编号。一份报关单只允许填报一个提单或运单号，一票货物对应多个提单或运单时，应分单填报。

具体填报要求如下。

（1）直接在进出境地或采用全国通关一体化通关模式办理报关手续的。

水路运输：填报进出口提单号，如有分提单的，填报进出口提单号+"*"+分提单号。

公路运输：启用公路舱单前，免予填报；启用公路舱单后，填报进出口总运单号。

铁路运输：填报运单号。

航空运输：填报总运单号+"-"+分运单号，无分运单的填报总运单号。

邮件运输：填报邮运包裹单号。

（2）转关运输货物的报关单。

①进口。

水路运输：直转、中转填报提单号，提前报关免予填报。

铁路运输：直转、中转填报铁路运单号，提前报关免予填报。

航空运输：直转、中转货物填报总运单号＋"－"＋分运单号，提前报关免予填报。

其他运输方式：免予填报。

以上运输方式进境货物，在广东省内用公路运输转关的，填报车牌号。

②出口。

水路运输：中转货物填报提单号；非中转货物免予填报；广东省内汽车运输提前报关的转关货物，填报承运车辆的车牌号。

其他运输方式：免予填报。广东省内汽车运输提前报关的转关货物，填报承运车辆的车牌号。

（3）采用"集中申报"通关方式办理报关手续的，报关单填报归并的集中申报清单的进出口起止日期［按年（4位）月（2位）日（2位）年（4位）月（2位）日（2位）］。

（4）无实际进出境的货物，免予填报。

第十二项   货物存放地点

填报货物进境后存放的场所或地点，包括海关监管作业场所、分拨仓库、定点加工厂、隔离检疫场、企业自有仓库等。

第十三项   消费使用单位/生产销售单位

（1）消费使用单位填报已知的进口货物在境内的最终消费、使用单位的名称，包括以下内容。

①自行进口货物的单位。

②委托进出口企业进口货物的单位。

（2）生产销售单位填报出口货物在境内的生产或销售单位的名称，包括以下内容。

①自行出口货物的单位。

②委托进出口企业出口货物的单位。

③免税品经营单位经营出口退税国产商品的，填报该免税品经营单位统一管理的免税店。

（3）减免税货物报关单的消费使用单位/生产销售单位应与《征免税证明》的"减免税申请人"一致；保税监管场所与境外之间的进出境货物，消费使用单位/生产销售单位填报保税监管场所的名称［保税物流中心（B型）填报中心内企业名称］。

（4）海关特殊监管区域的消费使用单位/生产销售单位填报区域内经营企业（"加工单位"或"仓库"）。

（5）编码填报要求：

①填报18位法人和其他组织统一社会信用代码。

②无18位统一社会信用代码的，填报"NO"。

（6）进口货物在境内的最终消费或使用以及出口货物在境内的生产或销售的对象为自然人的，填报身份证号、护照号、台胞证号等有效证件号码及姓名。

第十四项   监管方式

监管方式是以国际贸易中进出口货物的交易方式为基础，结合海关对进出口货物的征税、统计及监管条件综合设定的海关对进出口货物的管理方式。其代码由4位数字构成，前两位是按照海关监管要求和计算机管理需要划分的分类代码，后两位是参照国际标准编制的贸易方式代码。

根据实际对外贸易情况按海关规定的《监管方式代码表》选择填报相应的监管方式简称及代码。一份报关单只允许填报一种监管方式。

特殊情况下加工贸易货物监管方式填报要求如下。

（1）进口少量低值辅料（即5000美元以下，78种以内的低值辅料）按规定不使用《加工贸易手册》的，填报"低值辅料"，使用《加工贸易手册》的，按《加工贸易手册》上的监管方式填报。

（2）加工贸易料件转内销货物以及按料件办理进口手续的转内销制成品、残次品、未完成品，填制进口报关单，填报"来料料件内销"或"进料料件内销"；加工贸易成品凭《征免税证明》转为减免税进口货物的，分别填制进、出口报关单，出口报关单填报"来料成品减免"或"进料成品减免"，进口报关单按照实际监管方式填报。

（3）加工贸易出口成品因故退运进口及复运出口的，填报"来料成品退换"或"进料成品退换"；加工贸易进口料件因换料退运出口及复运进口的，填报"来料料件退换"或"进料料件退换"；加工贸易过程中产生的剩余料件、边角料退运出口，以及进口料件因品质、规格等原因退运出口且不再更换同类货物进口的，分别填报"来料料件复出""来料边角料复出""进料料件复出""进料边角料复出"。

（4）加工贸易边角料内销和副产品内销，填制进口报关单，填报"来料边角料内销"或"进料边角料内销"。

（5）企业销毁处置加工贸易货物未获得收入，销毁处置货物为料件、残次品的，填报"料件销毁"；销毁处置货物为边角料、副产品的，填报"边角料销毁"。

企业销毁处置加工贸易货物获得收入的，填报为"进料边角料内销"或"来料边角料内销"。

（6）免税品经营单位经营出口退税国产商品的，填报"其他"。

第十五项　征免性质

根据实际情况按海关规定的《征免性质代码表》选择填报相应的征免性质简称及代码，持有海关核发的《征免税证明》的，按照《征免税证明》中批注的征免性质填报。一份报关单只允许填报一种征免性质。

加工贸易货物报关单按照海关核发的《加工贸易手册》中批注的征免性质简称及代码填报。特殊情况填报要求如下。

（1）加工贸易转内销货物，按实际情况填报（如一般征税、科教用品、其他法定等）。

（2）料件退运出口、成品退运进口货物填报"其他法定"。

（3）加工贸易结转货物，免予填报。

（4）免税品经营单位经营出口退税国产商品的，填报"其他法定"。

第十六项　许可证号

填报进（出）口许可证、两用物项和技术进（出）口许可证、两用物项和技术出口许可证（定向）、纺织品临时出口许可证、出口许可证（加工贸易）、出口许可证（边境小额贸易）的编号。

免税品经营单位经营出口退税国产商品的，免予填报。

一份报关单只允许填报一个许可证号。

第十七项　启运港

填报进口货物在运抵我国关境前的第一个境外装运港。

根据实际情况，按海关规定的《港口代码表》填报相应的港口名称及代码，未在《港口代码表》列明的，填报相应的国家名称及代码。货物从海关特殊监管区域或保税监管场所运至境内区外的，填报《港口代码表》中相应海关特殊监管区域或保税监管场所的名称及代码，未在《港口代码表》中列明的，填报"未列出的特殊监管区"及代码。

其他无实际进境的货物，填报"中国境内"及代码。

第十八项　合同协议号

填报进出口货物合同（包括协议或订单）编号。未发生商业性交易的免予填报。

免税品经营单位经营出口退税国产商品的，免予填报。

第十九项　贸易国（地区）

发生商业性交易的进口填报购自国（地区），出口填报售予国（地区）。未发生商业性交易的填报货物所有权拥有者所属的国家（地区）。

按海关规定的《国别（地区）代码表》选择填报相应的贸易国（地区）中文名称及代码。

第二十项　启运国（地区）/运抵国（地区）

启运国（地区）填报进口货物直接运抵我国或者在运输中转国（地）未发生任何商业性交易的情况下运抵我国的国家（地区）。

运抵国（地区）填报出口货物离开我国关境直接运抵或者在运输中转国（地区）未发生任何商业性交易的情况下最后运抵的国家（地区）。

不经过第三国（地区）转运的直接运输进出口货物，以进口货物的装货港所在国（地区）为启运国（地区），以出口货物的指运港所在国（地区）为运抵国（地区）。

经过第三国（地区）转运的进出口货物，如在中转国（地区）发生商业性交易，则以中转国（地区）作为启运/运抵国（地区）。

按海关规定的《国别（地区）代码表》选择填报相应的启运国（地区）或运抵国（地区）中文名称及代码。

无实际进出境的货物，填报"中国"及代码。

第二十一项　经停港/指运港

经停港填报进口货物在运抵我国关境前的最后一个境外装运港。

指运港填报出口货物运往境外的最终目的港；最终目的港不可预知的，按尽可能预知的目的港填报。

根据实际情况，按海关规定的《港口代码表》选择填报相应的港口名称及代码。经停港/指运港在《港口代码表》中无港口名称及代码的，可选择填报相应的国家名称及代码。

无实际进出境的货物，填报"中国境内"及代码。

第二十二项　入境口岸/离境口岸

入境口岸填报进境货物从跨境运输工具卸离的第一个境内口岸的中文名称及代码；采

取多式联运跨境运输的，填报多式联运货物最终卸离的境内口岸中文名称及代码；过境货物填报货物进入境内的第一个口岸的中文名称及代码；从海关特殊监管区域或保税监管场所进境的，填报海关特殊监管区域或保税监管场所的中文名称及代码。其他无实际进境的货物，填报货物所在地的城市名称及代码。

离境口岸填报装运出境货物的跨境运输工具离境的第一个境内口岸的中文名称及代码；采取多式联运跨境运输的，填报多式联运货物最初离境的境内口岸中文名称及代码；过境货物填报货物离境的第一个境内口岸的中文名称及代码；从海关特殊监管区域或保税监管场所离境的，填报海关特殊监管区域或保税监管场所的中文名称及代码。其他无实际出境的货物，填报货物所在地的城市名称及代码。

入境口岸/离境口岸类型包括港口、码头、机场、机场货运通道、边境口岸、火车站、车辆装卸点、车检场、陆路港、坐落在口岸的海关特殊监管区域等。按海关规定的《国内口岸代码表》选择填报相应的境内口岸名称及代码。

第二十三项　包装种类

填报进出口货物的所有包装材料，包括运输包装和其他包装，按海关规定的《包装种类代码表》选择填报相应的包装种类名称及代码。运输包装指提运单所列货物件数单位对应的包装，其他包装包括货物的各类包装，以及植物性铺垫材料等。

第二十四项　件数

填报进出口货物运输包装的件数（按运输包装计）。特殊情况填报要求如下。

（1）舱单件数为集装箱的，填报集装箱个数。

（2）舱单件数为托盘的，填报托盘数。

不得填报为零，裸装货物填报为"1"。

第二十五项　毛重（千克）

填报进出口货物及其包装材料的重量之和，计量单位为千克，不足一千克的填报为"1"。

第二十六项　净重（千克）

填报进出口货物的毛重减去外包装材料后的重量，即货物本身的实际重量，计量单位为千克，不足一千克的填报为"1"。

第二十七项　成交方式

根据进出口货物实际成交价格条款，按海关规定的《成交方式代码表》选择填报相应的成交方式代码。

无实际进出境的货物，进口填报 CIF，出口填报 FOB。

第二十八项　运费

填报进口货物运抵我国境内输入地点起卸前的运输费用，出口货物运至我国境内输出地点装载后的运输费用。

运费可按运费单价、总价或运费率三种方式之一填报，注明运费标记（运费标记"1"表示运费率，"2"表示每吨货物的运费单价，"3"表示运费总价），并按海关规定的《货币代码表》选择填报相应的币种代码。

免税品经营单位经营出口退税国产商品的，免予填报。

第二十九项　保费

填报进口货物运抵我国境内输入地点起卸前的保险费用，出口货物运至我国境内输出地点装载后的保险费用。

保费可按保险费总价或保险费率两种方式之一填报，注明保险费标记（保险费标记"1"表示保险费率，"3"表示保险费总价），并按海关规定的《货币代码表》选择填报相应的币种代码。

免税品经营单位经营出口退税国产商品的，免予填报。

第三十项　杂费

填报成交价格以外的、按照《中华人民共和国进出口关税条例》相关规定应计入完税价格或应从完税价格中扣除的费用。可按杂费总价或杂费率两种方式之一填报，注明杂费标记（杂费标记"1"表示杂费率，"3"表示杂费总价），并按海关规定的《货币代码表》选择填报相应的币种代码。

应计入完税价格的杂费填报为正值或正率，应从完税价格中扣除的杂费填报为负值或负率。

免税品经营单位经营出口退税国产商品的，免予填报。

第三十一项　随附单证及编号

根据海关规定的《监管证件代码表》和《随附单据代码表》选择填报除本规范第十六项规定的许可证件以外的其他进出口许可证件或监管证件、随附单据编号。

本栏目分为随附单证代码和随附单证编号两栏，其中代码栏按海关规定的《监管证件代码表》和《随附单据代码表》选择填报相应证件代码；随附单证编号栏填报证件编号。

加工贸易内销征税报关单（使用金关二期加贸管理系统的除外），随附单证代码栏填报"c"，随附单证编号栏填报海关审核通过的内销征税联系单号。

第三十二项　标记唛码及备注

填报要求如下：

（1）标记唛码中除图形以外的文字、数字，无标记唛码的填报 N/M。

（2）受外商投资企业委托代理其进口投资设备、物品的进出口企业名称。

（3）与本报关单有关联关系的，同时在业务管理规范方面又要求填报的备案号，填报在电子数据报关单中"关联备案"栏。

保税间流转货物、加工贸易结转货物及凭《征免税证明》转内销货物，其对应的备案号填报在"关联备案"栏。

减免税货物结转进口（转入），"关联备案"栏填报本次减免税货物结转所申请的《中华人民共和国海关进口减免税货物结转联系函》的编号。

减免税货物结转出口（转出），"关联备案"栏填报与其相对应的进口（转入）报关单"备案号"栏中《征免税证明》的编号。

（4）与本报关单有关联关系的，同时在业务管理规范方面又要求填报的报关单号，填报在电子数据报关单中"关联报关单"栏。

保税间流转、加工贸易结转类的报关单，应先办理进口报关，并将进口报关单号填入出口报关单的"关联报关单"栏。

办理进口货物直接退运手续的，除另有规定外，应先填制出口报关单，再填制进口报关单，并将出口报关单号填报在进口报关单的"关联报关单"栏。

减免税货物结转出口（转出），应先办理进口报关，并将进口（转入）报关单号填入出口（转出）报关单的"关联报关单"栏。

（5）办理进口货物直接退运手续的，填报"＜ZT"＋"海关审核联系单号或者《中华人民共和国海关责令进口货物直接退运通知书》编号"＋"＞"。办理固体废物直接退运手续的，填报"固体废物，直接退运表××号/责令直接退运通知书××号"。

（6）保税监管场所进出货物，在"保税/监管场所"栏填报本保税监管场所编码［保税物流中心（B型）填报本中心的国内地区代码］，其中涉及货物在保税监管场所间流转的，在本栏填报对方保税监管场所代码。

（7）涉及加工贸易货物销毁处置的，填报海关加工贸易货物销毁处置申报表编号。

（8）当监管方式为"暂时进出货物"（代码2600）和"展览品"（代码2700）时，填报要求如下。

①根据《中华人民共和国海关暂时进出境货物管理办法》（海关总署令第233号，以下简称《管理办法》）第三条第一款所列项目，填报暂时进出境货物类别，如：暂进六，暂出九。

②根据《管理办法》第十条的规定，填报复运出境或者复运进境日期，期限应在货物进出境之日起6个月内，如：20180815前复运进境，20181020前复运出境。

③根据《管理办法》第七条的规定，向海关申请对有关货物是否属于暂时进出境货物进行审核确认的，填报《中华人民共和国××海关暂时进出境货物审核确认书》编号，如：＜ZS海关审核确认书编号＞，其中英文为大写字母；无此项目的，无须填报。

上述内容依次填报，项目间用"/"分隔，前后均不加空格。

④收发货人或其代理人申报货物复运进境或者复运出境的。

货物办理过延期的，根据《管理办法》填报《货物暂时进/出境延期办理单》的海关回执编号，如＜ZS海关回执编号＞，其中英文为大写字母；无此项目的，无须填报。

（9）跨境电子商务进出口货物，填报"跨境电子商务"。

（10）加工贸易副产品内销，填报"加工贸易副产品内销"。

（11）服务外包货物进口，填报"国际服务外包进口货物"。

（12）公式定价进口货物填报公式定价备案号，格式为："公式定价"＋备案编号＋"@"。对于同一报关单下有多项商品的，如某项或某几项商品为公式定价备案的，则备注栏内填报为："公式定价"＋备案编号＋"#"＋商品序号＋"@"。

（13）进出口与《中华人民共和国海关预裁定决定书》（以下简称《预裁定决定书》）列明情形相同的货物时，按照《预裁定决定书》填报，格式为："预裁定＋《预裁定决定书》编号"（例如：某份预裁定决定书编号为R－2－0100－2018－0001，则填报为"预裁定R－2－0100－2018－0001"）。

（14）含归类行政裁定报关单，填报归类行政裁定编号，格式为："c"＋四位数字编号，如c0001。

（15）已经在进入特殊监管区时完成检验的货物，在出区入境申报时，填报"预检验"字样，同时在"关联报检单"栏填报实施预检验的报关单号。

（16）进口直接退运的货物，填报"直接退运"字样。

（17）企业提供ATA单证册的货物，填报"ATA单证册"字样。ATA单证册制度为暂准进口货物建立了世界统一的通关手续，使暂准进口货物可以凭ATA单证册，在各国海关享受免税进口和免予填写国内报关文件等通关便利，因此，ATA单证册又被国际经贸界称为货物护照和货物免税通关证。

（18）不含动物源性低风险生物制品，填报"不含动物源性"字样。

（19）货物自境外进入境内特殊监管区或者保税仓库的，填报"保税入库"或者"境外入区"字样。

（20）海关特殊监管区域与境内区外之间采用分送集报方式进出的货物，填报"分送集报"字样。

（21）军事装备出入境的，填报"军品"或"军事装备"字样。

（22）申报HS为3821000000、3002300000的，属于下列情况的，填报要求为：属于培养基的，填报"培养基"字样；属于化学试剂的，填报"化学试剂"字样；不含动物源性成分的，填报"不含动物源性"字样。

（23）属于修理物品的，填报"修理物品"字样。

（24）属于下列情况的，填报"压力容器""成套设备""食品添加剂""成品退换""旧机电产品"等字样。

（25）申报HS为2903890020（入境六溴环十二烷），用途为"其他（99）"的，填报具体用途。

（26）集装箱体信息填报集装箱号（在集装箱箱体上标示的全球唯一编号）、集装箱规格、集装箱商品项号关系（单个集装箱对应的商品项号，半角逗号分隔）、集装箱货重（集装箱箱体自重＋装载货物重量，千克）。

（27）申报HS为3006300000、3504009000、3507909010、3507909090、3822001000、3822009000，不属于"特殊物品"的，填报"非特殊物品"字样。

（28）进出口列入目录的进出口商品及法律、行政法规规定须经出入境检验检疫机构检验的其他进出口商品实施检验的，填报"应检商品"字样。

（29）申报时其他必须说明的事项。

第三十三项　项号

分两行填报。第一行填报报关单中的商品顺序编号；第二行填报备案序号，专用于加工贸易及保税、减免税等已备案、审批的货物，填报该项货物在《加工贸易手册》或《征免税证明》等备案、审批单证中的顺序编号。有关优惠贸易协定项下报关单填制要求按照海关总署相关规定执行。其中第二行特殊情况填报要求如下。

（1）深加工结转货物，分别按照《加工贸易手册》中的进口料件项号和出口成品项号填报。

（2）料件结转货物（包括料件、制成品和未完成品折料），出口报关单按照转出《加工贸易手册》中进口料件的项号填报；进口报关单按照转进《加工贸易手册》中进口料件的项号填报。

（3）料件复出货物（包括料件、边角料），出口报关单按照《加工贸易手册》中进口料件的项号填报；如边角料对应一个以上料件项号时，填报主要料件项号。料件退换货物（包括料件、不包括未完成品），进出口报关单按照《加工贸易手册》中进口料件的项号填报。

（4）成品退换货物，退运进境报关单和复运出境报关单按照《加工贸易手册》原出口成品的项号填报。

（5）加工贸易料件转内销货物（以及按料件办理进口手续的转内销制成品、残次品、未完成品）填制进口报关单，填报《加工贸易手册》进口料件的项号；加工贸易边角料、副产品内销，填报《加工贸易手册》中对应的进口料件项号。如边角料或副产品对应一个以上料件项号时，填报主要料件项号。

（6）加工贸易成品凭《征免税证明》转为减免税货物进口的，应先办理进口报关手续。进口报关单填报《征免税证明》中的项号，出口报关单填报《加工贸易手册》原出口成品项号，进、出口报关单货物数量应一致。

（7）加工贸易货物销毁，填报《加工贸易手册》中相应的进口料件项号。

（8）加工贸易副产品退运出口、结转出口，填报《加工贸易手册》中新增成品的出口项号。

（9）经海关批准实行加工贸易联网监管的企业，按海关联网监管要求，企业需申报报关清单的，应在向海关申报进出口（包括形式进出口）报关单前，向海关申报"清单"。一份报关清单对应一份报关单，报关单上的商品由报关清单归并而得。加工贸易电子账册报关单中项号、品名、规格等栏目的填制规范比照《加工贸易手册》。

第三十四项　商品编号

填报由10位数字组成的商品编号。前8位为《中华人民共和国进出口税则》和《中华人民共和国海关统计商品目录》确定的编码；第9位、第10位为监管附加编号。

第三十五项　商品名称及规格型号

分两行填报。第一行填报进出口货物规范的中文商品名称，第二行填报规格型号。具体填报要求如下。

（1）商品名称及规格型号应据实填报，并与进出口货物收发货人或受委托的报关企业所提交的合同、发票等相关单证相符。

（2）商品名称应当规范，规格型号应当足够详细，以能满足海关归类、审价及许可证件管理要求为准，可参照《中华人民共和国海关进出口商品规范申报目录》中对商品名称、规格型号的要求进行填报。

（3）已备案的加工贸易及保税货物，填报的内容必须与备案登记中同项号下货物的商品名称一致。

（4）对需要海关签发《货物进口证明书》的车辆，商品名称栏填报"车辆品牌＋排气量（注明cc）＋车型（如越野车、小轿车等）"。进口汽车底盘不填报排气量。车辆品牌按照《进口机动车辆制造厂名称和车辆品牌中英文对照表》中"签注名称"一栏的要求填报。规格型号栏可填报"汽油型"等。

（5）由同一运输工具同时运抵同一口岸并且属于同一收货人、使用同一提单的多种进口货物，按照商品归类规则应当归入同一商品编号的，应当将有关商品一并归入该商品编号。商品名称填报一并归类后的商品名称；规格型号填报一并归类后商品的规格型号。

（6）加工贸易边角料和副产品内销，边角料复出口，填报其报验状态的名称和规格型号。

（7）进口货物收货人以一般贸易方式申报进口属于《需要详细列名申报的汽车零部件清单》（海关总署2006年第64号公告）范围内的汽车生产件的，按以下要求填报。

①商品名称填报进口汽车零部件的详细中文商品名称和品牌，中文商品名称与品牌之

间用"/"相隔，必要时加注英文商业名称；进口的成套散件或者毛坯件应在品牌后加注"成套散件""毛坯"等字样，并与品牌之间用"/"相隔。

②规格型号填报汽车零部件的完整编号。在零部件编号前应当加注"S"字样，并与零部件编号之间用"/"相隔，零部件编号之后应当依次加注该零部件适用的汽车品牌和车型。汽车零部件属于可以适用于多种汽车车型的通用零部件的，零部件编号后应当加注"TY"字样，并用"/"与零部件编号相隔。与进口汽车零部件规格型号相关的其他需要申报的要素，或者海关规定的其他需要申报的要素，如"功率""排气量"等，应当在车型或"TY"之后填报，并用"/"与之相隔。汽车零部件报验状态是成套散件的，应当在"标记唛码及备注"栏内填报该成套散件装配后的最终完整品的零部件编号。

（8）进口货物收货人以一般贸易方式申报进口属于《需要详细列名申报的汽车零部件清单》（海关总署2006年第64号公告）范围内的汽车维修件的，填报规格型号时，应当在零部件编号前加注"W"，并与零部件编号之间用"/"相隔；进口维修件的品牌与该零部件适用的整车厂牌不一致的，应当在零部件编号前加注"WF"，并与零部件编号之间用"/"相隔。其余申报要求同上条执行。

（9）品牌类型。品牌类型为必填项目。可选择"无品牌"（代码0）、"境内自主品牌"（代码1）、"境内收购品牌"（代码2）、"境外品牌（贴牌生产）"（代码3）、"境外品牌（其他）"（代码4）如实填报。其中，"境内自主品牌"是指由境内企业自主开发、拥有自主知识产权的品牌；"境内收购品牌"是指境内企业收购的原境外品牌；"境外品牌（贴牌生产）"是指境内企业代工贴牌生产中使用的境外品牌；"境外品牌（其他）"是指除代工贴牌生产以外使用的境外品牌。上述品牌类型中，除"境外品牌（贴牌生产）"仅用于出口外，其他类型均可用于进口和出口。

（10）出口享惠情况。出口享惠情况为出口报关单必填项目。可选择"出口货物在最终目的国（地区）不享受优惠关税""出口货物在最终目的国（地区）享受优惠关税""出口货物不能确定在最终目的国（地区）享受优惠关税"如实填报。进口货物报关单不填报该申报项。

（11）申报进口已获3C认证的机动车辆时，填报以下信息。

①提运单日期。填报该项货物的提运单签发日期。

②质量保质期。填报机动车的质量保证期。

③发动机号或电机号。填报机动车的发动机号或电机号，应与机动车上打刻的发动机号或电机号相符。纯电动汽车、插电式混合动力汽车、燃料电池汽车为电机号，其他机动车为发动机号。

④车辆识别代码（VIN）。填报机动车车辆识别代码，须符合国家强制性标准《道路车辆　车辆识别代号（VIN）》（GB 16735—2019）的要求。该项目一般与机动车的底盘（车架号）相同。

⑤发票所列数量。填报对应发票中所列进口机动车的数量。

⑥品名（中文名称）。填报机动车中文品名，按《进口机动车辆制造厂名称和车辆品牌中英文对照表》的要求填报。

⑦品名（英文名称）。填报机动车英文品名，按《进口机动车辆制造厂名称和车辆品牌中英文对照表》的要求填报。

⑧型号（英文）。填报机动车型号，与机动车产品标牌上整车型号一栏相符。

（12）进口货物收货人申报进口属于实施反倾销反补贴措施货物的，填报"原厂商中文名称""原厂商英文名称""反倾销税率""反补贴税率"和"是否符合价格承诺"等计税必要信息。

格式要求为"｜＜＞＜＞＜＞＜＞＜＞"。"｜""＜"和"＞"均为英文半角符号。第一个"｜"为在规格型号栏目中已填报的最后一个申报要素后系统自动生成或人工录入的分割符（若相关商品税号无规范申报填报要求，则需要手工录入"｜"），"｜"后面5个"＜＞"内容依次为"原厂商中文名称""原厂商英文名称（如无原厂商英文名称，可填报以原厂商所在国或地区文字标注的名称，具体可参照商务部实施贸易救济措施相关公告中对有关原厂商的外文名称写法）""反倾销税率""反补贴税率""是否符合价格承诺"。其中，"反倾销税率"和"反补贴税率"填写实际值，例如，税率为30%，填写"0.3"。"是否符合价格承诺"填写"1"或者"0"，"1"代表"是"，"0"代表"否"。填报时，5个"＜＞"不可缺项，如第3、4、5项"＜＞"中无申报事项，相应的"＜＞"中内容可以为空，但"＜＞"需要保留。

第三十六项　数量及单位

分三行填报。

（1）第一行按进出口货物的法定第一计量单位填报数量及单位，法定计量单位以《中华人民共和国海关统计商品目录》中的计量单位为准。

（2）凡列明有法定第二计量单位的，在第二行按照法定第二计量单位填报数量及单位。无法定第二计量单位的，第二行为空。

（3）成交计量单位及数量填报在第三行。

（4）法定计量单位为"千克"的数量填报，特殊情况下填报要求如下：

①装入可重复使用的包装容器的货物，按货物扣除包装容器后的重量填报，如罐装同位素、罐装氧气及类似品等。

②使用不可分割包装材料和包装容器的货物，按货物的净重填报（即包括内层直接包装的净重重量），如采用供零售包装的罐头、药品及类似品等。

③按照商业惯例以公量重计价的商品，按公量重填报，如未脱脂羊毛、羊毛条等。

④采用以毛重作为净重计价的货物，可按毛重填报，如粮食、饲料等大宗散装货物。

⑤采用零售包装的酒类、饮料、化妆品，按照液体/乳状/膏状/粉状部分的重量填报。

（5）成套设备、减免税货物如需分批进口，货物实际进口时，按照实际报验状态确定数量。

（6）具有完整品或制成品基本特征的不完整品、未制成品，根据《商品名称及编码协调制度》归类规则按完整品归类的，按照构成完整品的实际数量填报。

（7）已备案的加工贸易及保税货物，成交计量单位必须与《加工贸易手册》中同项号下货物的计量单位一致，加工贸易边角料和副产品内销、边角料复出口，填报其报验状态的计量单位。

（8）优惠贸易协定项下进出口商品的成交计量单位必须与原产地证明书上对应商品的计量单位一致。

（9）法定计量单位为立方米的气体货物，折算成标准状况（即零摄氏度及1个标准大气压）下的体积进行填报。

第三十七项　单价

填报同一项号下进出口货物实际成交的商品单位价格。无实际成交价格的，填报单位货值。

第三十八项　总价

填报同一项号下进出口货物实际成交的商品总价格。无实际成交价格的，填报货值。

第三十九项　币制

按海关规定的《货币代码表》选择相应的货币名称及代码填报，如《货币代码表》中无实际成交币种，需将实际成交货币按申报日外汇折算率折算成《货币代码表》列明的货币填报。

第四十项　原产国（地区）

原产国（地区）依据《中华人民共和国进出口货物原产地条例》《中华人民共和国海关关于执行〈非优惠原产地规则中实质性改变标准〉的规定》以及海关总署关于各项优惠贸易协定原产地管理规章规定的原产地确定标准填报。同一批进出口货物的原产地不同的，分别填报原产国（地区）。进出口货物原产国（地区）无法确定的，填报"国别不详"。

按海关规定的《国别（地区）代码表》选择填报相应的国家（地区）名称及代码。

第四十一项　最终目的国（地区）

最终目的国（地区）填报已知的进出口货物的最终实际消费、使用或进一步加工制造国家（地区）。不经过第三国（地区）转运的直接运输货物，以运抵国（地区）为最终目的国（地区）；经过第三国（地区）转运的货物，以最后运往国（地区）为最终目的国（地区）。同一批进出口货物的最终目的国（地区）不同的，分别填报最终目的国（地区）。进出口货物不能确定最终目的国（地区）时，以尽可能预知的最后运往国（地区）为最终目的国（地区）。

按海关规定的《国别（地区）代码表》选择填报相应的国家（地区）名称及代码。

第四十二项　境内目的地/境内货源地

境内目的地填报已知的进口货物在国内的消费、使用地或最终运抵地，其中最终运抵地为最终使用单位所在的地区。最终使用单位难以确定的，填报货物进口时预知的最终收货单位所在地。

境内货源地填报出口货物在国内的产地或原始发货地。出口货物产地难以确定的，填报最早发运该出口货物的单位所在地。

海关特殊监管区域、保税物流中心（B型）与境外之间的进出境货物，境内目的地/境内货源地填报本海关特殊监管区域、保税物流中心（B型）所对应的国内地区。

按海关规定的《国内地区代码表》选择填报相应的国内地区名称及代码。境内目的地还需根据《中华人民共和国行政区划代码表》选择填报其对应的县级行政区名称及代码。无下属区县级行政区的，可选择填报地市级行政区。

按照海关核发的《征免税证明》或有关政策规定，对报关单所列每项商品选择海关规定的《征减免税方式代码表》中相应的征减免税方式填报。

加工贸易货物报关单根据《加工贸易手册》中备案的征免规定填报；《加工贸易手册》中备案的征免规定为"保金"或"保函"的，填报"全免"。

第四十三项　征免

按照海关核发的《征免税证明》或有关政策规定，对报关单所列每项商品选择海关规定的《征减免税方式代码表》中相应的征减免税方式填报。

加工贸易货物报关单根据《加工贸易手册》中备案的征免规定填报：《加工贸易手册》中备案的征免规定为"保金"或"保函"的，填报"全免"。

第四十四项　特殊关系确认

根据《中华人民共和国海关审定进出口货物完税价格办法》（以下简称《审价办法》）第十六条，填报确认进出口行为中买卖双方是否存在特殊关系，有下列情形之一的，应当认为买卖双方存在特殊关系，应填报"是"，反之则填报"否"。

（1）买卖双方为同一家族成员的。

（2）买卖双方互为商业上的高级职员或者董事的。

（3）一方直接或者间接地受另一方控制的。

（4）买卖双方都直接或者间接地受第三方控制的。

（5）买卖双方共同直接或者间接地控制第三方的。

（6）一方直接或者间接地拥有、控制或者持有对方5%以上（含5%）公开发行的有表决权的股票或者股份的。

（7）一方是另一方的雇员、高级职员或者董事的。

（8）买卖双方是同一合伙的成员的。

买卖双方在经营上相互有联系，一方是另一方的独家代理、独家经销或者独家受让人，如果符合前款的规定，也应当视为存在特殊关系。

出口货物免予填报，加工贸易及保税监管货物（内销保税货物除外）免予填报。

第四十五项　价格影响确认

根据《审价办法》第十七条，填报确认纳税义务人是否可以证明特殊关系未对进口货物的成交价格产生影响，纳税义务人能证明其成交价格与同时或者大约同时发生的下列任何一款价格相近的，应视为特殊关系未对成交价格产生影响，填报"否"，反之则填报"是"：

（1）向境内无特殊关系的买方出售的相同或者类似进口货物的成交价格。

（2）按照《审价办法》第二十三条的规定所确定的相同或者类似进口货物的完税价格。

（3）按照《审价办法》第二十五条的规定所确定的相同或者类似进口货物的完税价格。

出口货物免予填报，加工贸易及保税监管货物（内销保税货物除外）免予填报。

第四十六项　支付特许权使用费确认

根据《审价办法》第十一条和第十三条，填报确认买方是否存在向卖方或者有关方直接或者间接支付与进口货物有关的特许权使用费，且未包括在进口货物的实付、应付价格中。

买方存在需向卖方或者有关方直接或者间接支付特许权使用费，且未包含在进口货物实付、应付价格中，并且符合《审价办法》第十三条的，在"支付特许权使用费确认"栏目填报"是"。

买方存在需向卖方或者有关方直接或者间接支付特许权使用费，且未包含在进口货物实付、应付价格中，但纳税义务人无法确认是否符合《审价办法》第十三条的，填报"是"。

买方存在需向卖方或者有关方直接或者间接支付特许权使用费，且未包含在实付、应付价格中，纳税义务人根据《审价办法》第十三条，可以确认需支付的特许权使用费与进口货物无关的，填报"否"。

买方不存在向卖方或者有关方直接或者间接支付特许权使用费的，或者特许权使用费已经包含在进口货物实付、应付价格中的，填报"否"。

出口货物免予填报，加工贸易及保税监管货物（内销保税货物除外）免予填报。

第四十七项　自报自缴

进出口企业、单位采用"自主申报、自行缴税"（自报自缴）模式向海关申报时，填报"是"；反之则填报"否"。

第四十八项　申报单位

自理报关的，填报进出口企业的名称及编码；委托代理报关的，填报报关企业名称及编码。编码填报18位法人和其他组织统一社会信用代码。

报关人员填报在海关备案的姓名、编码、电话，并加盖申报单位印章。

第四十九项　海关批注及签章

供海关作业时签注。

注：进出口货物报关单的最新、完整的填制规范请参考中华人民共和国海关总署相关文件。

（三）出口货物报关单样单

具体如样单1-5-7所示。

【样单1-5-7】

中华人民共和国海关出口货物报关单

预录入编号：　　　　海关编号：　　　　　　　　　　页码/总页数：

境内发货人	出境关别	出口日期		申报日期	备案号
境外收货人	运输方式	运输工具名称及航次号		提运单号	
生产销售单位	监管方式	征免性质		许可证号	
合同协议号	贸易国（地区）	运抵国（地区）		指运港	离境口岸

包装种类	件数	毛重（千克）	净重（千克）	成交方式	运费	保费	杂费

随附单证及编号
标记唛码及备注

项号　商品编号　商品名称及规格型号　数量及单位　单价/总价/币制

原产国（地区）　最终目的国（地区）　境内货源地

特殊关系确认：是/否　价格影响确认：是/否　支付特许权使用费确认：是/否　自报自缴：是/否

小问答

报关单备案号栏的填报应注意哪些问题？

五、商品检验检疫证书

1. 商品检验检疫证书的发放

在国际贸易中，由国家设置的检验机构或由经政府注册的、独立的，第三者身份的鉴定机构，对进出口的商品的质量、规格、卫生、安全、检疫、包装、数量、重量、残损以及装运条件、装运技术等进行检验、鉴定和监督管理工作。进出口商品检验是货物交接过程中不可缺少的一个环节。经检验合格的，发给商品检验检疫证书，出口方即可报关出运；检验不合格的，可申请一次复验，复验仍不合格的，不得出口。

2. 商品检验检疫证书的作用

商品检验检疫证书关系到有关各方的经济责任和权益，其作用表现如下。

（1）作为卖方所交付货物的品质、重量、数量、包装及卫生条件等是否符合合同规定的依据。

（2）作为买方对品质、数量、重量、包装等提出异议、拒收货物、要求赔偿的凭证。

（3）作为卖方向银行议付货款的单据之一。

（4）作为出口国和进口国海关验放的有效证件。

（5）作为证明货物在装卸、运输中实际状况、明确责任归属的依据。

商品检验检疫证书起着证明的作用，是买卖双方交接货物、结算货款和处理索赔、理赔的主要依据，也是通关纳税、结算运费的有效凭证。

3. 商品检验检疫证书的种类

（1）品质检验证书，是出口商品交货结汇和进口商品结算索赔的有效凭证；是法定检验商品的证书，是进出口商品报关、输出输入的合法凭证。商检机构签发的放行单和在报关单上加盖的放行章有与商品检验检疫证书同等通关效力；签发的检验情况通知单同为商品检验检疫证书性质。

（2）数量/重量证书，是出口商品交货结汇、签发提单和进口商品结算索赔的有效凭证；是出口商品的重量证书，也是国外报关征税和计算运费、装卸费用的凭证。数量/重量证书如样单1-5-8所示。

（3）兽医检验证书，是证明出口动物产品或食品经过检疫合格的证件。兽医检验证书适用于冻畜肉、禽畜罐头、冻兔、肠衣等出口商品，是对外交货、银行结汇和进口国通关输入的重要证件。

（4）健康证书，是证明可供人类食用食品经过卫生检验或检疫合格的证件。健康证书适用于肠衣、冻鱼、冻虾、蛋品、乳制品、蜂蜜等，是对外交货、银行结汇和通关验放的有效证件，如样单1-5-9所示。

（5）消毒证书，是证明出口动物产品经过消毒处理，保证安全卫生的证件。消毒证书适用于猪鬃、马尾、羽毛、人发等商品，是对外交货、银行结汇和国外通关验放的有效凭证。

【样单1-5-8】

中华人民共和国出入境检验检疫
ENTRY-EXIT INSPECTION AND QUARANTINE
OF THE PEOPLE'S REPUBLIC OF CHINA

编号 No.

数量/重量证书
INSPECTION CERTIFICATE
OF QUANTITY AND WEIGHT

发货人
Consignor _____

收货人
Consignee _____

品名 Description of Goods _____	标记及号码 Mark & No.
报检数量/重量 Quantity/Weight Declared _____	
包装种类及数量 Number and Type of Packages _____	
运输工具 Means of Conveyance _____	

印章　　　　签证地点 Place of Issue _____　　签证日期 Date of Issue _____

Official Stamp

　　　　　　授权签字人 Authorized Officer _____　　签　名 Signature _____

中华人民共和国出入境检验检疫机关及其官员或代表不承担本证书的任何经济责任。No financial liability with respect to this certificate shall attach to the entry-exit inspection and quarantine authority of the P.R.China or to any of its officers or representative.

　　(6) 熏蒸证书，是用于证明出口粮谷、皮张等商品，以及包装用木材与植物性填充物等，已经过熏蒸灭虫的证书。样单1-5-10所示为熏蒸/消毒证书，该证书将消毒证书和熏蒸证书合二为一。

　　(7) 残损检验证书，是证明进口商品残损情况的证件。该证书适用于进口商品发生残、短、毁等情况，可作为收货人向发货人、承运人或保险人等有关责任方索赔的有效证件。

　　(8) 积载鉴定证书，是证明船方和集装箱装货部门正确配载积载货物，履行运输契约义务的证件。该证书可供货物交接或发生货损时处理争议之用。

　　(9) 财产价值鉴定证书，是对外贸易关系人和司法、仲裁、验资等有关部门索赔、理赔、评估或裁判的重要依据。

【样单 1 –5 –9】

⑩ (circled CIQ logo)

中华人民共和国出入境检验检疫
ENTRY–EXIT INSPECTION AND QUARANTINE
OF THE PEOPLE'S REPUBLIC OF CHINA

编号 No.

健 康 证 书
HEALTH CERTIFICATE

发货人名称及地址
Name and Address of Consignor _____

收货人名称及地址
Name and Address of Consignee _____

品名
Description of Goods

加工种类或状态 State or Type of Processing _____	标记及号码 Mark & No.
报检数量/重量 Quantity/Weight Declared	
包装种类及数量 Number and Type of Packages _____	
储藏和运输温度 Temperature during Storage and Transport	

加工厂名称、地址及编号（如果适用）
Name, Address and approval No. of the
approved Establishment　(if applicable) _____

启运地　　　　　　　　　　　到达国家及地点
Place of Despatch _____ Country and Place of Destination _____

运输工具　　　　　　　　　　发货日期
Means of Conveyance _____ Date of Despatch _____

印章　　　　　签证地点 Place of Issue _____　签证日期 Date of Issue _____
Official Stamp

　　　　　　　授权签字人 Authorized Officer _____　签　名 Signature _____

我们已尽最大能力实施上述检验，不能因我们签发本证书而免除其所承担的产品质量责任和其他责任。All inspections are carried out conscientiously to the best of our ability. This certificate does not in any respect absolve products liability and other responsibilities.

【样单 1 – 5 – 10】

中华人民共和国出入境检验检疫
ENTRY-EXIT INSPECTION AND QUARANTINE
OF THE PEOPLE'S REPUBLIC OF CHINA

编号 No.

熏蒸/消毒证书
FUMIGATION/DISINFECTION CERTIFICATE

发货人名称及地址
Name and Address of Consignor

收货人名称及地址
Name and Address of Consignee

品名
Description of Goods

报检数量/重量
Quantity/Weight Declared

标记及号码
Mark & No.

包装种类及数量
Number and Type of Packages

产地
Place of Origin

达到口岸
Port of Destination

运输工具
Means of Conveyance

杀虫/灭菌处理　DISINFESTATION/DISINFECTION TREATMENT

日期
Date

药剂及浓度
Chemical and Concentration

处理方法
Treatment

持续时间及温度
Duration and Temperature

附加声明 ADDITIONAL　DECLARATION

印章
Official Stamp

签证地点 Place of Issue

签证日期 Date of Issue

授权签字人 Authorized Officer

签　名 Signature

【样单 1 –5 –11】

生丝品级及公量证书
CERTIFICATE FOR RAW SILK
CLASSIFICATION AND CONDITIONED WEIGHT

申请人 Applicant _____
生丝的描述　　　　　　　　　　　　　　　商标
Description of Silk _____ Trade Mark _____
件数　　　　　　　　号数　　　　　　纤度规格　　　　等级
Number of Packages _____ No. _____ Size _____ Grade _____

纤度偏差 Size Deviation	_____	旦 Denier	均匀三度变化 Evenness Change Ⅲ Degree	_____	条 Stripes
均匀二度变化 Evenness Change Ⅱ Degree	_____	条 Stripes	切断 Winding		次 Breaks
清洁 Cleanness	_____	分数 Percentage	断裂强度 Tenacity	_____	克/旦 Grams/Denier
洁净 Neatness	_____	分数 Percentage	断裂伸长率 Elongation		% %
纤维最大偏差 Maximum Sizing Deviation	_____	旦 Denier	抱合 Cohesion		次 Strokes
均匀一度变化 Evenness Change Ⅰ Degree	_____	条 Stripes	平均公量纤度 Average Conditioned Size		旦 Denier

纤度检验 Sizing Inspection

旦 Denier	数量 No.	旦 Denier	数量 No.	旦 Denier	数量 No.	旦 Denier	数量 No.

外观检验 Appearance Inspection

外观 Appearance	
颜色程度 Color Degree	
光泽程度 Luster Degree	
手感程度 Hand Degree	
平均回潮率 Average Moisture Regain	

清洁检验 Cleanness Inspection

瑕疵 Defects		数量 No.
重大瑕疵 Super Major Defects		
主要瑕疵 Major Defects	废丝 Waste	
	大糙 Large	
	粘附糙 Bad Casts	
	大长结 Very Long Knots	
	重螺旋 Heavy Corkscrews	
合计 Total		
次要瑕疵 Minor Defects	小糙 Small Slugs	
	长结 Long Knots	
	螺旋 Corkscrews	
	环结及裂丝 Long Loops and Loose Ends	
合计 Total		

洁净检验 Neatness Inspection

分数 Percentage	片数 No. of Panels
100	
95	
90	
85	
80	
75	
70	
65	
60	
55	
50	
40	

公量检验 Conditioned Weight Inspection

号数 No.	毛重 Gr.Wt 千克 Kilos	净重 Net Wt 千克 Kilos	公量 Conditioned 千克 Kilos
总量千克 Total Kilos			

备注 REMARKS:

印章　　　　　签证地点　　　　　　　　　签证日期
Official Stamp　Place of Issue _____ Date of Issue _____
　　　　　　　授权签字人　　　　　　　　签名
　　　　　　　Authorized Officer _____ Signature _____

（10）船舱检验证书，是证明承运出口商品的船舱清洁、密固、冷藏效能及其他技术条件是否符合保护承载商品的质量和数量完整与安全的要求的证书。该证书可作为承运人履行租船契约适载义务，对外贸易关系方进行货物交接和处理货损事故的依据。

（11）生丝品级及公量证书，是出口生丝的专用证书。其作用相当于品质检验证书和数量/重量证书，如样单1-5-11所示。

（12）原产地证明书，是出口商品在进口国通关输入和享受减免关税优惠待遇和证明商品产地的凭证。

（13）舱口检视证书、监视装/卸载证书、舱口封识证书、油温空距证书、集装箱监装/拆证书，是证明承运人履行契约义务，明确责任界限，便于处理货损货差责任事故的证书。

（14）价值证明书，作为进口国管理外汇和征收关税的凭证。签盖了商检机构的价值证明章的发票与价值证明书具有同等效力。

（15）货载衡量检验证书，是证明进出口商品的重量、体积吨位的证件。该证书可作为计算运费和制订配载计划的依据。

（16）集装箱租箱交货检验证书、租船交船剩水/油重量鉴定证书，可作为契约双方明确履约责任和处理费用清算的凭证。

六、装箱单

装箱单（Packing List）是指记载或描述商品情况的单据，是发票的补充单据。它列明了信用证（或合同）中买卖双方约定的有关包装事宜的细节，便于货物到达目的港时供海关检查和核对货物。

小知识

IPPC 标识是什么？

IPPC 是国际植物保护公约的简称，是国际上通用的标识，意思是木质包装已经过处理。木质包装上加盖 IPPC 标识的目的是确保全球农业安全，防止有害生物随植物和植物产品传播和扩散。进出口货物的木质包装上要加盖 IPPC 的专用标识，否则会被进口国海关要求退货。

装箱单由工厂或其代理出具，一般包括如下内容。

（1）装箱单名称。应按照信用证规定使用，通常用"Packing List""Packing Specification""Detailed Packing List"。如果来证要求用中性装箱单（Neutral Packing List），则装箱单名称打"Packing List"，但装箱单内不打卖方名称，不能签章，在装箱单上方的空白处填写出口企业的中文名称和地址。

（2）编号。与发票编号一致。

（3）合同号或销售确认书号。填写此批货物的合同号或者销售确认书号。

（4）唛头。凡信用证有关于唛头的规定，必须依照规定填制，并且要与发票唛头保持严格一致。如果没有唛头，填写"N/M"。

（5）箱号。又称包装件号码。在单位包装货量或品种不固定的情况下，需注明每个包装件内的包装情况，因此包装件应编号。

（6）货号。按照发票填写，与发票内容一致。

（7）买方名称和地址。填写合同的买方或信用证的开证申请人的名称和地址。

（8）日期。一般来说，出单日期为发票日期。

（9）商品名称和规格。除非另有规定，否则商品名称和规格必须与信用证、合同一致。不同规格、不同价格的货物应分别详细列出。

（10）数量、包装、毛重、净重、尺码。

（11）合计。在此栏注明数量、毛重、净重、尺码的累积总数。

（12）出票人签章。应与发票相同。

以上是装箱单制作的基本内容，装箱单参考格式如样单 1 – 5 – 12 所示。

【样单 1 – 5 – 12】

××贸易有限公司

××TRADING CO.，LTD.

装　箱　单

PACKING LIST

TO: _____　　　　INVOICE NO. : _____

INVOICE DATE: _____

S/C NO. : _____

MARKS	DESCRIPTION OF GOODS & SPECIFICATION	QUANTITY	PACKAGE	G. W.	N. W.	MEAS.
TOTAL						

AUTHORIZED SIGNATURE（S）:

任务实施

上述我们介绍了各类进出口单证的样式、填制规范以及在填制时应注意的问题，下面结合这些知识，我们来协助山东风华物流有限公司的操作人员完成出口报关单证的填制。

根据山东风华物流有限公司与山东艺佳纺织品进出口公司签订的合同，山东风华物流有限公司代理山东艺佳纺织品进出口公司申请报关。

（1）山东艺佳纺织品进出口公司将报关所需的报关委托书（略）、外销合同（略）、加拿大纺织品出口许可证（略）、报关产品相关信息、商业发票（见样单 1－5－13）、装箱单（见样单 1－5－14）提供给山东风华物流有限公司。

（2）山东风华物流有限公司根据山东艺佳纺织品进出口公司提供的资料，登录"互联网＋海关"全国一体化在线政务服务平台（平台网址：http：//online. customs. gov. cn）向隶属海关报关。具体如样单 1－5－15 所示。

（3）山东风华物流有限公司代理打印纸质报关单，接受现场审核并代为缴纳税费。

【样单 1－5－13】

商业发票

YIJIA TEXTILES IMPORT AND EXPORT CORP．，LTD.

ADD：11 NORTH YUNNAN ROAD SHANDONG 210009，CHINA

FAX：（0532）83338888 TEL：（0532）83338889 TLX：33223INTIE CN

COMMERCIAL   INVOICE

TO：Tallmans（Canada）Ltd.　　　　　　　　　INVOICE NO. NBF2218S12M0016

060 Sanve St. West Montreal，Quebec H5L 1Z3 CA　　S/C NO. 13NTKB5201

BY L/C AT SIGHT L/C NO.　　　　　　　　　　EXP REF NO. 82/7067115

BMT0712198IM　　　　　　　　　　　　　　DATE：JUL 16 2020

MARKS	DESCRIPTION OF GOODS	QUANTITY	UNIT PRICE	AMOUNT
Reitmans PO#/Dept# CTN NO. Montreal Canada style# Made In China	STYLE NO.：A03－18133F PO NO.：271390 BRAND：AE LADIES KNIT SWEATER 80% COTTON 20% NYLON	1105PCS	FOB USD 9.90/PC	SHANDONG USD10939.50
	STYLE NO.：A03－18010F PO NO.：271390 BRAND：AE LADIES KNIT SWEATER 70% RAYON 30% NYLON THIS SHIPMENT CONTAINS NO SOLID WOOD PACKING MATERIAL	1737PCS	USD 8.25/PC	USD14330.25
Total	114CTNS	2842PCS		USD25269.75

【样单 1 - 5 - 14】

装　箱　单

YIJIA TEXTILES IMPORT AND EXPORT CORP. , LTD.
ADD：11 NORTH YUNNAN ROAD SHANDONG 210009, CHINA
FAX：(0532) 83338888 TEL：(0532) 83338889 TLX：33223INTIE CN

PACKING LIST

PO#/Dept#

CTN NO.　　　　　　　　　　　　　　INVOICE NO. NBF2218S12M0016

Montreal Canada　　　　　　　　　　L/C NO. BMT0712198IM

style#

Made In China　　　　　　　　　　　S/C NO. 13NTKB5201

Dimensions：

G. W.　　　　　　　　　　　　　　　EXP REF NO. 82/7067115

N. W.

Total QTY：　　　　　　　　　　　　DATE：JUL 16 2020

DESCRIPTION OF GOODS	QUANTITY	PACKAGE	GR. WEIGHT (KGS)	NT. WEIGHT (KGS)
STYLE NO. ：A03 - 18133F PO NO. ：271390 BRAND：AE LADIES KNIT SWEATER 80% COTTON　20% NYLON	1105PCS	45CTNS	333. 00KGS	288. 00KGS
STYLE NO. ：A03 - 18010F PO NO. ：271390 BRAND：AE LADIES KNIT SWEATER 70% RAYON　30% NYLON	1737PCS	69CTNS	663. 000KGS	594. 00KGS
THIS SHIPMENT CONTAINS NO SOLID WOOD PACKING MATE-RIAL				
Total	2842PCS	114CTNS	996. 00KGS	882. 00KGS

YIJIA TEXTILES IMPORT AND EXPORT CORP. , LTD.

【样单 1 – 5 –15】

中华人民共和国海关出口货物报关单

预录入编号：　　　　　海关编号：

页码/总页数：

境内发货人 456321456897412563 山东艺佳纺织品进出口公司	出境关别 （4200） 山东青岛	出口日期	申报日期	备案号
境外收货人 Tallmans（Canada）Ltd.	运输方式 水路运输	运输工具名称 及航次号 HUAN QIU018 V. 1229E	提运单号 NKGP1207000240	
生产销售单位 456321456897412563 山东艺佳纺织品进出口公司	监管方式 （0110） 一般贸易	征免性质 （101） 一般征税	许可证号	
合同协议号 13NTKB5201	贸易国（地区） 加拿大	运抵国（地区） 加拿大	指运港 蒙特利尔（加 拿大）	离境口岸 山东青岛

包装种类 纸箱	件数 114	毛重 （千克） 996	净重 （千克） 882	成交 方式 （3）FOB	运费	保费	杂费

随附单证及编号
随附单证1：代理报关委托协议　随附单证2：合同；装箱单；发票

标记唛码及备注
N/M

项号及商品编号 原产国（地区）	商品名称及规格型号 最终目的国	数量及单位 境内货源地	单价/总价/币制 征免
1　6110200099 中国　加拿大 （CHN）（CAN）	女士针织衫非起绒套头 （37029）青岛其他	1105.00 件 照章征税	9.9/10939.5/美元 （80% 棉 20% 尼龙 无牌）
2　6110200099 中国　加拿大 （CHN）（CAN）	女士针织衫非起绒套头 （37029）青岛其他	1737.00 件 照章征税	8.25/14330.25/美元 （70% 人造丝 30% 尼龙 无牌）

特殊关系确认：否	价格影响确认：否		支付特许权使用费确认：否
自报自缴：是			

报关人员 报关人员证号 申报单位	电话	兹申明对以上内容如实申报， 承担依法纳税的责任	海关批注及签章

归纳总结

本任务的归纳总结如图 1 - 5 - 7 所示。

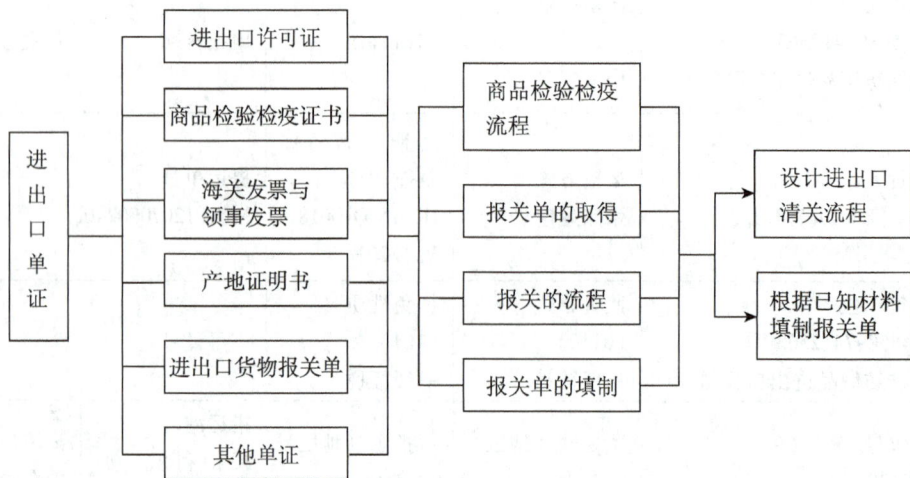

图 1 - 5 - 7　货物进出境单证取得与填制归纳总结

思考与训练

一、简答题

1. 进出口单证都有哪些？

2. 绘出报关的操作流程。

二、技能训练题

资料如下。上海长兴股份有限公司（SHANGHAI CHANGXING CO.，LTD.）地址为中山路 27 号，电话号码为 86 - 21 - 76348937，传真号码为 86 - 21 - 76348933，出口 200 桶润滑油（英文品名 LUBE），毛重 12 吨，净重 11 吨，通过海运出口日本，收货人为日本 JJK 有限公司（Japan JJK CO.，LTD.），合同号为 31SSG - 054，商业发票号为 TPS003843，商业发票日期为 2020 年 1 月 14 日，MODE NO.：SAE 5W - 50。

唛头填写如下。

Japan JJK CO.，LTD.

SAE 5W - 50

ORGIN：CHINA

任务：根据资料中的信息，制作一份装箱单。

评分标准：按教材中介绍的装箱单的内容，每项 10 分。

项目二 物流结算操作

内容简介

本项目主要介绍物流企业向其他企业提供物流服务时，双方进行服务费结算的方式与方法，主要包括国内物流结算、国际物流结算及网上物流结算的使用及具体业务操作，为物流企业进行货款结算提供指导。

任务一 认知物流结算

知识目标

- 了解物流结算的种类
- 了解物流结算的流程与结算方式

能力目标

- 能对物流结算有正确的认知

素质目标

- 增强爱岗敬业、精益求精的工匠精神，提升为党、为国和为企业服务的决心与能力

任务引入案例

甲公司派业务员 A 赴某县收购粮食，在与该县乙公司签订粮食买卖合同后，A 拟将甲公司作为收款人的汇票背书给乙公司，由于 A 和乙公司的业务员 B 不熟悉票据背书规则，于是 A、B 委托当地农行的工作人员 C 代为完成背书。C 将乙公司的公章盖在被背书人栏，将甲公司的公章盖在了背书人栏，并将汇票交给 B，之后乙公司又将该汇票背书给了丙公司，用以支付所欠的购货款。根据票据法律制度的规定，丙公司若持有该汇票提示付款，付款人应否付款？为什么？票据背书的绝对应记载事项是什么？

任务目标

能够正确认知物流结算。

任务分析

1. 掌握物流结算的含义与作用，了解物流结算的种类。
2. 了解物流结算的流程，正确选择结算方式。
3. 掌握票据的含义、当事人、票据行为。
4. 熟悉交易、结算等相关知识，具备敬业精神、良好的工作态度和责任心。

一、认知物流结算

（一）物流结算的含义与作用

结算一般是指对单位或个人在社会经济活动中因商品交易、劳务供应、资金调拨及其他款项往来而产生的债权债务关系进行清偿的行为。物流结算是指在物流活动过程中，通过使用结算工具及一定的结算方式，结清采购物资、货物运输、货物仓储、货物配送等环节发生的资金往来及货币给付的行为。

目前，随着社会商品化程度的增强，通过票据和结算凭证的转账结算成为物流企业结算的主要形式。这一结算形式有利于加强银行对企业资金的监督；有利于实现企业资金周转，提高资金效益；有利于维护交易双方的正当权益，及时结清款项。

（二）物流结算的种类

1. 国内物流结算

国内结算是指在中华人民共和国境内的当事人在社会经济活动中使用票据、信用卡、汇兑、托收承付、委托收款、国内信用证等结算方式进行货币给付及资金清算的行为。那么，国内物流结算是指在中华人民共和国境内的物流企业与另一方本国当事人通过一定的结算方式结清双方在物流活动中发生的交易款项的行为。

现行国内物流结算方式主要有汇票、本票、支票、信用卡、汇兑、委托收款、托收承付、国内信用证等。

2. 国际物流结算

国际结算一般是指对两个不同国家的当事人在社会经济活动中因商品交易、劳务供应、资金调拨及其他款项往来而产生的债权债务关系进行清偿的行为。国际物流结算一般是指对某物流企业与不同国家的当事人在物流经济活动中因提供服务、资金调拨及其他款项往来而产生的债权债务关系进行清偿的行为。

现行国际物流结算主要有汇款、托收、信用证三种基本方式。

二、物流结算的操作流程

国内物流结算较为简单，主要由商业银行这一中介机构代为完成。办理结算的单位、个人或其他组织可以在银行开立存款账户，账户内保留足够的结算资金；也可以直接向银行交付结算资金和相关费用，不需要在银行开立存款账户。按照银行的指示，缴纳一定的手续费后，可以快速地完成结算过程。

国际物流结算中，货款的结算主要由跟单员来完成。外贸跟单员对出口货物的跟单工作主要有接单、跟进生产、出货跟踪、制单结汇等。结汇是跟单的最后一个环节。信用证结算方式下，受益人只要提交符合规定的单据，就可以及时收到货款。

三、结算方式

两个企业之间进行资金的结算应选择一种合适的结算方式。国内企业发生交易，通常可以选择的结算方式有汇票、本票、支票、信用卡、汇兑、委托收款、托收承付及国内信用证等。企业合理选择结算方式有利于加速资金周转，抑制货款拖欠，防范风险。然而，从近几年的结算实践看，各种结算方式的推广使用不够均衡，如支票、银行汇票、汇兑及委托收款使用最多，银行承兑汇票、信用卡及托收承付的使用居其次，银行本票、商业承兑汇票使用较少。

国际结算方式是指以一定的条件实现国际货币收付的方式，主要包括汇款、托收、信用证和银行保函等。

四、票据结算知识

1. 票据及票据结算的含义

票据的概念有广义和狭义之分。

（1）广义的票据：是指商业上使用的各种记载一定文字、代表一定权利的书面凭证，如股票、债券、车船票、发票、提单、汇票、栈单、仓单、保单等。

（2）狭义的票据：是指《中华人民共和国票据法》（以下简称《票据法》）所规定的、由出票人签发的、具有一定格式的、约定自己或委托付款人在见票时或指定的日期向收款人或持票人无条件支付一定金额的可流通转让的有价证券，一般包括汇票、本票和支票。在我国，票据主要指狭义的票据，有银行汇票、银行承兑汇票、商业承兑汇票、银行本票和支票等几种类型。

那么，票据结算就是交易主体发生债权债务关系时采用票据来对债权、债务清偿和结算的行为。

2. 票据当事人

由于票据行为而产生了双方的债权债务关系，那么就形成了票据关系。在票据关系中，享有票据权利和承担票据义务的人为票据当事人，是票据法律关系的主体。在票据关系下，一般涉及以下两类票据当事人。

（1）基本当事人是指在发行票据时就已经存在的当事人，主要包括出票人、收款人和付款人。其中，出票人是指依法定方式签发票据并将票据交付给收款人的人。收款人是指票据正面记载的到期后有权收取票据所载金额的人。付款人是指由出票人委托付款或自行承担付款责任的人。他们是票据法律关系的必要主体。一旦这几类主体不完全或不存在，票据上的权利、义务关系就不能成立，票据也就成为无效票据。

（2）非基本当事人是指票据发行时并不存在，而在票据交付后通过一定的票据行为加入票据关系中的当事人，一般包括承兑人、背书人、保证人等。

3. 票据行为

（1）出票（Issue）是指出票人按照法定款式做成票据并将其交付给收款人的出票行为

（见图2－1－1）。由于现在各种票据都由一定机关印制，因而所谓"做成"只是在原始票据上记载法定事项并签章，即对票据的签发。交付票据是指将做成的票据交付给他人占用。要形成出票行为，二者缺一不可。

（2）背书（Endorsement）是指票据持有人将票据转让他人时，需在票据背面或者粘单上记载有关事项并签章的票据行为（见图2－1－2）。根据《票据法》的规定，以背书转让的票据，背书应当连续（见图2－1－3）。

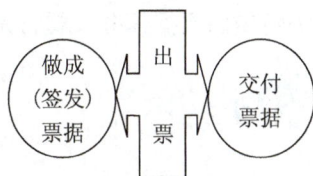

图2－1－1　出票行为

粘单

被背书人	被背书人	被背书人
背书人签章 年　月　日	背书人签章 年　月　日	背书人签章 年　月　日

图2－1－2　粘单

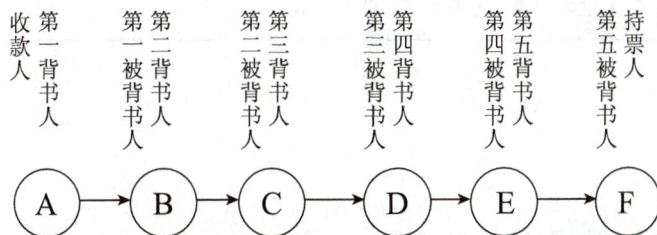

图2－1－3　背书的连续性

（3）承兑（Acceptance）是指票据的付款人在票据上记载一定的事项，以承诺在票据到期日向持票人支付票据金额的承兑行为（见图2－1－4）。

> 本汇票已经本单位/本行承兑，到期日无条件支付票款。
> 此致
>
> 　　　　　　　　承兑人签名/盖章
> 　　　　　　　年　　月　　日

图2－1－4　承兑行为

（4）保证（Guaranty）是指票据债务人以外的第三人通过在票据上记载一定的事项，为特定的票据债务人履行票据债务提供担保，对票据的债务承担保证责任的票据行为。

小知识

背书必须连续

（1）第一次背书的背书人永远是票据上记载的收款人。

（2）从第二次转让背书起，每次背书的背书人必须是前一次背书的被背书人。

（3）最后一次背书的被背书人永远是票据的最后持票人。

注意

承兑只为汇票的票据行为，且只有远期的商业汇票才有承兑行为，支票、本票和银行汇票无承兑行为。

注意

（1）保证为无条件保证，不得附有任何条件；

（2）有第三方保证须在票据上注明"保证"字样；

（3）如果票据上无"保证"字样，但票据正面出现了出票人和付款人之外的第三方的签字，此人即被视为保证人。

归纳总结

本任务的归纳总结如图2-1-5所示。

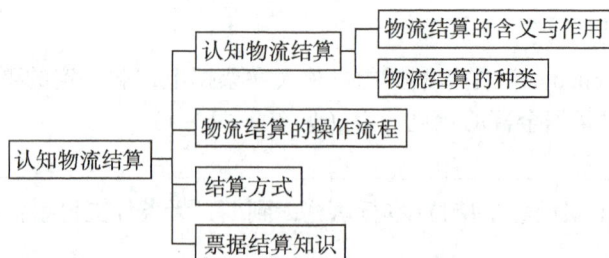

图2-1-5　认知物流结算归纳总结

思考与训练

一、选择题

1. 下列各项中，属于票据基本当事人的有（　　　）。

A. 出票人　　　　　B. 收款人　　　　　C. 付款人　　　　　D. 保证人

2. 票据行为包括（　　　）。

A. 出票　　　　　B. 背书　　　　　C. 承兑　　　　　D. 保证

3. 下列有关票据背书问题的表述，正确的有（　　　）。

A. 以背书转让的汇票，后手应当对其前手背书的真实性负责

B. 背书不得附有条件。背书时附有条件的，所附条件不具有汇票上的效力

C. 背书人在汇票上记载"不得转让"字样，其后手再背书转让的，原背书人对后手的被背书人不承担保证责任

D. 背书记载"委托收款"字样的，被背书人有权代背书人行使被委托的汇票权利。但是，被背书人不得再以背书转让汇票权利

二、思考题

不同物流结算方式有何异同？

任务二　国内物流结算

知识目标

- 熟悉国内物流结算的种类
- 掌握各类票据结算方式的流程及实际操作
- 掌握各类非票据结算方式的流程及实际操作
- 掌握基本的结算技能

能力目标

- 会运用所学的理论及业务知识进行实际的物流企业结算

素质目标

- 增强爱岗敬业、精益求精的工匠精神，提升为党、为国和为企业服务的决心与能力

任务引入案例

2020年2月10日，北京普源信息有限公司与山东风华物流有限公司签订了关于200箱AVAYB产品在中国的物流外包业务的合同。山东风华物流有限公司针对AVAYB项目的需求，提供以下业务流程模块：国际货运、报关业务、保险策略、仓库管理、订单执行、运输管理、客户终端服务。其中除"国际货运"和"报关业务"为国际物流作业外，其余模块均为国内物流作业。

国内物流段中，山东风华物流有限公司负责 AVAYB 产品的收货过程、仓储过程、出货过程。收货过程包括了从机场仓库提货到仓库上架完毕全过程，发生了如下费用：文件费、提货费、运费、进验费、上架费。收货过程合计费用为 11200 元（56 元/箱 × 200 箱）。仓储过程中主要使用立体货架和备件货位。仓储中还会涉及验收区的折旧费用。仓储过程合计费用为 20000 元（100 元/箱 × 200 箱）。出货过程包括了北京普源信息有限公司订单下达后的仓库分拣、制作配送单、出货送货，其间的费用包括配送单制作费、运费及中间费用（包括叉车装卸和第三地暂存等产生的费用）等。出货过程合计费用为 9000 元（45 元/箱 × 200 箱）。经计算，山东风华物流有限公司对 AVAYB 产品的收货、仓储、出货费用合计 40200 元。

山东风华物流有限公司收货、仓储、出货费用合计 40200 元，公司提供空运、汽运专运、零担汽运三种方式的物流服务，其中带机柜的产品的长途运输以汽运专运和空运为主要方式，备件产品长途以空运、零担汽运为主要方式。国内物流段中，山东风华物流有限公司为北京普源信息有限公司运输的产品包括数字产品机柜 32 箱、语音产品机柜 53 箱和备件 2420 件，运输费用总计 122231 元。

经协商，双方约定采用银行汇票的方式结算收货、仓储、出货费用（合计 40200 元），采用汇兑（电汇）的方式结算运输费用（总计 122231 元）。

任务目标

熟悉各种国内物流结算方式的主要业务流程，正确进行资金结算。

任务分析

1. 掌握各种国内物流结算方式的含义，并能合理有效地选择结算方式。
2. 掌握各种国内物流结算方式的流程。
3. 能够正确填制国内物流相关结算单证。

任务导读

根据我国现行政策与行规，国内物流结算一般采用以下方式进行。

一、汇票结算

汇票是出票人签发的，委托付款人在见票时或者在指定日期无条件支付确定的金额给收款人或者持票人的票据。汇票结算中有基本当事人和非基本当事人两类（见图 2 - 2 - 1）。

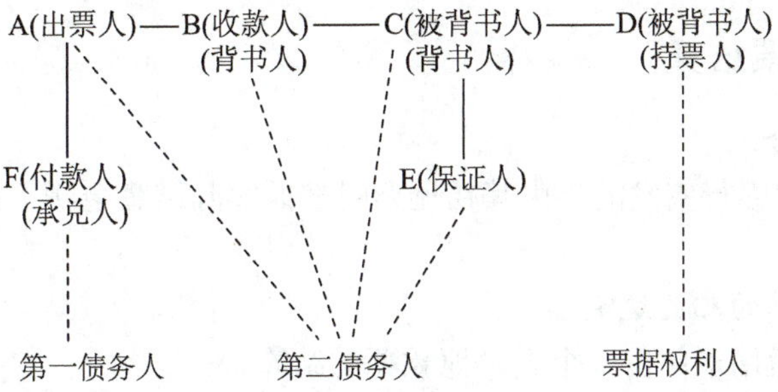

图 2 - 2 - 1　汇票的当事人

（一）汇票的内容

1. 绝对必要的记载项目

绝对必要的记载项目，属于汇票中缺一不可的项目，必须在汇票中注明。其主要有表明"汇票"的字样；无条件支付的命令或委托；确定的金额；付款人名称；收款人名称；出票日期；出票人签章。

汇票上欠缺上列记载事项之一的，汇票无效。

2. 相对必要的记载项目

相对必要的记载项目，属于汇票中十分重要的项目，一般都需在汇票中注明。其主要有出票地点；付款地点；付款期限。

未在汇票上记载上列事项的，由法律另作相应规定予以明确，并不影响票据的效力。

> **注意**
> （1）无出票地点者为出票人营业地、住所或常居地；
> （2）无付款地点者为付款人营业地、住所或常居地；
> （3）无付款期限者为见票即付。

（二）汇票的种类

（1）按出票人不同，汇票分为银行汇票和商业汇票。银行汇票为银行签发的汇票；商业汇票为银行或其他金融机构以外的单位和个人签发的汇票。

（2）按承兑人不同，汇票分为银行承兑汇票和商业承兑汇票。银行承兑汇票为银行承兑的汇票；商业承兑汇票为银行或其他金融机构以外的单位和个人承兑的汇票。二者都属于远期的商业汇票。

（3）按是否有货运单据，汇票分为跟单汇票和光票汇票。跟单汇票为附带货运单据的汇票；光票汇票为不附带货运单据的汇票。

（4）按付款期限不同，汇票分为即期汇票和远期汇票。即期汇票为持票人提示即由付款人立即付款的汇票；远期汇票为一定时期或特定期限由付款人付款的汇票。

（三）银行汇票结算

1. 银行汇票的含义

银行汇票是出票银行签发的，由其在见票时按照实际结算金额无条件支付给收款人或者持票人的票据。

2. 银行汇票结算的相关规定

（1）银行汇票适用于单位或个人异地款项的结算。

（2）银行汇票可以用于转账，填明"现金"字样的银行汇票也可以用于支取现金。

> **注意**
> 只有申请人和收款人均为个人时，才能签发带有"现金"字样的银行汇票。

（3）签发银行汇票必须记载：表明"银行汇票"的字样、无条件支付的承诺、出票金额、付款人名称、收款人名称、出票日期、出票人签章。

（4）银行汇票的提示付款期限自出票日起1个月，持票人超过付款期限提示付款的，代理付款银行不予受理。

（5）银行汇票的实际结算金额低于出票金额的，其多余金额由出票银行退交给申请人。

3. 银行汇票结算的业务流程（见图2-2-2）

（1）申请人向开户银行申请签发银行汇票。

（2）申请人开户银行审核后签发银行汇票。

（3）申请人持银行汇票前往异地结算。

（4）收款人提示收款人开户银行付款。

（5）收款人开户银行代理付款入账。

（6）银行间资金清算。

（7）结清汇票票款，退回多余款项。

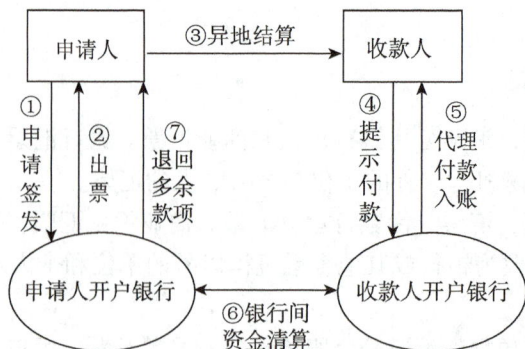

图2-2-2　银行汇票结算的业务流程

4. 银行汇票结算单证

（1）银行汇票申请书一式三联。企业采用银行汇票方式结算时，首先需要向开户银行提出申请,此时需要填写银行汇票申请书。在银行汇票申请书上,申请人要详细填明申请人名称、申请人账号或住址、用途、汇票金额、收款人名称、收款人账号或住址、代理付款行等各项内容,并将款项交存银行。

　　银行汇票申请书一式三联。第一联为存根联,由申请人或汇款人留存,作为记账依据;第二联为借方凭证联,由出票行留存,作为支款凭证;第三联为贷方凭证联,由出票行留存,作为收入凭证。第一联具体格式如样单2－2－1所示。

　　【样单2－2－1】

中国××银行汇票申请书（存根）　1

申请日期　　年　月　日　　　　　第　号

申请人		收款人		此联申请人留存
账号或住址		账号或住址		
用途		代理付款行		
汇票金额	人民币（大写）		千 百 十 万 千 百 十 元 角 分	
备注		科目＿＿＿＿＿＿＿＿＿＿＿ 对方科目＿＿＿＿＿＿＿＿＿ 财务主管　　　复核　　　经办		

　　(2) 银行汇票一式四联。开户银行认真审核银行汇票申请书填写的内容没有错误后,收妥企业交存的款项,签发银行汇票。

　　银行汇票一式四联。第一联为卡片联,由签发行结清银行汇票时作汇出汇款付出传票;第二联为银行汇票正联;第三联为解讫通知联,兑付行兑付后随报单寄签发行,由签发行作余款收入传票;第四联为多余款项通知联,签发行结清票款后交汇款人。第二联具体格式如样单2－2－2所示。

　　【样单2－2－2】

　　(3) 进账单一式三联。银行进账单是收款人将汇票款项存入其开户银行的凭证,也是银行将汇票款项记入收款人账户的凭证。持票人填写银行进账单时,必须清楚地填写票据种类、票据张数、收款人名称、收款人开户银行及账号、付款人名称、付款人开户银行及账号、票据金额等栏目，并连同相关票据一并交给银行经办人员。

银行进账单一式三联。第一联为回单联，是收款人开户银行交给收款人的回单；第二联为贷方凭证联，由收款人开户银行作贷方凭证；第三联为收账通知联，是收款人开户银行交给收款人的收账通知。第一联具体格式如样单2-2-3所示。

【样单2-2-3】

中国××银行　　**进账单**　　（回单）　　**1**

年　　月　　日　　　　第　　号

付款人	全称		收款人	全称										
	账号			账号										
	开户银行			开户银行										
人民币（大写）					千	百	十	万	千	百	十	元	角	分
票据种类														
票据张数														
单位主管　　　会计			收款人开户银行签章											
复　核　　　　记账														

此联是收款人开户银行交给收款人的回单

（四）银行承兑汇票结算

银行承兑汇票属于商业汇票的一种。商业汇票是出票人签发的，委托付款人在指定日期无条件支付确定的金额给收款人或者持票人的票据。按照承兑人的不同，商业汇票分为商业承兑汇票和银行承兑汇票。商业承兑汇票由银行和其他金融机构以外的付款人承兑；银行承兑汇票由银行承兑。承兑人为商业汇票的付款人。

> **注意**
>
> 商业汇票的结算不适用于自然人，必须是在银行开立存款账户的法人及其他组织之间，且必须具有真实的交易关系或债权债务关系才能使用。

1. 银行承兑汇票的含义

银行承兑汇票是指由付款人（或承兑申请人）签发，并由付款人（或承兑申请人）向其开户银行申请承兑，经开户银行审查同意承担承兑责任的商业汇票。

2. 银行承兑汇票结算的相关规定

（1）银行承兑汇票的签发主要由在承兑银行开立存款账户的法人及其他组织完成，且汇票必须经过承兑银行承兑才具有法律效力。

（2）银行承兑汇票的承兑银行与出票人正式建立委托付款关系后，承兑银行应按票面金额向出票人收取万分之五的手续费，不足 10 元的按 10 元计。

（3）签发银行承兑汇票必须记载：表明"银行承兑汇票"的字样、无条件支付的委托、确定的金额、付款人名称、收款人名称、出票日期、出票人签章。

（4）银行承兑汇票每张票面金额最高达 1000 万元整（含 1000 万元）。

3. 银行承兑汇票结算的业务流程（见图 2-2-3）

（1）出票人出票并向开户银行申请承兑。

（2）出票人开户银行审查后承兑。

（3）出票人持银行承兑汇票办理结算（交付汇票）。

（4）收款人向其开户银行提示付款。

（5）收款人开户银行向出票人开户银行发出委托收款凭证。

（6）出票人交存票款至开户银行。

（7）出票人开户银行承付货款给收款人开户银行。

（8）收款人开户银行将款项收妥并通知收款入账。

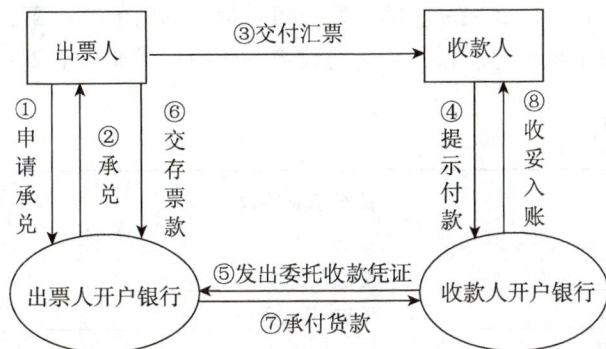

图 2-2-3　银行承兑汇票结算的业务流程

4. 银行承兑汇票结算时使用的单据及凭证

（1）银行承兑汇票一式三联。买卖双方约定采用银行承兑汇票结算时，首先应由出票人签发并由银行承兑该汇票。

银行承兑汇票一式三联。第一联为卡片联，由承兑银行支付票款时作付出传票；第二联由收款人开户银行向承兑银行收取票款时作付出传票；第三联为存根联，由签发单位编制有关凭证。第二联具体格式如样单 2-2-4 所示。

（2）银行承兑协议。买卖双方约定采用银行承兑汇票结算时，承兑人主要为银行。银行一经承兑就必须承担到期付款的责任。因此，银行会对承兑汇票的申请人进行严格审查，决定是否承兑。审查合格后，银行会与汇票的申请人签订银行承兑协议。银行承兑协议中主要是汇票的基本内容和汇票经银行承兑后承兑申请人应遵守的基本条款。待银行审核完毕之后，在银行承兑协议上加盖银行公章或合同章，在银行承兑汇票上加盖汇票专用章，并至少加盖一个经办人私章。

【样单 2 - 2 - 4】

银行承兑协议一般为一式三联。第一联由银行信贷部门留存；第二联由银行会计部门留存；第三联由付款单位留存。银行承兑协议第一联的格式如样单 2 - 2 - 5 所示。

【样单 2 - 2 - 5】

```
                      银行承兑协议      1         编号：_____

银行承兑汇票内容：
    出票人全称_____      收款人全称_____
    开 户 银 行_____      开 户 银 行_____
    账       号_____      账       号_____
    汇票号码_____          汇票金额（大写）_____
    出票日期_____年___月___日      到期日_____年___月___日
以上汇票经银行承兑，出票人愿遵守《支付结算办法》的规定及下列条款：
    一、出票人于汇票到期日前将应付票款足额交存承兑银行。
    二、承兑手续费按票面金额的万分之五计算，在银行承兑时一次付清。
    三、出票人与持票人如发生任何交易纠纷，均由其双方自行处理，票款于到期前仍按第一条办理不误。
    四、承兑汇票到期日，承兑银行凭票无条件支付票款。如到期日之前出票人不能足额交付票款时，承兑银行对不足部分的票款转作出票申请人逾期贷款，并按照有关规定计收罚息。
    五、承兑汇票款付清后，本协议自动失效。


承兑银行签章                            出票人签章
                                       订立承兑协议日期___年___月___日


• 此联出票人存执一联，在"银行承兑协议"之后，第二联加印 2，第三联加印（副本）字样
```

（3）委托收款凭证一式五联。采用银行承兑汇票结算时，对即将到期的汇票，收款人会提示其开户银行付款，收款人开户银行代理付款后，会与承兑银行传递委托收款凭证，

办理结算。

根据划回款项的方式不同，委托收款分为邮划和电划。采取邮寄方式划转款项的，应填制邮划委托收款凭证。邮划委托收款凭证一式五联，第一联回单，第二联贷方凭证，第三联借方凭证，第四联收账通知，第五联付款通知。采取电报方式划转款项的，应填制电划委托收款凭证。电划委托收款凭证一式五联，第一联回单，第二联贷方凭证，第三联借方凭证，第四联发电依据，第五联付款通知。

邮划委托收款凭证第一联如样单2-2-6所示，电划委托收款凭证第一联如样单2-2-7所示。

【样单2-2-6】

委托收款凭证（回单）　　1

委托号码　第　　号

委邮　　委托日期　　年　月　日

付款人	全称			收款人	全称											此联收款人开户银行给收款人的回单
	账号或地址				账号											
	开户银行		行号		开户银行					行号						
委托金额	人民币（大写）					千	百	十	万	千	百	十	元	角	分	
款项内容			委托收款凭据名称					附寄单证张数								
备注：			款项收妥日期　　年　月　日					收款人开户银行盖章　　年　月　日								

单位主管　　　　会计　　　　复核　　　　记账

【样单2-2-7】

委托收款凭证（回单）　　1

委托号码　第　　号

委电　　委托日期　　年　月　日

付款人	全称			收款人	全称											此联收款人开户银行给收款人的回单
	账号或地址				账号											
	开户银行		行号		开户银行					行号						
委托金额	人民币（大写）					千	百	十	万	千	百	十	元	角	分	
款项内容			委托收款凭据名称					附寄单证张数								
备注：			款项收妥日期　　年　月　日					收款人开户银行盖章　　年　月　日								

单位主管　　　　会计　　　　复核　　　　记账

（五）商业承兑汇票结算

1. 商业承兑汇票的含义

商业承兑汇票是指由付款人签发并承兑，或者由收款人签发交由付款人承兑的商业汇票。

2. 商业承兑汇票结算的相关规定

（1）商业承兑汇票可以由付款人签发，也可以由收款人签发，最终交由付款人承兑。

（2）签发商业承兑汇票必须记载：表明"商业承兑汇票"的字样、无条件支付的委托、确定的金额、付款人名称、收款人名称、出票日期、出票人签章。

3. 商业承兑汇票结算的业务流程（见图2-2-4）

（1）出票人签发、承兑人承兑，并将承兑后的商业承兑汇票交付收款人。

（2）收款人委托其开户银行收款。

（3）收款人开户银行向承兑人开户银行传送委托收款凭证。

（4）承兑人开户银行通知承兑人付款。

（5）承兑人付款。

（6）承兑人开户银行划拨汇票票款给收款人开户银行。

（7）收款人开户银行将票款收妥并通知收款人入账。

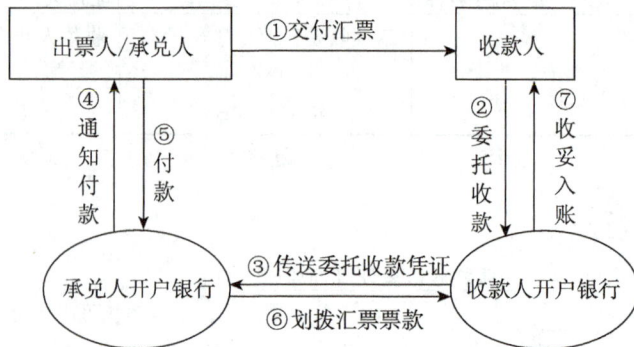

图2-2-4　商业承兑汇票结算的业务流程

4. 商业承兑汇票结算时使用的单据及凭证

（1）商业承兑汇票一式三联。买卖双方约定采用商业承兑汇票方式结算时，第一步就是出票人出票，承兑人承兑，然后将票据交付给收款人。

商业承兑汇票一式三联。第一联为卡片联，由承兑人（付款人）留存；第二联为商业承兑汇票正联，由收款人开户银行随托收凭证寄付款人开户银行作借方凭证附件；第三联为存根联，由签发人留存。第二联具体格式如样单2-2-8所示。

【样单2-2-8】

（2）委托收款凭证一式五联。采用商业承兑汇票结算时，收款单位应将到期的商业承兑汇票连同填制的邮划委托收款凭证或电划委托收款凭证一并送交银行办理收款，在收到银行的收账通知时，编制委托收款凭证。委托收款凭证第一联格式如样单2-2-6、样单2-2-7所示。

二、本票结算

本票是出票人签发的、承诺自己在见票时无条件支付确定金额给收款人或持票人的票据。按其出票人不同，本票可以分为银行本票和商业本票。银行或其他金融机构签发的本票为银行本票。银行或其他金融机构以外的法人或自然人签发的本票为商业本票。我国结算时所用本票主要指银行本票，即是由银行或其他金融机构签发的，承诺自己在见票时无条件支付确定的金额给收款人或者持票人的票据。

（一）银行本票的内容

签发银行本票必须记载以下必要事项。

（1）表明"银行本票"的字样。

（2）无条件支付的承诺。

（3）确定的金额。

（4）收款人名称。

（5）出票日期。

（6）出票人签章。

银行本票上欠缺上列记载事项之一的，票据无效。

（二）银行本票结算的相关规定

（1）银行本票由银行签发且见票即无条件支付，信用度高。

（2）银行本票适用于单位或个人在同一票据交换区域支付款项时结算。

（3）银行本票有定额本票和不定额本票两种，其中定额本票的面额分别为 1000 元、5000 元、10000 元和 50000 元。

（4）银行本票可以用于转账，也可以用于提取现金。但是，用于提取现金的必须在银行本票上注明"现金"字样。

> **注意**
> 只有申请人和收款人均为个人时，才能签发带有"现金"字样的银行本票。

（5）银行本票的提示付款期限自出票日起最长不得超过 2 个月。

（三）银行本票结算的业务流程（见图 2-2-5）

（1）申请人向开户银行申请签发银行本票。

（2）申请人开户银行审查后签发银行本票。

（3）申请人将银行本票交付收款人。

（4）收款人向其开户银行出示本票，要求付款。

（5）收款人开户银行代理付款入账。

（6）银行间资金清算。

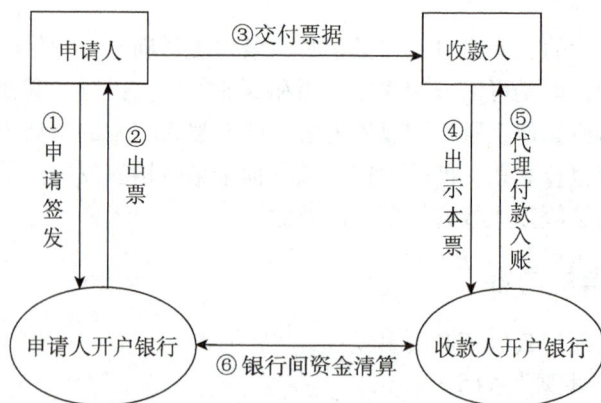

图 2-2-5　银行本票结算的业务流程

（四）银行本票结算时使用的单据及凭证

1. 银行本票申请书一式三联

和银行汇票结算一样，采用银行本票结算，申请人也需要向银行填写银行本票申请书。申请人需在申请书中填明申请人名称、账号或住址、收款人名称、账号或住址、本票金额、用途、申请日期等事项并签章。申请人和收款人均为个人，需要支取现金的，应在本票金额栏先填写"现金"字样，后填写金额。申请人或收款人为单位的，不得申请签发现金银行本票。

银行本票申请书一式三联：第一联为存根联，由申请人留存；第二联由出票银行作为借方凭证；第三联由出票银行作为贷方凭证。第一联具体格式如样单2-2-9所示。

【样单2-2-9】

××银行本票申请书（存根）　1

申请日期　　年　　月　　日　　　　　　　第　　号

申请人		收款人	
账号或住址		账号或住址	
用途		代理付款行	
本票金额	人民币（大写）	千 百 十 万 千 百 十 元 角 分	
备注			此联申请人留存
	申请人签单	财务主管　　复核　　经办	

2. 银行本票

出票银行对申请人审查后，会签发银行本票，银行本票有定额本票和不定额本票之分。

银行本票一般有两联。第一联由出票行留存，结清本票时作借方凭证附件；第二联由出票行结清本票时作借方凭证。第二联具体格式如样单2-2-10所示。

【样单2-2-10】

交通银行 本票 2 00000000 00000000

提示付款期限自出票之日起贰个月

出票日期（大写） 年 月 日

收款人： 申请人：

凭票即付 人民币（大写）　　　　　　　　　　　　　亿 千 百 十 万 千 百 十 元 角 分

☐转账 ☐现金

密押

行号

备注　　　　出票行签章　　　　出纳　　　复核　　　经办

三、支票结算

支票是出票人签发的，委托办理支票存款业务的银行在见票时无条件支付确定的金额给收款人或者持票人的票据。

支票主要有三大类：一是现金支票，支票上印有"现金"字样的为现金支票，只能用于提取现金；二是转账支票，支票上印有"转账"字样的为转账支票，只能用于转账；三是普通支票，支票上未印有"现金"或"转账"字样的为普通支票，可以用于提取现金或转账。

但是，如果普通支票左上角有两条平行线，即为划线支票。这种划线支票不得提现，只能用于转账结算。

（一）支票的内容

1. 支票必须记载的事项

（1）表明"支票"的字样。

（2）无条件支付的委托。

（3）确定的金额。

（4）付款人（出票人开户银行）名称。

（5）出票日期。

（6）出票人签章。

支票上欠缺上列记载事项之一的，票据无效。

2. 支票相对记载的事项

（1）出票地。

（2）付款地。

支票上欠缺上列记载事项时，票据仍然有效。其中，未记载出票地的支票，以出票人的营业场所、住所或者经常居住地为出票地。未记载付款地的支票，以付款人（出票人开户银行）的营业场所为付款地。

3. 授权补记的事项

支票的金额、收款人名称，可以由出票人授权补记。未补记前不得背书转让和提示付款。

（二）支票结算的相关规定

（1）支票适用于单位或个人在同一票据交换区域支付款项时结算。

（2）签发支票应使用碳素墨水或墨汁填写，中国人民银行另有规定的除外，且填写必须规范、准确。

（3）禁止出票人签发空头支票。

（4）支票的提示付款期限自出票日起10日。

（5）出票人在付款人处的存款足以支付支票金额时，付款人应在见票当日足额付款。

小知识

空头支票≠空白支票

空白支票是指单位签发的没有填写收款人名称，没有付款日期，没有付款金额，但已经加盖了印鉴的支票，有时也包括未经签章的支票。只有无法提前确定收款人或收款金额的情况下才会使用空白支票。

空头支票是指出票人签发的支票票面金额，超过其付款时在付款人处实有的存款金额而不能生效的支票。签发空头支票是套用银行信用，破坏结算纪律的行为，在我国，签发空头支票需要承担法律责任。

（三）支票结算的业务流程

1. 借记支票结算的业务流程（见图2-2-6）

（1）出票人交存款项、开出支票。

（2）出票人将支票交给收款人。

（3）收款人向其开户银行送交支票要求付款。

（4）付款人开户银行与收款人开户银行之间清算资金。

（5）收款人开户银行收妥款项并通知收款人款项入账。

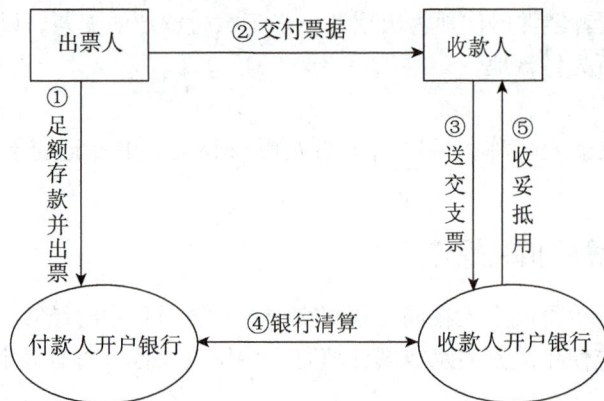

图2-2-6　借记支票结算的业务流程

2. 贷记支票结算的业务流程（见图2-2-7）

（1）出票人开出支票后提示其开户银行付款。

（2）付款人开户银行与收款人开户银行之间清算资金。

（3）收款人开户银行收妥款项并通知收款人款项入账。

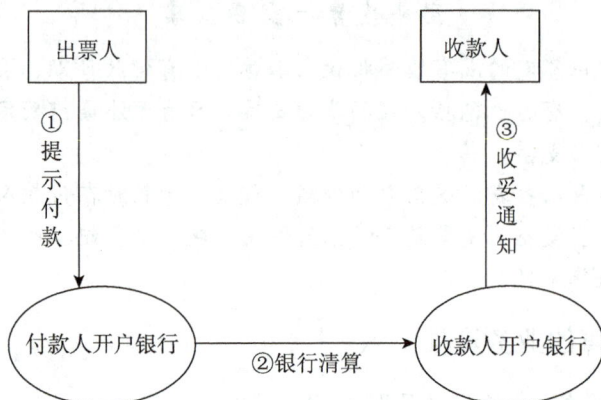

图2-2-7　贷记支票结算的业务流程

小知识

借记支票和贷记支票

借记支票：持票人或收款人向收款人开户银行提示付款的支票。

贷记支票：出票人或付款人向付款人开户银行提示付款的支票。

（四）支票结算的特点

支票是我国长期使用的票据和最基本的同城结算方式，主要具有简便、灵活、迅速和可靠的特点。

1. 简便

这主要是指使用支票办理结算手续非常简便。只要付款人在其开户银行有足够的存款，他就可以签发支票给收款人，银行凭支票就可以办理款项的划拨或现金的支付。

2. 灵活

这主要体现在两方面：一是指借记支票和贷记支票的灵活性，按照规定，借记支票可以由付款人向收款人签发，收款人向其开户银行提示支票办理结算，贷记支票也可以由付款人出票，委托银行主动付款给收款人；二是指转账支票的灵活性，它可以在指定的城市中背书转让。

3. 迅速

这主要是指使用支票办理结算时，收款人可以很快收到款项。如果使用转账支票，收款人将转账支票和进账单送交银行，一般当日或次日即可入账，而如果使用现金支票，收款人当时即可取得现金。

4. 可靠

这主要是因为目前各大银行严禁签发空头支票，使用支票结算的单位必须在银行存款余额内签发支票，因而收款人凭支票收取款项的把握性较大，得不到支付款项的情况较少。

（五）支票结算时使用的单据及凭证

买卖双方采用支票结算时，通常手续非常简便，签发支票是第一步，签发的支票有现金支票、转账支票和普通支票三种。现金支票的格式如样单 2 - 2 - 11 所示，转账支票的格式如样单 2 - 2 - 12 所示。

【样单 2 - 2 - 11】

【样单2-2-12】

银行汇票、商业汇票、银行本票和支票的区别与联系如表2-2-1所示。

表2-2-1　银行汇票、商业汇票、银行本票和支票的区别与联系

票据种类	适用地域	出票人	提示付款期	金额限制	用途
银行汇票	异地	银行	出票日起1个月	无金额限制	可用于转账，填明"现金"字样的也可提现
商业汇票	异地、同城	单位	汇票到期日起10日	银行承兑汇票每张票面最高为1000万元（含）	转账、提现
银行本票	同一票据交换区域	银行	出票日起最长不得超过2个月	定额本票为1000元、5000元、10000元、50000元	可用于转账，填明"现金"字样的也可提现
支票	同一票据交换区域	单位、个人	出票日起10日内	无金额限制	普通支票可用于提现，也可用于转账

四、信用卡结算

（一）信用卡结算的含义及特点

信用卡是商业银行向信誉良好的单位、个人发行的，能在指定的银行提取现金，或在指定的商店、饭店、宾馆等特约单位消费和享受劳务时进行结算的一种具有消费信用的特制卡片。其基本形式是一张正面有发卡银行名称、卡名、卡号、持卡人姓名、有效期和防伪标志，背面有信息磁条和签名条等内容的卡片。

使用信用卡结算非常方便，信用卡不仅适用于同城结算，还适用于异地的各类结算，它可以代替票据执行结算功能。当持卡人的信用卡内资金不足时，持卡人还可以在一定限度内善意透支。

近年来，随着信用卡业务的发展，可供选择的信用卡种类更加多样，功能更加齐全。信用卡按使用对象可以分为单位卡和个人卡；按信誉等级可以分为金卡和普通卡等；按照信用卡的从属关系又可以分为主卡和附属卡；按是否向发卡银行交存备用金可以分为贷记卡和准贷记卡等。

小知识

银行卡的种类

按是否具有透支功能，银行卡可分为借记卡和信用卡。

（1）借记卡。借记卡是指先存款后消费（或取现），没有透支功能的银行卡。消费或取现时资金直接从储蓄账户划出。按功能不同，借记卡分为转账卡（含储蓄卡）、专用卡和储值卡。

（2）信用卡。按是否向发卡银行交存备用金，信用卡可分为贷记卡和准贷记卡。贷记卡是指发卡银行给予持卡人一定的信用额度，持卡人可在信用额度内先消费，后还款的信用卡。准贷记卡是指持卡人须先按发卡银行的要求交存一定金额的备用金，当备用金账户金额不足以支付时，可在发卡银行规定的信用额度内透支的信用卡。

（二）信用卡结算的相关规定

（1）申领单位卡的企业必须是在中国境内金融机构开立基本存款账户的单位。企业可以申领若干张单位卡。

（2）企业需要办理信用卡的，应先向发卡银行提出申请，填写信用卡申请书，经银行审查符合条件后，企业交存信用卡备用金和手续费，银行为申请人开立信用卡存款账户，发放信用卡。

（3）单位卡账户的资金一律从其基本存款账户转账存入，不得交存现金，不得将销售货物取得的收入款项存入其单位卡账户。

（4）企业采用单位卡进行商品、劳务交易的结算金额不得超过10万元，且不得提取现金。

（5）企业如不需要继续使用信用卡结算时，可持信用卡到发卡银行办理销户，银行应把单位卡账户存款余额转入其基本存款账户。

（三）信用卡结算的业务流程

（1）企业申请领用单位卡。

（2）发卡银行发给企业单位卡。

（3）企业采用信用卡办理结算。企业用信用卡办理结算的步骤如下。

①企业在单位卡特约单位购物消费。

②企业用单位卡办理结算，刷卡、输入密码后，在签购单上签字。

③特约单位审核签购单上的签名和信用卡背面的签名，审核无误后将签购单回单联和信用卡交给办理结算的企业。

④特约单位开户银行向特约单位付款，即自动将款项划转至特约单位账户。

⑤单位卡发卡银行审核各项内容，无误后办理款项的划转。

⑥单位卡发卡银行每月向企业寄送对账单，发送付款通知。

⑦企业向单位卡发卡银行归还消费款项。

（4）单位注销信用卡。

小知识

我国四大国有商业银行发行的信用卡

中国工商银行：牡丹卡。

中国银行：长城卡。

中国农业银行：金穗卡。

中国建设银行：龙卡。

五、汇兑结算

（一）汇兑结算的含义及特点

汇兑结算，简称"汇兑"，是汇款人委托银行将其款项支付给收款人的结算方式。作为一种传统的结算方式，汇兑结算便于汇款人向收款人主动汇款，具有结算手续简便、结算方式灵活且没有金额起点限制等特点。单位和个人各种款项的结算，均可使用汇兑结算。

汇兑因汇款方式的不同可分为信汇和电汇两种。目前用得最多的是电汇。

（二）汇兑结算凭证的内容

汇款人委托银行办理汇兑结算，应向汇出银行填写信汇或电汇凭证。签发汇兑凭证时，必须记载以下必要事项。

（1）表明"信汇"或"电汇"的字样。

（2）无条件支付的委托。

（3）确定的金额。

（4）收款人名称。

（5）汇款人名称。

（6）汇入地点、汇入行名称。

（7）汇出地点、汇出行名称。

（8）委托日期。

汇兑结算凭证上欠缺上列记载事项之一的，银行不予受理。

（三）汇兑结算的业务流程（见图 2 - 2 - 8）

（1）汇款人委托其开户银行汇款。

（2）汇款人开户银行审核后受理汇款，并向汇款人签发汇款回单。

（3）汇款人开户银行将款项划转给收款人开户银行。

（4）收款人开户银行将款项汇入收款人的账户并通知收款。

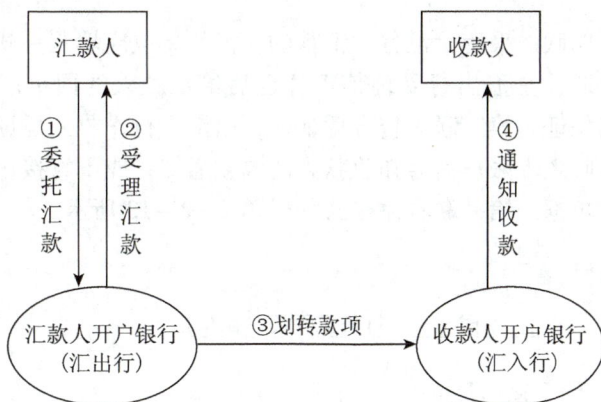

图 2 - 2 - 8　汇兑结算的业务流程

（四）退汇

1. 退汇的含义

汇出行已经汇出，但汇入行尚未将汇款解付给收款人时，这笔汇款可以在汇款人申请或汇入行的要求下退回给汇款人，即为退汇。

2. 退汇的两种情况

（1）汇款人申请退汇。汇款人对汇出行已经汇出的款项可以申请退汇。只有汇款人与收款人达成退款协议，或经汇入行核实汇款确未支付出，才可以办理退汇的。办理退汇的流程如下。

①汇款人向汇出行申请办理退汇。

②汇出行受理退汇申请。

③汇出行将退汇通知书交给汇入行。

④汇入行办理退汇。

⑤汇入行将汇款退回给汇出行。

⑥汇出行将款项打入原汇款人账户。

（2）汇入行主动退汇。当汇入行无法将款项寄给收款人时，汇入行可以主动退汇。汇入行无法将款项寄给收款人的原因主要有：收款人拒绝接收汇款；汇入行向收款人发出取款通知，因某些原因，收款人在 2 个月内或规定的期限内不来取款。这时的退汇手续较为简单。首先，汇入行办理退汇，将款项划转给汇出行；然后，汇出行将款项入账原汇款人的账户并通知入账。

（五）汇兑结算时使用的单据及凭证

买卖双方货款结算采用汇兑的方式时，汇款人需填写汇兑凭证，持凭证提交开户银行办理汇款。因汇款的方式不同，汇兑结算分为信汇和电汇。

汇款人委托银行办理汇兑时，应填写信汇或电汇凭证，详细填明汇入地点、汇入行名称、收款人名称、汇款金额、汇款用途等各项内容，并在信汇凭证或电汇凭证第二联上加盖预留银行印鉴。

①信汇凭证一式四联。采用信汇方式汇款的，汇款单位应填制一式四联信汇凭证。信汇凭证第一联为回单联，是汇出行受理信汇凭证后给汇款人的回单；第二联为借方凭证联，由汇出行作支出凭证；第三联为贷方凭证联，由汇入行作收入凭证；第四联为收账通知联，是在直接记入收款人账户后通知收款人的收款通知，或不直接记入收款人账户时收款人凭以领取款项的单据。第一联具体格式如样单2－2－13所示。

【样单2－2－13】

中国××银行信汇凭证（回单）　　**1**

第　　号

委托日期　　年　月　日

汇款人	全称					收款人	全称					此联是汇出行给汇款人的回单
	账号或地址						账号或地址					
	汇出地点	省	市县	汇出行名称			汇入地点	省	市县	汇入行名称		

金额	人民币（大写）		千	百	十	万	千	百	十	元	角	分

汇款用途	汇出行盖章
上列款项已根据委托办理，如需查询，请持此回单来行面洽 　单位主管　　会计　　复核　　记账	年　月　日

②电汇凭证一式三联。采用电汇方式汇款的，汇款单位应填制一式三联电汇凭证。第一联为回单联，是汇出给汇款人的回单；第二联为借方凭证联，为汇出行办理转账付款的支出凭证；第三联为发电依据联，由汇入行作收入凭证。第一联具体格式如样单2－2－14所示。

【样单 2 – 2 – 14】

中国××银行电汇凭证（回单）　1

第　　号

委托日期　　　年　月　日

汇款人	全称					收款人	全称				
	账号或地址						账号或地址				
	汇出地点	省	市县	汇出行名称			汇入地点	省	市县	汇入行名称	

金额	人民币（大写）	千	百	十	万	千	百	十	元	角	分

汇款用途	汇出行盖章
上列款项已根据委托办理，如需查询，请持此回单来行面洽 　　单位主管　　　会计　　　复核　　　记账	年　月　日

此联是汇出行给汇款人的回单

六、委托收款结算

（一）委托收款结算的含义及特点

委托收款结算，简称"委托收款"，是指收款人向银行提供收款依据，委托银行向付款人收取款项的结算方式。委托收款结算较为方便，适用于同城和异地使用。单位和个人凭已承兑商业汇票、债券、存单等付款人债务证明办理款项的结算，均可以使用委托收款结算，但委托收款结算一般适用于水费、电费、电话费等付款人众多及分散的事业性收费结算。

（二）委托收款结算凭证的内容

交易双方约定使用委托收款方式结算货款，当收款人办理委托收款时，需要填写一式五联的委托收款结算凭证。委托收款结算凭证上必须记载以下必要事项。

（1）表明"委托收款"的字样。

（2）确定的金额。

（3）付款人名称。

（4）收款人名称。

（5）委托收款凭据名称及附寄单证张数。

（6）委托日期。

（7）收款人签章。

委托收款结算凭证上欠缺上列记载事项之一的，银行不予受理。

（三）委托收款结算的业务流程（见图2-2-9）

（1）卖方（收款人）提供商品或劳务给买方（付款人）。

（2）收款人委托其开户银行代理收款。

（3）收款人开户银行审核后受理委托。

（4）收款人开户银行向付款人开户银行传递委托收款凭证。

（5）付款人开户银行出示凭证通知付款人付款。

（6）付款人承认付款。

（7）付款人开户银行将款项划转给收款人开户银行。

（8）收款人开户银行将款项收妥入账并通知收款人。

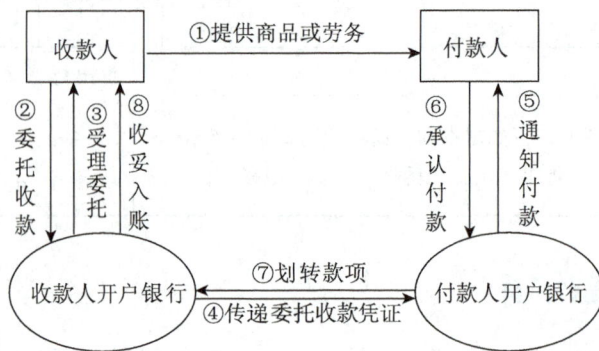

图2-2-9　委托收款结算的业务流程

（四）委托收款结算时使用的单据及凭证

委托收款结算的方式通常是收款人委托银行收款，办理时收款人应填写委托收款凭证。因款项划回的方式不同，委托收款分为电划和邮划。

七、托收承付结算

（一）托收承付结算的含义

托收承付结算，简称"托收承付"，是根据购销合同由收款人发货后委托银行向异地付款人收取款项，并由付款人向银行承认付款的结算方式。

（二）托收承付结算凭证的内容

交易双方约定使用托收承付的方式结算，需要签发托收承付结算凭证。托收承付结算凭证上必须记载以下必要事项。

（1）表明"托收承付"的字样。

（2）确定的金额。

（3）付款人名称、付款人开户银行名称及账号。

（4）收款人名称、收款人开户银行名称及账号。

（5）托收附寄单证张数或册数。

（6）合同名称、号码。

（7）委托日期。

（8）收款人开户银行签章。

托收承付结算凭证上欠缺上列记载事项之一的，银行不予受理。

（三）托收承付结算的相关规定

相对于其他结算方式，托收承付结算方式有较多限制。

（1）使用托收承付结算方式的收款单位和付款单位，必须是国有企业、供销合作社以及经营管理较好，并经开户银行审查同意的城乡集体所有制工业企业，个人及个体工商户不得使用此结算方式。

（2）办理托收承付结算的款项，必须是商品交易的款项，以及因商品交易而产生的劳务供应的款项。代销、寄销、赊销商品的款项，不得办理托收承付结算。

（3）办理托收承付结算前必须有购销合同，并在合同上注明货款结算采用托收承付结算方式。

（4）办理托收承付结算的买卖双方，必须重合同、守信用。

（5）托收承付结算有金额起点的限制，每笔至少10000元，新华书店系统每笔金额至少1000元。

（6）托收承付结算适用于异地结算，不适用于同城结算。

（7）托收承付结算分托收和承付两个环节。收款人办理托收，必须具有商品已经发出的证明，付款人承付时，有验单付款和验货付款两种方式可供选择。

（四）托收承付结算的业务流程（见图2-2-10）

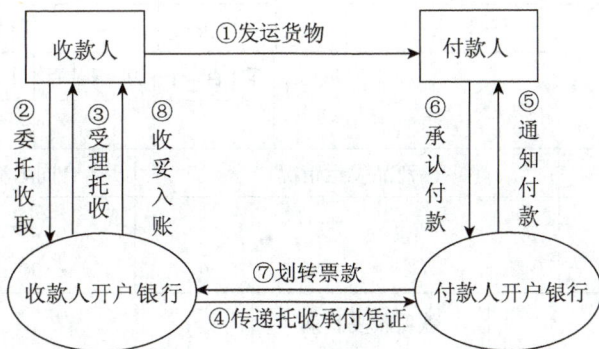

图2-2-10 托收承付结算的业务流程

（1）收款人向付款人发运货物。

（2）收款人委托其开户银行收取货款。

（3）收款人开户银行受理托收。

（4）收款人开户银行向付款人开户银行传递托收承付凭证。

（5）付款人开户银行通知付款人付款。

（6）付款人承认付款。

（7）付款人开户银行将款项划转给收款人开户银行。

（8）收款人开户银行将款项收妥入账并通知收款人。

（五）托收承付结算时使用的单据及凭证

托收承付结算方式必须凭借双方的贸易合同，由收款人托收，付款人承付。按款项收回方式的不同，托收承付结算可分为邮划和电划两种方式。收款人办理托收时，需要填写托收承付凭证（邮划/电划）。

邮划托收承付凭证和电划托收承付凭证均为一式五联。第一联为回单联，是收款人开户银行给收款人的回单；第二联为贷方凭证联，由收款人开户银行作收入凭证；第三联借方凭证联，由付款人开户银行作支出凭证；第四联为收款通知联，是收款人开户银行在款项收妥后给收款人的收款通知；第五联为承付通知联，是付款人开户银行通知付款人按期承付货款的承付通知。

1. 托收承付凭证（邮）一式五联

第一联具体格式如样单 2−2−15 所示。

【样单 2−2−15】

| 邮 | 托收承付凭证（回单） 1 | 托收号码 第 号 |
| | 委托日期 年 月 日 | |

付款人	全称		收款人	全称	
	账号或地址			账号或地址	
	开户银行	行号		开户银行	行号

| 托收金额 | 人民币（大写） | 千 百 十 万 千 百 十 元 角 分 |

| 附件 | 商品发运情况 | 合同名称、号码 |
| 附寄单证张数或册数 | | |

| 备注 | 款项收妥日期 年 月 日 | 收款人开户银行盖章 月 日 |

单位主管　　　会计　　　复核　　　记账

此联是收款人开户银行给收款人的回单

2. 托收承付凭证（电）一式五联

第一联具体格式如样单 2－2－16 所示。

【样单 2－2－16】

托收承付凭证（回单） **1**

托收号码 第 号

电 委托日期 年 月 日

<table>
<tr><td rowspan="3">付款人</td><td>全称</td><td colspan="3"></td><td rowspan="3">收款人</td><td>全称</td><td colspan="3"></td></tr>
<tr><td>账号或地址</td><td colspan="3"></td><td>账号或地址</td><td colspan="3"></td></tr>
<tr><td>开户银行</td><td></td><td>行号</td><td></td><td>开户银行</td><td></td><td>行号</td><td></td></tr>
<tr><td>托收金额</td><td colspan="5">人民币
（大写）</td><td colspan="4">千 百 十 万 千 百 十 元 角 分</td></tr>
<tr><td colspan="3">附件</td><td colspan="4">商品发运情况</td><td colspan="3">合同名称、号码</td></tr>
<tr><td colspan="2">附寄单证
张数或册数</td><td></td><td colspan="4"></td><td colspan="3"></td></tr>
<tr><td colspan="4">备注</td><td colspan="3">款项收妥日期
年 月 日</td><td colspan="3">收款人开户银行盖章 月 日</td></tr>
</table>

此联是收款人开户银行给收款人的回单

单位主管 会计 复核 记账

八、国内信用证结算

（一）国内信用证的含义及特点

国内信用证，主要是指开证银行依照申请人（买方）的申请向受益人（卖方）开出的、具有一定金额的、在一定期限内可以凭符合信用证条款的单据支付款项的付款承诺。我国开出的信用证属于不可撤销、不可转让的跟单信用证。这里的不可撤销信用证，是指信用证开具后在有效期内，非经信用证各有关当事人（开证银行、开证申请人和受益人）的同意，开证银行不得修改或者撤销的信用证。不可转让信用证，是指受益人不能将信用证的权利转让给他人的信用证。该信用证结算方式只能用于转账结算，不得支取现金，只适用于国内企业之间商品交易产生的货款结算。目前较少使用国内信用证结清买卖双方的债权债务关系。

国内信用证的特点：一是信用证是一项独立于购销合同的文件；二是信用证处理的只是单据，而不是与单据有关的货物或劳务。

（二）国内信用证的基本条款

（1）开证银行名称及地址。

（2）开证日期。

（3）信用证编号。

（4）不可撤销、不可转让信用证。

（5）开证申请人名称及地址。

（6）受益人名称及地址。受益人为有权收取信用证款项的人，一般为购销合同的卖方。

（7）通知银行名称。通知银行为受开证银行委托向受益人通知信用证的银行。

（8）信用证有效期及有效地点。有效期指受益人向有效地点交单的截止日期；信用证的有效地点为议付银行或开证银行所在地。

（9）交单期。交单期为提交运输单据的信用证所注明的货物装运后必须交单的特定日期。未规定该期限时，银行不接受迟于装运日后15天提交的单据。

（10）信用证金额。

（11）付款方式。付款方式包括即期付款、延期付款或议付。

（12）运输条款。

（13）货物描述。这包括货物名称、数量、价格等。

（14）单据条款。信用证必须注明据以付款或议付的单据，至少包括发票、运输单据或货物收据。

（15）开证行保证文句。

（16）其他条款。

（三）国内信用证结算的业务流程（见图2-2-11）

（1）买卖双方签订购货合同，约定采用国内信用证结算。

（2）开证申请人（买方）向开证银行申请开立国内信用证。

（3）开证银行受理开出信用证。

（4）通知银行收到国内信用证后向受益人（卖方）通知信用证。

（5）卖方收到国内信用证后按信用证规定发货。

（6）卖方发货后向指定银行（通知银行/议付银行）交单。

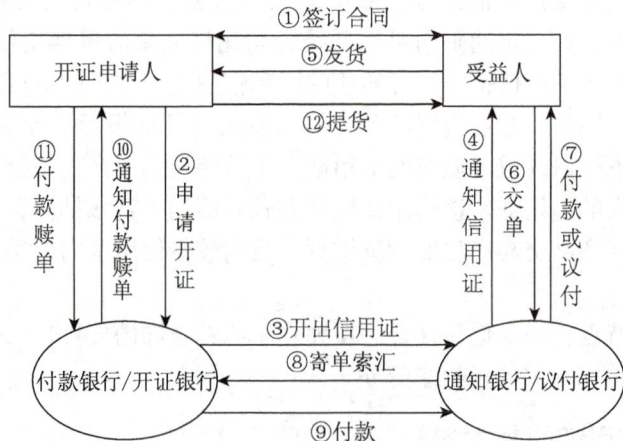

图2-2-11　国内信用证结算的业务流程

（7）指定银行根据自己的义务付款，如果是延期付款信用证，卖方可向议付银行申请议付。

（8）指定银行向开证银行寄单索汇或向开证银行寄单并向付款银行索偿。

（9）开证银行收到全套单据并审查单证相符后，向指定银行付款。

（10）开证银行通知开证申请人（买方）付款赎单。

（11）开证申请人付款赎单。

（12）开证申请人提货。

九、结算的基本要求

采用票据和结算凭证结算是我国国内企业最常用的结算方式。为此，必须了解结算的一些基本原则、要求和技能。

（一）办理结算的基本原则

（1）对付款人而言，遵循"恪守信用，履约付款"的基本原则。

（2）对收款人而言，遵循"谁的钱进谁的账，由谁支配"的基本原则。

（3）对银行而言，遵循"银行不垫款"的基本原则。

（二）办理结算的基本要求

（1）单位、银行和个人办理结算必须遵守国家的法律、行政法规和《支付结算办法》的各项规定，不得损害社会公共利益。

（2）单位、个人和银行办理支付结算，必须使用按中国人民银行统一规定印制的票据和统一规定的结算凭证。

（3）票据和结算凭证上的签章和其他记载事项应当真实，不得伪造、变造。

（4）填写票据和结算凭证应当规范，做到要素齐全、数字正确、字迹清晰、不错不漏、不潦草，防止涂改。

（三）票据和结算凭证的基本要求

1. 不得更改的票据项目

（1）票据和结算凭证上的金额。

（2）出票日期或签发日期。

（3）收款人名称。

以上项目更改后，票据无效。

2. 可以更改的项目

对票据和结算凭证上的其他记载事项，原记载人可以更改，更改时应当由原记载人在更改处签章证明。

3. 签章

（1）单位、银行在票据上的签章和单位在结算凭证上的签章，为该单位、银行的盖章加其法定代表人或者其授权的代理人的签名或者盖章。

（2）个人在票据和结算凭证上的签章，为个人本名的签名或盖章。

（四）票据填写规范

1. 收款人名称填写

收款人名称填写应当记载全称或规范化简称，这里要特别注意的是，规范化的简称是可以填写的，但不能填写得过于简化，规范化的简称必须具有排他性。

2. 出票日期规范填写

（1）票据的出票日期必须使用中文大写。

（2）为防止变造票据的出票日期，在填写月、日时，参照表2-2-2。

表2-2-2　出票日期填写的特殊规定

	实际日期	票据日期
月	1、2、10	前加"零"
日	1~9、10、20、30	前加"零"
日	11~19	前加"壹"

小问答

填写票据涉及如下日期时，该怎样填写？

1. 2019年10月20日。

2. 2020年2月15日。

3. 2021年3月25日。

很简单吧！知道为什么有时候需要加"零"或"壹"吗？

注意

如果使用阿拉伯小写数字填写票据的出票日期，银行是不予受理的！

如果使用中文大写填写票据的出票日期，但填写不规范，银行可以受理，但受理后发生的一切损失，由出票人自行承担。

所以，出票日期一定要按照中文大写规范填写！

切记！切记！

注意

中文大写数字1~10的写法千万不要不会哦！

3. 金额规范填写

（1）大写金额必须使用正确的中文大写数字。

（2）阿拉伯小写金额数字前面，均应填写人民币符号￥。

（3）当阿拉伯小写金额数字中有"0"时，要注意"零"的填写。

（4）票据和结算凭证金额以中文大写和阿拉伯数字同时记载，二者必须一致，二者不一致的票据无效，二者不一致的结算凭证，银行不予受理。

小知识

无效票据

符合下列条件的票据即被视为无效票据，银行不予受理。

（1）更改了不得更改的票据项目：出票日期、金额、收款人名称。

（2）票据签章不符合规定。

（3）票据金额大小写不一致。

任务实施

在以上理论基础及技能掌握的基础上，让我们协助跟单员一起来完成山东风华物流有限公司和北京普源信息有限公司国内物流费用的结算，下面就双方约定的方式进行结算。

双方开户银行及账号如下。

山东风华物流有限公司

开户银行：中国农业银行青岛市分行，账号：1034160111155296985

北京普源信息有限公司

开户银行：中国农业银行北京市分行，账号：1023165995453265695

一、收货、仓储及出货费用结算

本任务中双方约定以银行汇票的方式结算收货、仓储及出货费用40200元。

具体的操作流程如下。

（一）申请人向开户银行申请签发银行汇票

申请人或汇款人首先需要向开户银行申请签发银行汇票。办理银行汇票结算时，申请人还必须填制银行汇票申请书一式三联，填写内容必须全面，同时将汇款金额交给开户银行。但是不是所有的商业银行都可以办理银行汇票的结算，必须是参加了"全国联行往来"的商业银行机构才能办理。如果企业需要使用银行汇票，但其开户银行又不能签发时，企业应到附近能够签发银行汇票的银行去办理，款项也要交到该银行。

本任务中，北京普源信息有限公司作为汇款人，需要向其开户银行申请使用银行汇票（北京普源信息有限公司的开户银行是参加了"全国联行往来"的商业银行），申请过程中，北京普源信息有限公司需要填写银行汇票申请书一式三联，交存的款项为 40200 元或者多于 40200 元。假设北京普源信息有限公司申请银行汇票时交存款项 50000 元。

（二）申请人开户银行审核后签发银行汇票

申请人开户银行要对银行汇票申请书进行仔细、全面审核后才能签发银行汇票。开户银行审核的内容包括要素填写是否全面规范、签章是否符合要求、申请人现金是否交存等。签发的银行汇票一式四联，七大必要事项记载全面。

本任务中，北京普源信息有限公司开户银行首先要对北京普源信息有限公司填写的银行汇票申请书进行检查，检查没有问题后，将会签发一式四联的银行汇票。对银行汇票填写的内容审核后，北京普源信息有限公司开户银行会将第一联加盖经办、复核名章后连同第四联一并保管，然后交给北京普源信息有限公司第二联和第三联。

（三）申请人持银行汇票前往异地结算

申请人开户银行签发银行汇票后交给申请人的是银行汇票的第二联正联和第三联解讫通知联，申请人可持这两联前往异地办理结算。

本任务中，北京普源信息有限公司会持有第二联和第三联银行汇票前往山东风华物流有限公司办理结算。这个过程中，北京普源信息有限公司会将银行汇票交给票面上记载的收款人山东风华物流有限公司。山东风华物流有限公司收到银行汇票时必须审核汇票是否规范和真实。一方面，要审核该银行汇票上的收款人名称是否为山东风华物流有限公司；另一方面，还要审核北京普源信息有限公司和其开户银行是否符合规定，不得更改的事项是否有被更改，金额、签章等填写是否规范。

（四）收款人提示收款人开户银行付款

银行汇票正联和解讫通知联审核无误，且在有效期内，收款人就可以提示其开户银行付款了。

本任务中，山东风华物流有限公司由于为北京普源信息有限公司提供了 AVAYB 产品的收货、仓储及出货服务，才有货款的结算。所以，在向其开户银行中国农业银行青岛市分行提示付款的过程中，山东风华物流有限公司还需要填写一式三联的进账单，其中第一联留存，第二联、第三联连同银行汇票第二联、第三联交给其开户银行中国农业银行青岛市分行提示付款。

（五）收款人开户银行代理付款入账

收款人开户银行收到银行汇票第二联、第三联和进账单第二联、第三联后，审核无误，代理付款。

本任务中，中国农业银行青岛市分行收到银行汇票第二联正联、第三联解讫通知联和两联进账单后，要认真审核银行汇票的真实性和规范性。审核的内容包括银行汇票的记载事项是否全面、银行汇票的联次是否正确、该银行汇票是否超过付款期限、结算的金额是否超过 50000 元、大写出票日期和金额是否正确等。审核无误，中国农业银行青岛市分行办理转账，将交易款项 40200 元转到山东风华物流有限公司账户。同时，将第三联进账单加盖章后交给山东风华物流有限公司，第三联银行汇票加盖章后寄给北京普源信息有限公司开户银行。

（六）银行间资金清算

出票行（申请人开户银行）与收款人开户银行之间进行银行汇票实际资金的清算。

本任务中，北京普源信息有限公司开户银行收到已加盖章的银行汇票第三联后，与本行保管的银行汇票第一联、第四联核对，核对一致后，北京普源信息有限公司开户银行结算汇票款项。汇票金额为50000元，实际结算金额为40200元。北京普源信息有限公司开户银行应将实际发生的款项40200元转账给山东风华物流有限公司开户银行中国农业银行青岛市分行。

（七）结清汇票票款，退回多余款项

结算金额小于银行汇票金额时，出票行要将款项退回给申请人。

本任务中，北京普源信息有限公司与山东风华物流有限公司发生的劳务交易款项为40200元，而申请银行汇票时交存的款项金额为50000元，即有剩余款项。此时，双方银行之间已经结算完毕，多余款项9800元应由北京普源信息有限公司开户银行退回给北京普源信息有限公司。

二、运输费用结算

本任务中，双方约定以汇兑中的电汇方式结清运输费用122231元。

具体的操作流程如下。

（一）汇款人委托其开户银行汇款

本任务计划采用汇兑（电汇）的方式结算运输费用，那么作为汇款人的北京普源信息有限公司首先需要向其开户银行中国农业银行北京市分行填制一式三联的电汇凭证，其中第一联作为北京普源信息有限公司的回单，第二联开户银行留存，第三联作为银行办理电汇的凭证联。电汇凭证填写完全且内容规范后，北京普源信息有限公司委托其开户银行办理汇款。

（二）汇款人开户银行审核后受理汇款，并向汇款人签发汇款回单

本任务中，北京普源信息有限公司开户银行需要对提交的电汇凭证认真审核，审核无误后为其委托方——北京普源信息有限公司通过电汇的方式办理汇款。接下来，主要的任务就是双方银行之间划转款项。

（三）汇款人开户银行（汇出行）将款项划转给收款人开户行

北京普源信息有限公司开户银行受理委托后需要将款项汇给收款人开户银行（汇入行），即山东风华物流有限公司的开户银行（中国农业银行青岛市分行）。但此过程中，北京普源信息有限公司开户银行需要认真对凭证进行审核，如电汇凭证内容是否齐全，北京普源信息有限公司账户资金能否支付122231元的款项等。审核凭证无误后，北京普源信息有限公司开户银行向北京普源信息有限公司收取一定的邮电费和手续费，即可以将款

项划拨至山东风华物流有限公司开户银行账户。

（四）收款人开户银行（汇入行）将款项汇入收款人账户并通知收款

要完成本次汇款，山东风华物流有限公司开户银行（中国农业银行青岛市分行）还需要将122231元的款项直接汇入山东风华物流有限公司在本行的账户，然后通知山东风华物流有限公司款项已经入账。

归纳总结

本任务的归纳总结如图2－2－12所示。

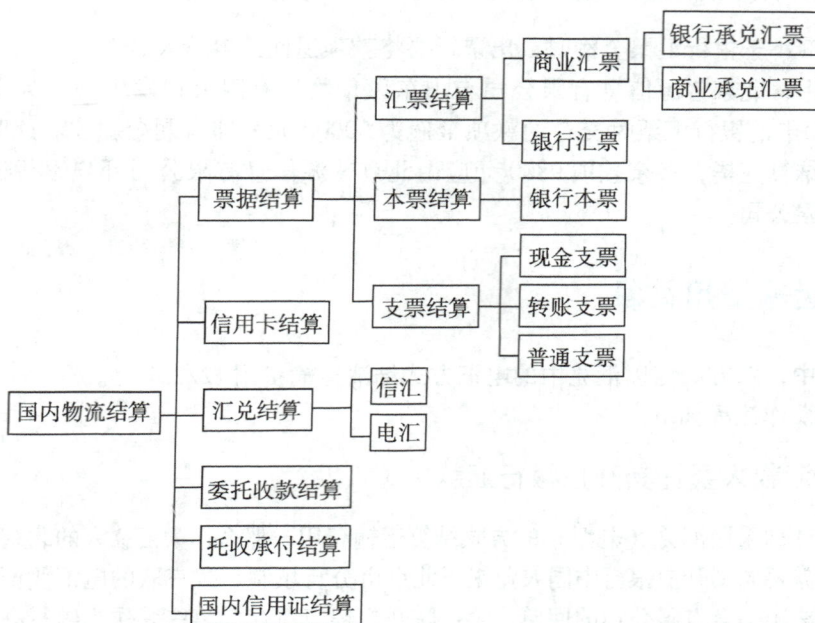

图2－2－12　国内物流结算归纳总结

小技巧

信用卡的安全使用

1. 明确自己需要几张卡

一般来说，一张储蓄卡（借记卡）、一张准贷记卡、一张贷记卡就足够。借记卡可以承担储蓄功能；准贷记卡可储蓄有利息，也可以适当消费；贷记卡可在购买大件物品时进行贷款以备不时之需。这样的搭配，完全可以满足一般人的生活需要。

2. 信用卡利息较高，尽可能在免息期还款

3. 明确分期付款不一定最划算

分期付款不计利息，但是银行要收取一定的手续费。作为信用卡持卡人在消费前别忘了先查清楚自己卡中的可用余额和分期付款额度。

4. 尽可能使用签名而不是密码

以签名作为信用卡的消费凭证是国际银行业的主流做法。很多持卡人认为，密码比签名更安全。然而使用密码的缺点就是保管密码的责任转嫁到了持卡人身上，也就意味着"损失自负"，一旦发生信用卡被冒用的事件，使用签名的持卡人的权益往往能得到更好的保护和补偿。

5. 尽可能不用信用卡取现

信用卡一般都不能全额取现，但可以全额或超额消费。用信用卡消费可以选择最低还款，但是用信用卡到银行取现一般都要全额还款，而且取现是没有免息期的。

6. 尽可能减少信用卡丢失或被盗的风险

申请信用卡前应该先了解银行的信用卡风险条款，不要申请一些高风险银行的信用卡，这些银行通常将信用卡风险转嫁至持卡人身上，将信用卡丢失被盗后的损失让卡人承担。而好的银行则承诺会承担挂失前48小时内的被盗损失。

思考与训练

一、选择题

1. 下列不属于国内结算中使用的票据的是（   ）。

A. 汇票　　　　B. 本票　　　　C. 支票　　　　　　D. 发票

2. 国内结算使用的票据和结算凭证，可以更改的项目有（   ）。

A. 出票日期　　B. 出票金额　　C. 收款人名称　　　D. 付款人名称

3. 根据《票据法》的规定，票据持票人应在法定期限内向付款人提示付款。关于票据提示付款期限的下列表述中，正确的有（   ）。

A. 商业汇票自到期日起15日内提示付款

B. 银行汇票自出票日起1个月内提示付款

C. 银行本票自出票日起2个月内提示付款

D. 支票自出票日起10日内提示付款

4. 银行汇票结算适用于（   ）。

A. 同城结算　　B. 异地结算　　C. 同城和异地结算　D. 不用于结算

5. 根据购销合同由收款人发货后委托银行向异地付款人收取款项，并由付款人向银行承认付款的结算方式是（   ）。

A. 汇兑　　　　B. 委托收款　　C. 托收承付　　　　D. 国内信用证

二、简答题

1. 票据的当事人有哪些？

2. 支票哪些项目必须记载？哪些项目可以授权补记？

3. 银行汇票结算的基本流程有哪些？

4. 什么是退汇？退汇包括哪几种情况？

5. 委托收款结算和托收承付结算有何异同？

6. 汇票、本票和支票有何异同？

三、技能训练题

资料1：西安金鑫制造有限公司计划赊销一批价值500000元的运输设备给上海兴华物流有限公司，并且约定在1个月内由上海兴华物流有限公司向西安金鑫制造有限公司付款，这样就形成了以西安金鑫制造有限公司为债权人、上海兴华物流有限公司为债务人的债权债务关系。

任务1：西安金鑫制造有限公司和上海兴华物流有限公司可以采用哪几种结算方式来结清他们之间的债权债务关系？

资料2：2020年2月，西安金鑫制造有限公司将运输设备销售给上海兴华物流有限公司，销售金额为500000元，西安金鑫制造有限公司希望使用支票结算的方式收回货款。

任务2：针对资料2，写出采用支票结算的业务流程。

资料3：上海兴华物流有限公司为沈阳大东区沃尔玛分店提供彩电运输服务，运输费用为30000元，沃尔玛公司收到彩电并验收入库后，向上海兴华物流有限公司支付30000元运输费用。上海兴华物流有限公司要求沈阳大东区沃尔玛分店以汇兑的方式结算这笔款项。

任务3：针对资料3，写出汇兑业务和退汇业务的处理流程。

资料4：上海兴华物流有限公司于2020年8月15日，填写一式五联的委托收款凭证及由深圳申达电器有限公司签发并承兑、8月20日到期、金额为35000元的商业承兑汇票，提交其开户银行甲行（中国建设银行上海市分行）（账号为1005446466446）办理委托收款。深圳申达电器有限公司的开户银行为乙行（中国建设银行深圳市分行）（账号为3456445657754）。

任务4：利用委托收款结算的方式完成本业务的结算，写出业务流程。

评分标准如下。

（1）正确回答任务1中提出的关于西安金鑫制造有限公司和上海兴华物流有限公司债权债务关系结算方法的问题。（30分）

（2）针对资料2，正确写出支票结算的业务流程。（20分）

（3）针对资料3，分别正确写出汇兑业务和退汇业务的处理流程。（30分）

（4）针对资料4，正确写出利用委托收款结算的方式完成结算的业务流程。（20分）

任务三　国际物流结算

知识目标

- 了解办理国际物流结算的各种方式
- 掌握汇款结算方式及实际操作
- 掌握托收结算方式及实际操作
- 掌握信用证结算方式及实际操作

能力目标

● 能够运用汇款、托收、信用证的方式进行实际的国际物流结算操作

素质目标

● 增强爱岗敬业、精益求精的工匠精神，提升为党、为国和为企业服务的决心与能力

任务引入案例

2020 年 2 月 20 日，山东风华物流有限公司与北京普源信息有限公司就 AVAYB 项目合作举行签字仪式，在合作项目协议中，涉及国际物流结算的部分条款摘录如下。

山东风华物流有限公司
SHANDONG FENGHUA LOGISTICS CO.，LTD.

委托代理协议书

协议编号：

受托方（以下称甲方）：山东风华物流有限公司
委托方（以下称乙方）：北京普源信息有限公司
经友好协商，乙方委托甲方以甲方的名义代理出口业务，达成如下协议。
一、委托事项
乙方委托甲方负责代理全球范围内的进出口业务，甲方按照乙方委托，为乙方代理进出口业务合同的签订……结汇等业务，以及其他经双方协商确认的代理业务。
二、甲方的权利和义务
……
※ 及时做好货款在各种方式下的结汇工作，按约定的结算方式同乙方进行结算，并按约定的比例收取代理费。
※ 做好货款的核销工作……
※ 若货物需退税的，在收到乙方提供的按退税机关规定的完整的退税凭证后应及时完成退税工作，按协议的结算款项同乙方结算。
……
三、乙方的权利和义务
※ 应积极催促外方在指定的期限内将货款汇入甲方指定的账户……
※ 按协议规定与甲方进行货款计算和支付出口代理费。
四、结算约定条款
……
※ 具体资金支付
在 T/T 方式下：甲方在收到外方的外汇货款后，按汇率折算成人民币，在符合上述结算条件下，在两个工作日内将货款支付给乙方。
在 L/C 和托收的方式下：甲方将全套准确、有效的单据交到指定的银行，在外汇货款

进账后，按汇率折算成人民币，在两个工作日内扣除代理费后汇入乙方指定账户。

五、其他约定条款

……

受托方（盖章）：山东风华物流有限公司　　委托方（盖章）：北京普源信息有限公司

　　　2020 年 2 月 20 日　　　　　　　　　　　　　2020 年 2 月 20 日

　　2020 年 2 月 20 日，澳大利亚 VORLL 公司和山东风华物流有限公司就有关北京普源信息有限公司生产的某电子产品的进出口进行了初步洽谈，并表示订货，同时希望能够建立长期合作关系。此业务中，结算环节主要由财务部经理陈影及其团队负责。

　　（1）2020 年 2 月 25 日，澳大利亚 VORLL 公司向山东风华物流有限公司发出电子产品采购订单，总价 50000 美元，商定采用汇款的方式结算，货款由澳大利亚 VORLL 公司通过澳大利亚西太平洋银行汇到山东风华物流有限公司指定账户（中国银行青岛市分行，账号为 408573355638093001）上。那么汇款结算有哪几种方式可供选择？分别应该怎样操作？应注意哪些事项？

　　本任务要求学生按上述当事人分组，并按业务要求完成结算。学生可以根据汇款业务流程扮演汇款结算的各个当事人，在模拟扮演过程中，每个角色的扮演者都必须描述一下他所扮演的当事人在汇款结算中的权利和义务。

　　（2）2020 年 3 月 20 日，山东风华物流有限公司代理北京普源信息有限公司向澳大利亚 VORLL 公司销售一批电子产品，总价 300000 美元，货物按合同装船（NEWPORT BRIDGE 号船）后被运往悉尼，根据合同规定货款采用托收方式支付，公司结算人员持编号为 6932 的即期汇票一式两份，编号为 023 的清洁提单一式三份，编号为 S652 的商业发票一式三份，保险单据一式四份到中国银行青岛市分行申请托收，代收银行为澳大利亚西太平洋银行。那么托收结算有哪几种方式可供选择？分别应该怎样操作？应注意哪些事项？

　　本任务要求学生分组扮演托收结算的各个当事人，描述托收结算的业务流程。在模拟扮演过程中，每个角色的扮演者都必须明确他所扮演的当事人在托收结算中的权利和义务。

　　（3）2020 年 3 月 28 日，山东风华物流有限公司代理北京普源信息有限公司向澳大利亚 VORLL 公司销售一批电子产品，总价 420000 美元，双方合同约定通过 SWIFT 开立不可撤销即期信用证的方式结算。那么澳大利亚 VORLL 公司如何申请开立信用证？信用证结算有哪些种类？应该怎样操作？

　　本任务要求学生分组扮演信用证结算的各个当事人，模拟信用证结算的业务流程。在模拟扮演过程中，每个角色的扮演者都必须描述一下他所扮演的当事人在信用证结算中的权利和义务。

能正确选择国际结算方式，填制相关结算单证。

1. 掌握国际结算常用的结算方式。
2. 熟悉国际结算各种方式的流程。
3. 选择一种方式进行国际结算。
4. 熟悉国际贸易、金融、会计等相关专业知识，具有一定的计划、组织、协调能力和人际交往能力。

一、国际结算中常用的结算方式及影响因素

（一）结算方式

国际结算中主要有汇款、托收、信用证和银行保函等几种结算方式。这几种结算方式各有利弊。在具体应用时，双方要从宏观和微观角度全面分析环境，及时发现危机，保证既能达成交易的目的，又能维护企业的权益，最终达到确保资金安全、加速资金周转、扩大贸易往来的目的。

（二）影响结算方式选择的几个因素

1. 相关当事人

首先，了解进口商（此任务中指澳大利亚 VORLL 公司）的基本情况，获得保证开展业务必需的基本资料，从而判断应收款项成为坏账的可能性，为防范坏账提供决策依据，可通过金融机构、银行或专业资信调查机构对其进行调查，了解参与结算银行的信誉、规模、效率等，降低结算的成本和风险；其次，了解生产厂商（此任务中指北京普源信息有限公司）产品的基本情况，如质量、规格、包装、档次、品牌等影响产品价格的因素。

2. 结算的环境

考虑结算双方所在地的政治、经济、技术、法律、地理等因素对结算的影响。

3. 贸易术语

贸易术语是进出口商品价格的重要组成部分，包含了买卖双方有关费用、风险和责任的划分，确定卖方交货和买方收货方面的权利和义务，如表 2-3-1 所示。合理的贸易术语能够促进双方贸易的进展，简化交易手续、缩短洽商时间和节约费用开支。

4. 货币及汇率

在国际贸易实践中，进出口双方对货币主要有三种选择：进口国货币、出口国货币、

第三国货币。除特殊情况外，币种通常由进出口双方自愿协商决定，双方在选择结算货币时，应考虑到货币的稳定性和可兑换性。但在汇率不稳定的情况下，出口方倾向于选用汇率看涨、货币币值坚挺的货币——硬币，而进口方则倾向于选用币值疲软、汇率看跌的货币——软币，当然，软币和硬币还可以结合使用，并在不得已选择了软币或硬币时，通过调整价格的方式解决币值不稳带来的问题。

表2-3-1　十三种常用贸易术语

组别与性质	电码缩写	英文名称	中文名称
E组　发货	EXW	EX Works	工厂交货（……指定地点）
F组　主要运费未付	FCA	Free Carrier	货交至承运人（……指定地点）
	FAS	Free Alongside Ship	船边交货（……指定装运港）
	FOB	Free on Board	船上交货（……指定装运港）
C组　主要运费已付	CFR	Cost and Freight	成本加运费付至（……指定目的港）
	CIF	Cost, Insurance and Freight	成本、保险费加运费付至（……指定目的港）
	CPT	Carriage Paid to	运费付至（……指定目的港）
	CIP	Carriage and Insurance Paid to	运费、保险费付至（……指定目的港）
D组　货到	DAF	Delivered at Frontier	边境交货（……指定地点）
	DES	Delivered EX Ship	目的港船上交货（……指定目的港）
	DEQ	Delivered EX Quay	目的港码头交货（……指定目的港）
	DDU	Delivered Duty Unpaid	未完税交货（……指定目的地）
	DDP	Delivered Duty Paid	完税后交货（……指定目的地）

汇率即两种货币的兑换比率，在进出口贸易中，货币的对外贬值有利于产品的出口，反之，则有利于进口。表2-3-2所示为某个时间的中国银行外汇牌价。

表2-3-2　某个时间的中国银行外汇牌价

货币名称	代码	现汇买入价	现钞买入价	现汇卖出价	现钞卖出价	中行折算价
欧元	EUR	756.9	733.38	762.48	764.93	759.79
美元	USD	647.33	642.06	650.07	650.07	648.31

续表

货币名称	代码	现汇买入价	现钞买入价	现汇卖出价	现钞卖出价	中行折算价
英镑	GBP	893.1	865.35	899.68	903.66	897
港币	HKD	83.17	82.51	83.51	83.51	83.31
日元	JPY	5.8363	5.6549	5.8792	5.8883	5.864
新台币	TWD	—	22.48	—	24.36	23.26
韩国元	KRW	0.5583	0.5386	0.5627	0.5834	0.5624
澳门元	MOP	80.85	78.14	81.17	83.87	80.89
澳大利亚元	AUD	473.5	458.79	476.98	479.1	476.34
巴西里亚尔	BRL	—	119.96		136.21	124.89
加拿大元	CAD	515.36	499.09	519.16	521.46	517.84
瑞士法郎	CHF	699.28	677.71	704.2	707.21	702.51
丹麦克朗	DKK	101.69	98.55	102.51	103	102.17
印尼卢比	IDR	—	0.0435	—	0.047	0.0451
印度卢比	INR	—	8.1872		9.2324	8.7058
林吉特	MYR	152.72	—	154.1	—	153.29
挪威克朗	NOK	72.27	70.04	72.85	73.2	72.62
新西兰元	NZD	451.94	438	455.12	461.38	454.37
菲律宾比索	PHP	12.78	12.35	12.94	13.51	12.86
卢布	RUB	8.72	8.19	8.8	9.13	8.77
沙特里亚尔	SAR	—	168.12	—	177.74	172.87
瑞典克朗	SEK	73.98	71.7	74.58	74.93	74.36
新加坡元	SGD	475.06	460.4	478.4	480.78	476.81
泰国铢	THB	19.36	18.76	19.52	20.14	19.38
土耳其里拉	TRY	74.99	71.31	75.59	86.79	75.35
阿联酋迪拉姆	AED		170.39		183.05	176.51
南非兰特	ZAR	43.39	40.06	43.69	47.1	43.81

注：①本表单位为100外币换算人民币。

②本表涉及的外汇牌价为动态数据，表中数据仅供参考。

③本表涉及地名与国标不一致之处，以中国银行公布为准。

小知识

汇率标价方法

汇率标价方法有直接标价法和间接标价法。

直接标价法（Direct Quotation）是以一定单位的外国货币为标准来计算应付若干单位本国货币的汇率标价法。目前，大多数国家的货币采用这种标价法，如日元、瑞士法郎、加拿大元、新加坡元等。

间接标价法（Indirect Quotation）是以一定单位的本国货币为标准，来计算应收若干单位外国货币的汇率标价方法，如欧元、英镑、澳大利亚元等。

5. 结算方式的风险

由于结算双方地处不同的国家，结算的程序十分复杂，风险总是存在于每一个交易周期和诸多环节中。单就国际结算方式的选择而言，从信用角度看，汇款结算和托收结算是基于商业信用，而信用证结算是基于银行信用，在实际结算时，银行信用尚且存在问题和陷阱，何况商业信用，为此在进行国际贸易结算的过程中，必须充分考虑每种结算方式所面临的风险，并采取有效的措施来进行防范。

二、办理国际结算的基本问题

（一）国际结算的含义及种类

国际结算是指为清偿国际债权债务关系而发生的货币收付活动。

根据国际债权债务关系的发生原因不同，国际结算分为国际贸易结算和国际非贸易结算。国际贸易结算是指由有形贸易（Visible Trade）活动（即商品的进出口）引起的货币收付活动，是国际结算的主要内容。其项目单一，但在国际收支中占有特殊地位，并具有结算方式多样性的特点。国际非贸易结算是指由有形贸易以外的活动（包括国际资本流动、国际资金借贷、技术转让、劳务输出、侨民汇款、捐赠、利润与利息收支、国际旅游、运输、保险、银行业等活动）引起的货币收付活动。它的项目繁多，但结算方式简单。

（二）国际结算的特点

（1）国际结算是跨国结算。结算双方处在不同的国度，由于语言、结算习惯、法律规定等的不同，相比国内结算，国际结算要复杂得多。

（2）国际结算必须采用进出口双方都能接受的货币。国际贸易实践中，从收付方便和交易安全角度考虑，大家不约而同地选择币值稳定、可自由兑换的国际通用货币，如美元、英镑、欧元等。

（3）进出口双方要以国际结算统一惯例为法律准则。进出口双方处在不同的法律制度下，任意一方不能认为自己的做法符合本国法律和通行做法而将其做法强加给另一方，只能以国际结算统一惯例为法律准则，如《见索即付保函统一规则》《托收统一规则》等。

（4）国际结算是建立在商业信用和银行信用基础之上的，通过各种信用工具和支付手段进行。

（5）国际结算需要以银行作为中介，通过银行进行结算，以确保支付迅速、快捷、准确。

（6）国际结算中进出口双方很少使用本币进行结算，因为使用本币在结算过程中有一定的汇兑风险。

（7）国际结算可能会受到国际政治局面、经济形势等诸多因素的干扰。

（三）国际结算的内容

国际结算主要包括三方面的内容。

1. 信用工具

信用工具是指证明债权人权利和债务人义务的书面契约凭证。它的主要特性是可以流通转让，如国库券、公司及政府债券、银行券和票据等。信用工具主要用以明确债权人的权利，将贸易的商业信用关系票据化，进一步保障债权人的权利。国际贸易结算所使用的信用工具主要是票据（Notes/Bills）。票据是具有一定格式、由付款人到期对持票人或者其指定人无条件支付确定金额的信用凭证。

2. 国际结算方式

国际结算方式是指货币收付的手段和渠道，是国际贸易结算的中心内容，包括汇款、托收、信用证、银行保函等。其中，信用证是使用最广泛的结算方式。

3. 国际结算单据

国际结算单据主要是指国际结算中涉及的单据，如发票、装箱单、货运单据、保险单、原产地证明书与汇票等单据。

三、国际结算方式*

（一）国际结算中的汇款方式

1. 顺汇和逆汇

根据资金的流向和结算工具传递的方向不同，国际结算方式可以分为顺汇和逆汇两种类型。

（1）顺汇。顺汇又称汇付，是由汇款人主动将款项交给银行，委托银行使用某种结算工具，交付一定金额给收款人的结算方法，即指资金从付款一方转移到收款一方，是不同国家（地区）通过银行进行资金转移的一种方式。其特点是资金的流动方向和结算工具的流动方向一致，如图2-3-1所示。顺汇主要应用于国际结算中的汇款结算。

---

* 这里主要讲解汇款、托收、信用证三种方式。

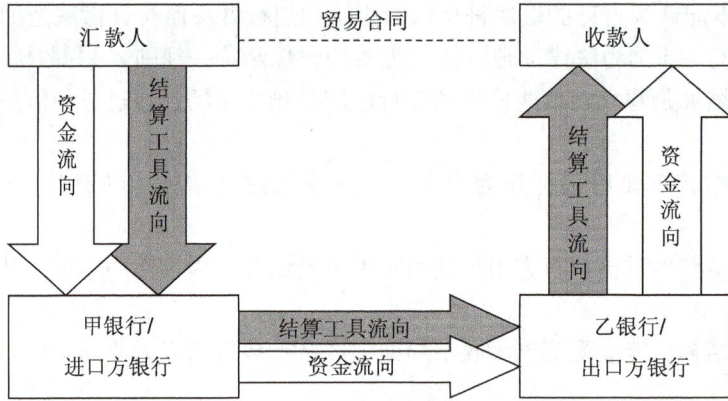

图 2-3-1　顺汇的操作流程

（2）逆汇。逆汇是由收款人（债权人）开出汇票，委托银行向国外汇款人（债务人）索取一定金额的结算方式。其特点是资金的流动方向和结算工具的流动方向相反，如图 2-3-2 所示。逆汇主要应用于国际结算中的托收结算和信用证结算。

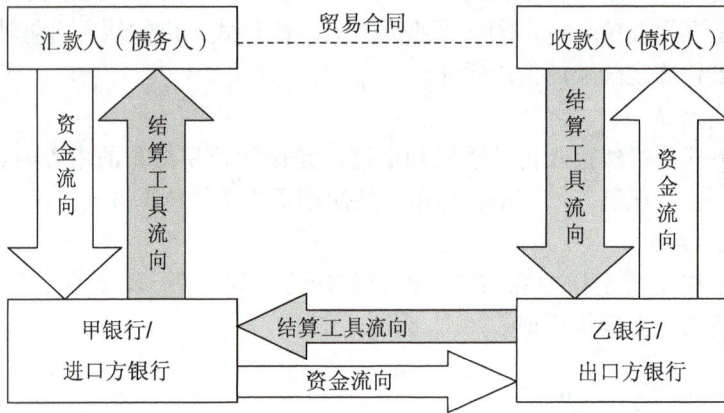

图 2-3-2　逆汇的操作流程

2. 汇款的含义、汇款的种类及业务流程

（1）汇款的含义。汇款又称汇付，是汇款人应收款人的要求，通过银行使用各种结算工具，将一定的金额通过其国外联行或代理银行付给收款人（债权人）的一种结算方式。由此，我们可以看出国际结算汇款业务中，涉及四个基本当事人，即汇款人、收款人、汇出行和汇入行。

汇款人（Remitter）：指汇出款项的人，一般是进口商或债务人。

收款人（Payee or Beneficiary）：指收到款项的人，一般是出口商或债权人。

汇出行（Remitting Bank）：指办理汇出款项的银行，一般是进口商所在地的银行。

汇入行（Paying Bank）：指汇出行委托支付汇款的银行，一般是出口商所在地的银行。

（2）汇款的种类及业务流程。根据汇出行委托汇入行付款的方式不同或发出付款委托书的方式不同，汇款分为电汇、信汇和票汇三种。

①电汇（Telegraphic Transfer，T/T）。电汇是汇出行应汇款人的申请，拍发加押电报或电传给在另一国家的分行或代理行，指示其解付一定金额给收款人的一种汇款方式。具体做法如下。

汇款人在汇出款项时，要先填写电汇申请书，并在申请书中注明采用电汇（T/T）方式，同时，将所汇款项及所需费用交汇出行，取得电汇回执。

汇出行在承接该项业务后，为防止因申请书中出现的差错而耽误或引起汇出资金的意外损失，应仔细审核申请书。汇出行办理电汇时，根据汇款申请书内容以电报或电传向汇入行发出解付指示。电文内容主要有：汇款金额及币种，收款人名称、地址或账号，汇款人名称、地址、附言，头寸拨付办法，汇出行名称或 SWIFT 地址等。为了使汇入行证实电文内容确实是由汇出行发出的，汇出行在正文前要加列双方银行所约定使用的密押（Test Key）。

汇入行收到电报或电传后，即核对密押是不是相符。若不符，应立即拟电文向汇出行查询。若相符，则立即缮制电汇通知书，通知收款人取款。收款人持通知书一式两联向汇入行取款，并在收款人收据上签章，然后，汇入行解付汇款。

电汇中的电报费用由汇款人承担，银行对电汇业务一般均当天处理，不占用邮递过程的汇款资金，所以，对于金额较大的汇款和通过 SWIFT 或银行间的汇划，多采用电汇方式。

电汇业务流程如图 2 - 3 - 3 所示。

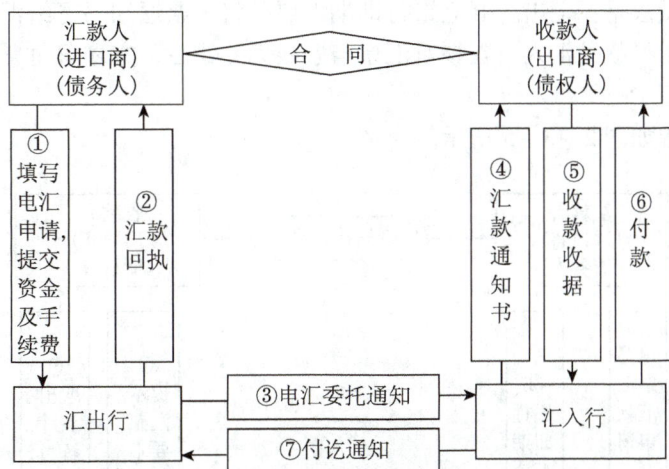

图 2 - 3 - 3　电汇业务流程

②信汇（Mail Transfer，M/T）。信汇是汇出行应汇款人的申请，将信汇委托书寄给汇入行，授权解付一定金额给收款人的一种汇款方式。信汇的做法与电汇大致相同，不同的是，汇出行应汇款人申请，不使用电报，而是以信汇委托书或支付委托书作为结算工具，通过邮寄的方式给汇入行，委托其解付汇款给收款人。

信汇业务流程如图2-3-4所示。

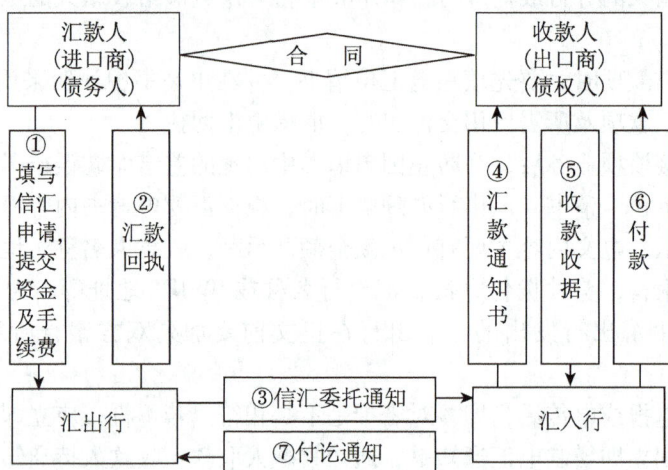

图2-3-4 信汇业务流程

③票汇（Remittance by Banker's Demand Draft，D/D）。票汇是汇出行应汇款人的申请，代汇款人开立以其分行或代理行为付款行的银行即期汇票，支付一定金额给收款人的一种汇款方式。具体做法是：汇出行开立银行即期汇票并将汇票通知书寄给汇入行，收款人凭汇票向汇入行提示付款，汇入行在核对汇票与票根无差错后，方才解付票款给收款人，并将付讫事实通知汇出行。

票汇业务流程如图2-3-5所示。

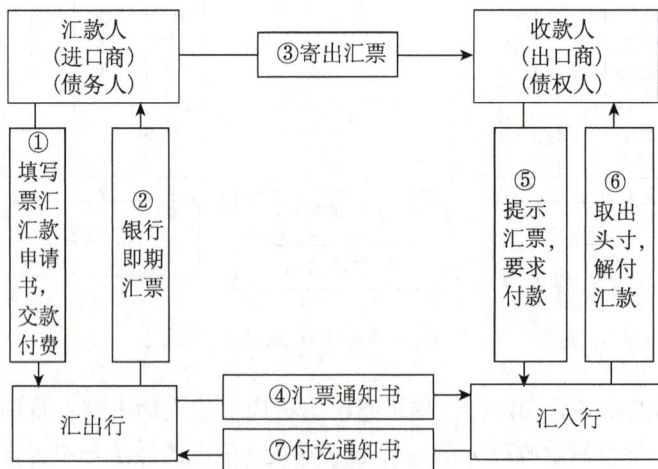

图2-3-5 票汇业务流程

④电汇、信汇、票汇的比较如表2-3-3所示。

表2-3-3　电汇、信汇、票汇的比较

	速度快慢	费用高低	安全性	灵活性
电汇	快	高	高	不灵活
信汇	中	中	中	不灵活
票汇	慢	低	低	最灵活

3. 汇款的偿付和退汇

（1）汇款的偿付。汇出行办理汇出汇款业务，应及时将汇款资金拨交给其委托解付汇款的汇入行，即为汇款的偿付，俗称拨头寸（见图2-3-6）。

图2-3-6　汇款的偿付

一般在进行汇款时，汇款通知书上须写明偿付指示。

①汇出行与汇入行之间有账户关系。如汇出行和汇入行相互开有账户，则偿付较简单。

a. 汇出行在汇入行有账户，则汇出行只需授权汇入行借记其账户。此时，汇出行应在支付委托书中明确偿付的指示："in cover, please debit our A/C with you"（请借记我行在贵行账户）。汇入行按照指示将资金解付给收款人后，即借记汇出行账户，并向汇出行发出借记报单。汇出行在汇入行有账户的偿付如图2-3-7所示。

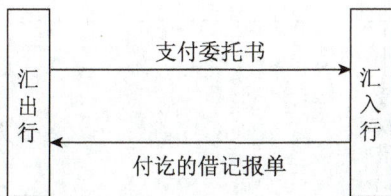

图2-3-7　汇出行在汇入行有账户的偿付

b. 汇入行在汇出行有账户，则汇出行在发出汇款通知书时须先贷记汇入行在汇出行的账户。此时，汇出行应在支付委托书中明确："in cover, we have credited your A/C with us"（我已贷记你行在我行账户）。同时，汇出行向汇入行发出贷记报单，汇入行收到支付委托，确认汇款头寸已拨入自己账户，即可使用头寸将汇款解付给收款人。汇入行在汇出行有账户的偿付如图2-3-8所示。

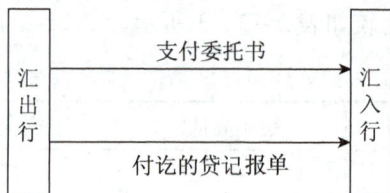

图 2-3-8　汇入行在汇出行有账户的偿付

②汇出行与汇入行之间无账户关系。如果汇出行和汇入行之间没有建立直接的账户往来关系，则需要其他银行的加入，以便将资金解付给收款人。

a. 如果汇出行与汇入行双方在同一个代理行（账户行）开立了往来账户，则款项直接通过该代理行转账完成。此时，该代理行借记汇出行账户，贷记汇入行账户。款项转账之后，代理行向汇出行发出借记报单，向汇入行发出贷记报单，具体如图 2-3-9 所示。

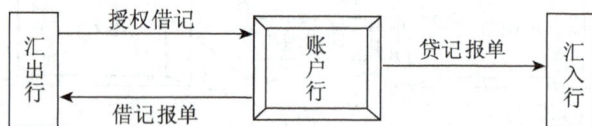

图 2-3-9　汇出行与汇入行在同一代理行开立往来账户的偿付

b. 当汇出行与汇入行双方在不同银行开立往来账户，汇出行可将款项通过双方账户行的同一代理行偿付给汇入行。汇出行和汇入行无共同账户，汇出行需要授权其账户行甲将款项解付给汇入行。这就变成了账户行甲借记汇出行账户，账户行丙将账户行甲的款项转账给账户行乙，账户行乙再将款项贷记到汇入行账户的过程。此时，该共同代理行借记汇出行账户行甲账户，贷记汇入行账户行乙账户，具体如图 2-3-10 所示。

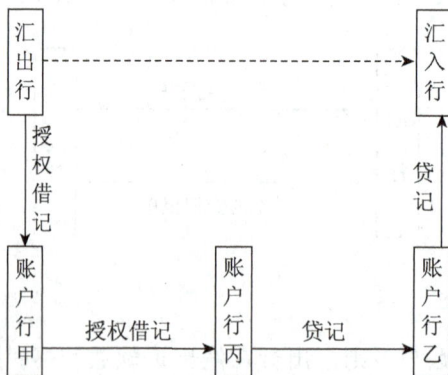

图 2-3-10　汇出行与汇入行在不同银行开立往来账户的偿付

（2）汇款的退汇。汇款的退汇，是指汇款解付之前的撤销。退汇可能由收款人提出，也可能由汇款人提出。

①收款人退汇。收款人退汇的手续比较简便，可视作收款人拒收款项处理。在信汇或电汇方式下，只要收款人通知汇入行，汇入行与汇出行联系，汇入行即可按照汇出行指示

的方式将汇款委托书退回汇出行，由汇出行通知汇款人办理退汇手续，取回款项；在票汇方式下，收款人只要将汇票寄还给汇款人，由汇款人到汇出行办理退汇手续，注销汇票即可。

②汇款人退汇。汇款人退汇的手续比较复杂。在信汇或电汇方式下，汇款人应出具关于退汇的书面申请，汇出行接受申请后，即以信函或电讯的方式通知汇入行撤销汇款。撤销汇款的通知到达时，如果汇款尚未解付，汇入行可办理退汇，汇出行就可以通知汇款人办理退汇手续了。如果汇款已经解付，办理退汇有两种做法。第一种做法是由汇入行直接与收款人联系，收款人如果同意退汇，汇入行受托后即可办理退汇，如果收款人不同意退汇，汇入行应及时通知汇出行。第二种做法是汇入行告知汇出行已将款项解付给收款人，请汇款人直接与收款人协商退汇事宜。

在票汇方式下，如果汇款人还未将汇票寄出，则应对汇票进行背书，并出具书面申请，连同汇票一起交给出票人，经银行核对无误后即可注销汇票，办理退汇手续。如果汇款人已经将汇票寄出，则汇出行可应汇款人的要求，通知汇入行止付，但这种情况会影响到汇出行未来的声誉，应谨慎处理。

如果因为某种原因将汇票遗失，应及时向汇出行申请挂失止付，并出具认赔证明，万一银行因持票人申请付款发生重付时，汇款人应当承担因此给银行带来的损失。汇出行应通知汇入行止付，当收到汇入行以书面形式确认后，汇出行补办汇票手续。

4. 汇款在国际贸易中的应用

汇款在国际贸易中的应用有预付货款、货到付款和凭单付款三种类型。

（1）预付货款（Payment in Advance）。预付货款是指进口商先将货款的全部或一部分用汇款的方式通过银行汇交给出口商，出口商收到货款后立即或在一定时间内发运货物。预付货款主要是因为出口商对进口商不大信任，或是买卖的商品在国际市场上是紧俏商品，所以要预收货款作为担保。这种做法对出口商有利而对进口商不利。进口商不仅因为先行付款而占压了资金，而且还要承担出口商不交货或迟交货的风险。在这种情况下，进口商一般会压低货价，并在汇款上规定解付条件，例如，收款人或付款银行提供书面担保，保证出口商在一定时间内履行交货义务，否则退还已收货款，并加付利息。所以，预付货款的方式通常只适用于两种情况：一是进出口双方关系密切，相互比较信任；二是买卖的商品在市场上属于紧俏商品，在供给量有限时，进口商为了保证购买到货物而不得不答应出口商提出的预付货款条件。

根据支付款项的多少，预付货款通常有全部预付和部分预付两种情况。全部预付即进口商将全部货款通过汇款的方式支付给出口商后才能收到运输单据或货物的结算方式。出口商不需要垫付任何资金，对其最有利。部分预付是在进口商先将部分货款通过汇款的方式支付给出口商，收到运输单据或货物之后再支付剩余货款的结算方式。资金由进出口双方共同承担，这种方式容易为进口商接受，在国际贸易中也最常使用。

（2）货到付款（Payment after Arrival of the Goods）。货到付款是指在进出口双方签订合同后，出口商先行发货，进口商在收到出口商发出的货物或货物单据后再按规定支付货款的结算方式。这种方式是先交货、后付款，因此也属于赊销（Open Account Transaction）交易或延期付款（Deferred Payment）交易。这种方式对出口商不利，对进口商有利。进口商不需要承担资金风险，还可以收到货物后付款，在交易中处于主动地位。出口商的风险在于：进口商收货后可能以各种理由拒绝付款；货款不能及时收回，资金被占用，造成一定的损失。

在国际贸易中，进口商倾向于采用货到付款的方式，而出口商更偏好于预付货款的方式。在实际的贸易中，到底采用哪种方式是由进出口双方力量对比决定的。为了避开这种明显不利于一方的情况，贸易结算方式向托收结算演进。

（3）凭单付款（Cash Against Documents）。凭单付款是指进口商将货款汇给出口商所在地的银行，并指示该银行凭出口商提供的指定单据向出口商付款的汇款结算方式。

采用凭单付款时，进口商在银行解付后就可以收到有关单据，在一定程度上减少了出口商收款后不交货的风险；而出口商只要提交符合要求的单据，即可安全收款。但因为这种汇款是有条件的，在汇款尚未被支取前，汇款人随时可以通知银行将款项退回，而银行因此也要承担额外的审单责任，因此银行一般不愿接受此种汇款类型。目前这种类型的汇款使用较少。

5. 汇款结算方式的特点

（1）风险较大。汇款的结算基础是商业信用，卖方担心货物发运后，买方能否按期付款；买方则担心预付货款后，卖方能否按期交货，货物是否符合合同规定等。这些担心是否发生主要取决于买卖双方的信誉。而银行在汇款中只负责按委托方要求办理业务，从中收取手续费，对货物的质量和款项收付的风险不承担任何责任。

（2）资金负担不平衡。在国际贸易中，使用汇款作为结算方式时主要采用预付货款和货到付款。这两种方式的资金的承担主体是不同的。如果采取货到付款的方式，则资金完全由出口商承担；如果采取预付全部货款的方式，则资金完全由进口商承担。只有采取预付部分货款的方式，资金才由进出口双方共同承担，进口商承担多少由预付货款的多少决定。而且在国际结算的过程中，银行不会为进出口双方提供贸易融资。

（3）手续简单，结算迅速，费用低。汇款结算的手续简单，结算迅速，费用较低。采用不同种类的结算方式，可以体会到不同的优点，如电汇速度较快，信汇价格低廉，票汇最为灵活。所以，如果进出口双方信誉较好，双方之间相互信任，汇款结算是国际结算方式中十分理想的结算方式。

6. 汇款结算中的商业诈骗及防范措施

汇款诈骗是指诈骗者表面是正常贸易，实际上蓄意伪造、涂改信汇或电汇凭证，谎称已支付或汇出货款，企图诱使出口商发货，以骗取其出口货物的不法行为。

针对汇款结算中的商业诈骗主要有以下六条防范措施。

①坚持按照国际贸易惯例行事，时刻保持警惕，切不可轻信对方提出的各种非常规做法以及所谓的当地特殊规定。

②在洽谈出口合同时应坚持对己方有利的付款条件，应始终把握主动权，尽量要求对方以电汇方式付款，且必须坚持款到发货。

③同意给进口商免费提供样品，也应要求对方先垫付所有费用或预付样品费，待将来成交付款时再抵扣相关费用。

④不可支付进口商以任何名义索要的哪怕是很小金额的款项。

⑤提前寻找出口地代理销售商。一旦产品到达目的地，而进口商拒绝付款，可以寻求代理销售商帮助，减小损失。

⑥同银行和驻外商业机构密切合作，认真核对进口方提供的信息和单据的真实性。

（二）国际结算中的托收方式

1. 托收的含义及其当事人

（1）托收的含义。托收是指收款人或债权人为了取得因劳务、商品及其他交易引起的应收款项，将有关单据交给本地银行，委托该银行通过其国外代理行向付款人或债务人交单取款的结算方式。

（2）托收业务的当事人。一般地，托收业务涉及以下主要的当事人。

①委托人（Principal）。委托人（收款人）一般是出口商（收款人），是托收业务中委托银行办理托收业务的主债权人。其在托收业务中一方面担负与进口商（付款人）签订贸易合同的责任，另一方面需要履行与托收行签订的委托代理合同的责任。在委托人委托银行办理托收业务时，必须编制托收申请书。

②托收行（Remitting Bank）。托收行是接受出口商（收款人）委托的银行，通常是出口商（收款人）在其所在地开立账户的银行，又称寄单行。

③代收行（Collecting Bank）。代收行是接受托收行委托向付款人收款的银行。

④付款人（Payer）。付款人是商务合同中的债务人，也称受票人，通常是进口商。

⑤提示行（Presenting Bank）。提示行是向付款人提示单据的银行。

⑥需要时的代理。如果发生拒付的情况，委托人就可能需要有一个代理人为其办理在货物运出目的港时所有有关货物储存、保险、重新议价、转售或运回等事宜。这个代理人必须由委托人在委托书中写明，称作"需要时的代理"。

托收中的基本当事人及其关系如图2-3-11所示。

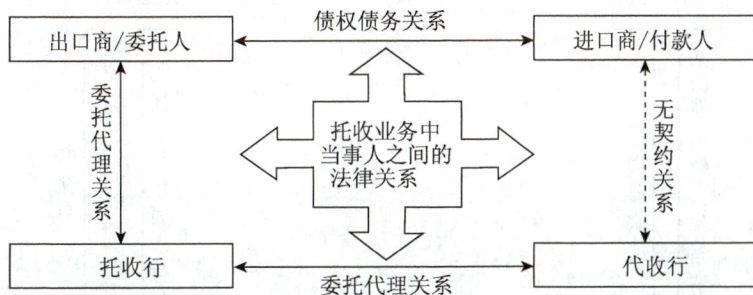

图2-3-11 托收中的基本当事人及其关系

2. 托收的种类及业务流程

（1）光票托收（Clean Collection）。光票托收是指委托人仅凭金融单据，不附带商业单据，通过银行向付款人收取款项的托收。在贸易上采用光票托收进行结算时，其货运单据已由卖方寄给买方，票据则委托银行托收。光票托收主要适用于货款尾数、小额货款代垫费用、样品费、佣金、索赔款及其他贸易从属费用的收取。

光票托收的特点如下。

①安全。通过银行间的国际网络收款，避免了委托人直接向付款人收款的风险，是一种安全的收款方式。

②方便。国际化银行的网络遍布全球，可以十分方便地帮助委托人收妥来自世界各地的款项。

③快捷。利用银行广泛的海外代理行关系，大大缩短了收款时间。

④费用低廉。光票托收的银行费用相对较低。

光票托收票据的收款人持有效证件及做成空白背书的正本票据，填妥光票托收申请书并交给托收行，托收行审查后依据托收申请书制作托收指示，然后将之随票据寄给代收行托收票款。光票托收的汇票可以是即期的也可以是远期的。

（2）跟单托收（Documentary Collection）。跟单托收是指附有商业单据的托收。出口商开具托收汇票并将之连同商业单据（主要指货物装运单据）一起委托给托收行。如果是首次办理委托业务，还应提交工商营业执照原件（副本）、进出口业务的营业许可证、法定代表人授权书。

根据银行向付款人交单条件的不同，跟单托收分为付款交单和承兑交单。

①付款交单（Documents Against Payment，D/P）。付款交单是指代收行按照委托人的指示，在进口商付清货款之后，将货运单据交给进口商的托收方式，付款交单包括即期付款交单和远期付款交单。

a. 即期付款交单（D/P at sight）是指出口商按照合同发运货物后开具即期汇票（或不开汇票），然后将汇票连同货运单据一起委托给托收行，通过银行向进口商提示，进口商审核单据无误后即支付款项并向银行领取货运单据的托收方式。

即期付款交单的业务流程如图2-3-12所示。

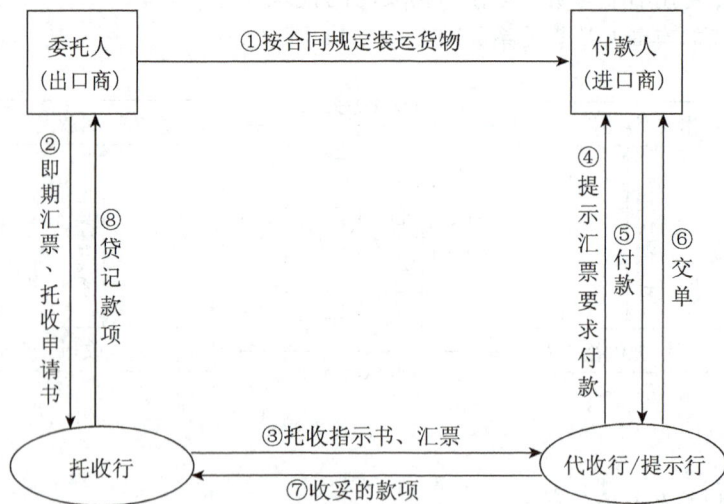

图2-3-12 即期付款交单的业务流程

b. 远期付款交单（D/P at…days after sight）是指出口商在发货后开具远期汇票，然后将汇票连同货运单据一起委托给托收行，通过银行向进口商提示，进口商审核单据无误后即在汇票上承兑，于汇票到期日付清货款并向银行领取货运单据的托收方式。

远期付款交单的业务流程如图2-3-13所示。

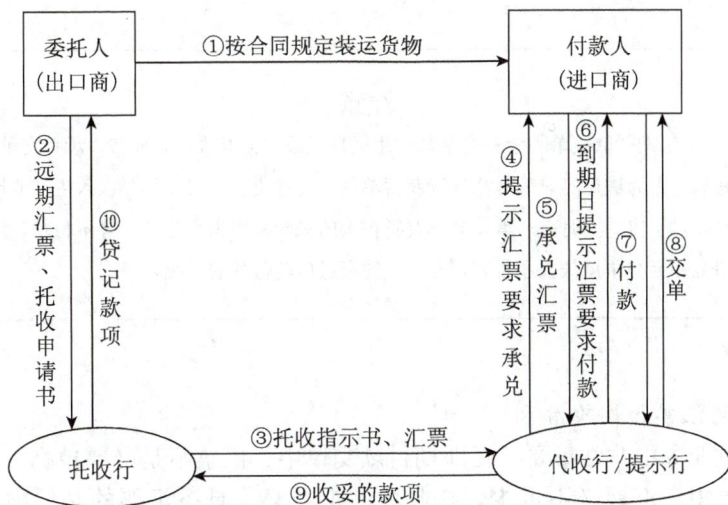

图 2 - 3 - 13　远期付款交单的业务流程

②承兑交单（Documents Against Acceptance，D/A）。承兑交单是指代收行按照委托人的指示，在进口商承兑汇票后即将全部单据交给进口商，待汇票到期时进口商才会付款的托收方式。

承兑交单的业务流程如图 2 - 3 - 14 所示。

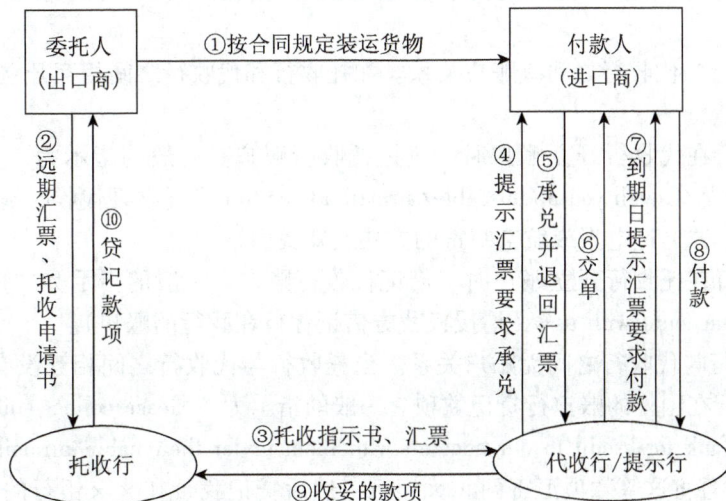

图 2 - 3 - 14　承兑交单的业务流程

> **注意**
>
> 　　远期付款交单和承兑交单都使用远期汇票。但对进口方而言，承兑交单更有利。因为进口商只需承兑就能获得单据、提取货物，可以尽早投入生产或销售。对于出口方而言，承兑交单要冒很大的风险。因为承兑并不等于付款，出口商一旦交单就失去了物权，丧失了约束进口商付款的手段。

3. 托收中的汇票和收款指示

汇票在托收业务中非常重要。在即期付款交单中，汇票不是必要单据，但在远期付款交单和承兑交单中，汇票必不可少。托收中的汇票必须具备汇票的必要项目，但除此之外，托收中的汇票还有其自身的特殊性，要加注出票条款和交单条件。

一般情况下，托收项下汇票的出票条款要有托收的指示，即要表明"for collection"，出票人是出口商或卖方，付款人是进口商或买方，收款人（汇票的抬头）则有两种表示形式。一是出票人抬头，即以委托人或出口商为收款人；二是托收行抬头，即以托收行为汇票上的收款人。

一般采用托收方式结算时，还需要在托收委托书中写明托收中的收款指示。托收中的收款指示主要为了解决银行之间的头寸划拨问题，即代收行应如何将收妥的款项拨付给托收行。

（1）托收行与代收行之间有账户关系。如托收行和代收行之间相互开立有账户，则偿付较简单。

①当托收行在代收行开立账户时，贷记托收行账户。一般的指示为"When collected please credit our A/C with you under cable/airmail advice to us"（办理代收时请将款项贷记我行在你行账户，并通过电报或航空邮寄的方式通知我们）。

②当代收行在托收行开立账户时，借记代收行账户。一般的指示为"Please authorize us to debit your account with us"（请授权我方借记你行在我行的账户）。

（2）托收行与代收行之间无账户关系。当托收行与代收行之间相互没有开立账户时，主要通过托收行在国外的账户行贷记款项。一般的指示为"Please collect and remit the proceeds to ×× Bank for credit to our account with them under their cable/airmail advice to us"（请代收款项并且将这笔款项汇寄到××银行，然后贷记我行在××银行的账户，并通过电报或航空邮寄的方式通知我们）。

4. 托收结算中的风险及防范措施

（1）出口商面临的风险。托收属于商业信用，银行不承担审单和付款责任，所以对于出口商而言，风险很大。风险主要由进口商、进口地及出口商操作不当等因素造成，具体表现如下。

①进口商因经营不善而破产、倒闭或失去偿付能力。

②进口地货物价格趋于下降或出现不利于货物的情况，付款人借口拒付或承兑，从而导致货物积压，造成出口商的被动。

③进口商以货物的规格、质量、包装、数量等与合同不符为借口，挑剔货物，要求降价或拒绝履行付款义务，甚至要求索赔等。

④因政治或经济原因，进口国家改变进口政策，进口商没有领到进口许可证，或是申请不到进口所需的外汇等，以致货物抵达进口地而无法进口或不能付款。

⑤出口商选用交单条件的不当也会导致出口商钱货两空。

⑥贸易术语把握不当导致货物受损无法得到合理补偿。

⑦出口商对进口地相关的规定和惯例不熟悉导致的经济损失。

⑧代收行由进口商指定有可能导致托收的货款无法收回。

（2）进口商面临的风险。选择托收结算方式时，进口商风险较小，但也偶有出现，具体表现如下。

①进口商按合同规定对银行提示的单据付款或承兑后，凭单据提取的货物与合同规定不符。

②在远期付款交单的条件下，进口商承兑了汇票后，到期却不能得到相应的单据。

（3）托收结算中风险的防范措施。

①谨慎选择贸易伙伴，做好对进口商的调查了解工作。

②熟悉进口国的商业惯例及贸易政策。

③慎用远期付款交单和承兑交单。

④出口商尽可能选取 CIF 或 CIP 贸易术语成交，争取自己办理保险。

⑤严格按照合同规定装运货物、制作单据。

⑥尽可能由出口商自己指定代收行，且要谨慎指定。

⑦在进口地尽可能有"需要时的代理"。

⑧建立健全的管理和检查制度，加强催收工作，定期检查，及时清理货款。

5. 银行在托收业务中的资金融通

托收虽然是基于商业信用，但银行仍可以通过多种方式向出口商和进口商提供资金融通，这也是托收与汇款之间的最大区别。

（1）对出口商的资金融通——托收出口押汇方式。托收出口押汇方式是托收行提供贷款给出口商，从而给出口商提供资金融通的一种方式。主要做法是托收银行在汇票未到期前，买入出口商给进口商开出的跟单汇票，待托收款项收妥后再收回已垫支的款项。

（2）对进口商的资金融通——进口代收押汇方式。进口代收押汇方式是代收行或委托人允许进口商在远期付款交单条件下凭信托收据 T/R（Trust Receipt）借单提货，即代收行先行对外垫付货款，待进口商出售货物后用所得的款项偿还代收行的垫款，赎回信托收据，以缓解进口商在资金周转上的困难的一种资金融通方式。

（三）国际结算中的信用证方式

1. 信用证结算的含义及当事人

（1）信用证结算的含义。信用证是开证银行根据申请人的要求和指示，向受益人开立的、有一定金额的、在一定期限内凭规定的单据在指定的地点支付（即付款、承兑或议付汇票）的书面保证。信用证结算是国际物流结算中最主要、最常用的支付方式。

信用证主要有以下特点。

①信用证是一种银行信用，开证行承担第一性的付款责任。信用证结算方式是一种银行信用，开证行以自己的信用担保付款。一旦受益人提交了与信用证相符的单据，开证行就必须承担第一性的付款责任。

②信用证是一项独立的文件，它不依附于贸易合同而存在。信用证是银行与信用证受益人之间存在的一项契约，该契约虽然可以以贸易合同为依据而开立，但是一经开立就不再受到贸易合同的牵制。银行履行信用证付款责任仅以信用证受益人满足了信用证规定的条件为前提，不受贸易合同争议的影响。

③信用证业务是一种纯单据的买卖。信用证业务中，银行对于受益人履行契约的审查仅针对受益人交到银行的单据进行，单据所代表的实物是否好则不是银行关心的问题。即便实物的确有问题，进口商对出口商提出索赔要求，只要单据没问题，对于信用证而言，受益人就算满足了信用证规定的条件，银行就可以付款。

（2）信用证结算的当事人。从以上定义可以看出，信用证结算至少需要有开证申请人、开证行、受益人等基本当事人，除此之外，在信用证结算中还有通知行、议付行、保兑行、付款行、承兑行、偿付行等其他非基本当事人。这些当事人都分别有各自的权利，并承担相应的义务和责任。

①开证申请人（Applicant or Opener）。开证申请人是指根据贸易合同的约定到其有业务往来的银行申请开立信用证的主体。在国际贸易中，信用证的开证申请人是进口商或买方。

②开证行（Issuing Bank or Opening Bank）。开证行是指接受开证申请人的委托开立信用证的银行，它承担按信用证规定条件保证付款的责任。开证行是以自己的名义对信用证下的义务负责的。开证行在验单付款之后无权向受益人或其他前手追索。

开证行的权利如下。

a. 开证行有根据开证申请人的信用和风险选择开立信用证和不开立信用证的权利。

b. 开证行有要求开证申请人提供相关证明或要求提供担保、抵押以及收取相关费用的权利。

c. 开证行在开立了信用证后，若对符合信用证规定的单据进行了付款，那么开证行有从申请人处获得偿付的权利。

d. 按正常程序对进口货物进行处理的权利。如果开证申请人无法付款赎单，则开证行有权处理货物，使自己的垫款得到补偿。

开证行的义务如下。

a. 严格按开证申请书开立信用证的义务。信用证开证申请人通过提交开证申请书与开证行之间确立合同关系，开证行必须严格按照申请书的指示开立信用证。

b. 开证行审核单据的义务。信用证通常规定受益人在请求银行履行付款、承兑或议付义务时，必须向银行提交符合信用证规定的单据，银行在付款、承兑或议付之前，要严格审核受益人所提交的单据是否符合信用证条款的规定。

c. 付款/承兑的义务。信用证受益人如果按照信用证规定提交了相符的单据，开证行就必须向受益人付款或承兑受益人出具的汇票。

d. 开证行保管单据的义务。受益人按信用证规定将全套单据提交给开证行，在开证行审核单据、兑付货款前的这段时间，开证行作为受益人的受托人有义务保管单据，防止单据的丢失、损坏或更改。

③受益人（Beneficiary）。受益人一般是国际贸易中的出口商或卖方。受益人接到信用证后，应该仔细同合同条款核对，并审核自身是否能够履行信用证条款。如果发现信用证和合同条款不符或无法履行时，受益人有权要求信用证申请人对信用证进行修改。受益人一旦接受了信用证，就应按照信用证的规定在规定的日期内装运货物，正确缮制相关单据和提供相关证书。如果开证行单方面修改或撤销信用证时，受益人有权拒绝接受。在遭到开证申请人拒付、丧失偿付能力以及破产倒闭时，受益人有权依照信用证条款和条件提交汇票及单据向开证行提出付款要求，如果开证行无理拒付，受益人可以提起诉讼。在开证申请人和开证行同时破产倒闭时，受益人有权让已经准备的货物或已经装运的货物留置或停运。如果货物已经发出，受益人有权要求保兑行在信用证有效期内付款。

④通知行（Advising Bank）。通知行一般是开证行在出口国的代理行或分行，受开证行的委托，将信用证转交出口商的银行。它只证明信用证的真实性，不承担其他义务。如通知行不能确定信用证的表面真实性，即无法核对信用证的签署或密押，则应毫不延误地告知从其收到指示的银行，说明其不能确定信用证的真实性。如通知行仍决定通知该信用证，则必须告知受益人它不能核对信用证的真实性。

⑤议付行（Negotiating Bank）。议付行是根据开证行在议付信用证中的授权，买进受益人提交的汇票和单据的银行。在很多情况下，议付行同时担当了通知行的角色。

⑥保兑行（Confirming Bank）。保兑行是指接受开证行的委托，在信用证上加注条款，表明当受益人持符合信用证规定的汇票、单据要求付款或承兑遭到拒付时，以自己独立信用的方式付款、承兑或议付的银行。

⑦付款行（Paying Bank）。付款行是开证行的付款代理人。开证行在信用证中指定另一家银行为信用证项下汇票上的付款人，它可以是通知行或其他银行。付款行一旦付款，即不得向受益人追索，而只能向开证行索偿。

⑧承兑行（Accepting Bank）。承兑行是指接受开证行的委托，对受益人签发的、附于信用证后的商业汇票，予以承兑并支付的银行。如果承兑行不是开证行，承兑后又不能履行付款，开证行应负最后付款的责任。

⑨偿付行（Reimbursement Bank）。偿付行是指接受开证行的委托，代开证行偿付其他付款行、承兑行或议付行已经向受益人支付的款项的银行。偿付行产生的原因是进出口商在信用证中规定的支付货币，既不是进口国的货币，也不是出口国的货币，而是第三国的货币，而开证行拥有的第三国货币资金调度或集中在第三国银行，开证行要求该银行代为偿付信用证规定的款项，偿付行通常是开证行的存款银行或约定的垫款银行。

2. 信用证结算的业务流程

信用证结算的业务流程如图 2 - 3 - 15 所示。

（1）进出口双方签订贸易合同。

（2）进口商申请开立信用证。

（3）开证行接受申请，开出信用证。

（4）通知行向受益人通知信用证。

（5）出口商按信用证规定发货。

（6）受益人向指定行交单。

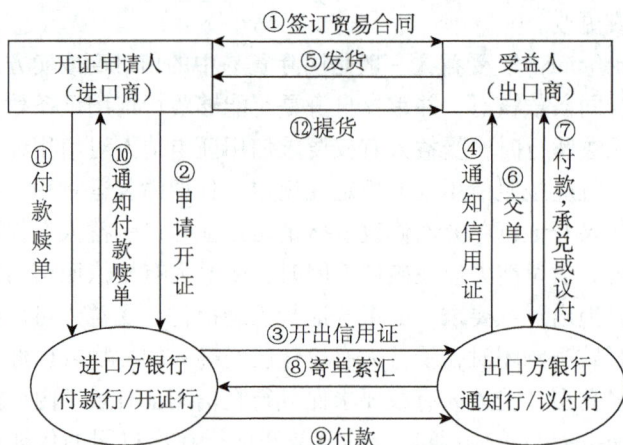

图 2-3-15　信用证结算的业务流程

（7）指定行根据自己的义务付款、承兑或议付。

（8）指定行向开证行寄单索汇或向开证行寄单并向付款行索偿。

（9）开证行向通知行或议付行付款。

（10）开证行通知申请人付款赎单。

（11）申请人付款赎单。

（12）申请人提货。

3. 信用证的种类

按照不同的分类标准，信用证可以分为不同的种类。

（1）根据信用证项下是否附有货运单据，信用证分为光票信用证和跟单信用证。光票信用证是指受益人根据信用证要求，在收取货款时，只需开具汇票，即可收取货款的信用证。有些信用证在汇票下附有非货运单据（如发票、垫付款清单等）时也属于光票信用证。在国际贸易结算方面，常见的光票信用证通常属于预支信用证性质，即开证银行在信用证中规定受益人可在货物装运以前先行开具汇票收款。

跟单信用证是指受益人根据信用证的要求，在议付货款时，除开具汇票之外，还要随附货运单据的信用证。

（2）根据开证行对开出的信用证所付的责任，信用证分为可撤销信用证和不可撤销信用证。信用证应明确注明是可撤销的或是不可撤销的。若无此注明，应视为不可撤销的。

可撤销信用证是指开证行应开证申请人申请开立信用证之后，开证行无须事先征得受益人同意就有权修改其条款或撤销的信用证。因此，这种信用证对于受益人来说是缺乏保障的。但是，只要受益人已经按信用证规定交单，指定银行已经凭与信用证条款相符的单据做出付款、承兑或议付，信用证就不可再行撤销或修改。

不可撤销信用证是指未经开证行、保兑行及受益人同意，不能修改也不能撤销的信用证。不可撤销信用证只有在征得开证行、保兑行和受益人同意的情况下才可以撤销和修改。这种信用证对于受益人来说是比较可靠的。

不可撤销信用证有如下特征。

①有开证行确定的付款承诺。对于不可撤销跟单信用证而言，在其规定的单据全部提

交给指定银行或开证行，符合信用证条款时，即构成开证行按照信用证规定的时间付款的确定承诺。

②具有不可撤销性。这是指自开立信用证之日起，开证行就受到其条款和承诺的约束。如果要撤销或修改，在受益人向通知行表示接受该修改之前，原信用证的条款对受益人依然有效。

（3）根据信用证是否经过开证行以外的其他银行加以保证兑付，信用证分为保兑信用证和不保兑信用证。

保兑信用证是指开证行委托另一家银行对开证行的付款承诺再次进行保证的信用证。其特点是有开证行和保兑行双重确定的付款保障和保兑行的确定的付款承诺。

不保兑信用证是指未经另一家银行加以保兑的信用证。如果开证行要求另一家银行加保，而该银行未在信用证上加具保兑，则该信用证仍然是不保兑信用证。

（4）根据受益人对信用证的权利可否转让，信用证分为可转让信用证和不可转让信用证。可转让信用证是指经进口商同意，信用证的受益人（第一受益人）可以要求信用证中特别授权的银行，将该信用证的权利全部或部分转让给一个或数个受益人（第二受益人）使用的信用证。（注：可转让信用证一般适用于中间贸易且只能转让一次；只有被明确注明"可转让"时才可以被转让；转让的金额可以是部分的，也可以是全部；第一受益人必须通过转让行办理信用证转让业务，办理转让的银行只能是信用证指定的转让行；受益人不能自行转让信用证给第二受益人。）

不可转让信用证是指受益人不能将信用证的权利转让给他人的信用证。

（5）根据信用证的付款方式不同，信用证分为即期付款信用证、承兑信用证、延期付款信用证和议付信用证。

即期付款信用证是指开证行或付款行收到符合信用证条款的即期汇票或仅凭单据立即履行付款责任的信用证。

承兑信用证也称银行承兑信用证，指信用证指定的付款行在收到信用证规定的远期汇票和单据，审单无误后，先在该远期汇票上履行承兑手续，等到该远期汇票到期付款行才进行付款的信用证。

延期付款信用证是指指定银行不需要汇票，仅凭受益人交来的单据，审核相符，确定银行承担延期付款责任起，延长一段时间，直至到期日付款的信用证。

在业务处理上，延期付款信用证与承兑信用证类似，所不同的是受益人不需要出具汇票，只需将符合信用证规定的单据交到指定银行。指定银行在验单无误后收入单据，待信用证到期再行付款。延期付款信用证由于没有汇票，也就没有银行承兑，对于受益人来说明显的不利处在于无法像承兑信用证那样去贴现汇票。如果受益人急需资金而向银行贷款，银行贷款利率比贴现率高，可见这种信用证不利于企业对资金的利用。

议付行议付或购买受益人在信用证项下交来的汇票或单据，只要这些汇票、单据与信用证条款相符，就将被开证行正当付款，这种信用证即为议付信用证。

（6）其他种类的信用证，如背对背信用证、对开信用证、预支信用证和循环信用证。

背对背信用证也称转开信用证，是指信用证的受益人要求通知行或其他银行以原证为保证开立以该银行为开证行，以这个受益人为申请人的一份内容近似的新的信用证，这种信用证主要在中间商的贸易活动中使用。

对开信用证是指进出口双方互为开证申请人和受益人的信用证。对开信用证广泛用于易货贸易、来料加工贸易、补偿贸易等。

预支信用证是指开证行授权指定银行（通常是通知行）允许受益人在货物装运前凭汇票或其他有关证明提前支取全部或部分货款的信用证。预支信用证主要用于出口商资金紧张的情况，所以这种信用证的预支是凭受益人按时发货交单的保证进行的，有时要求受益人提交货物仓单作抵押。预支信用证的特点是进口商先付款，出口商后交货，预支信用证是进口商给予出口商的一种资金融通。

循环信用证是指受益人在一定时间内使用了规定的金额后，其金额又恢复到原来的金额，直至达到规定的时间、次数或金额为止的信用证。循环信用证主要应用在进出口双方订立长期合同，分批交货，而且货物比较大宗单一的情况。循环信用证分为按时间循环的循环信用证和按金额循环的循环信用证。

4. 信用证押汇融资

在国际结算中，信用证之所以被广泛接纳和采用，除了它的保障性强之外，还与其能提供灵活的融资便利分不开。信用证是一种结算工具，同时也是融资工具，在从开立到付款的全部过程中，为进出口双方提供了多种融资途径，基本的方式有出口押汇融资和进口押汇融资。

出口押汇融资指出口商按照合同发出货物并提交信用证和单据后，出口商银行凭所交单据向其提供的短期资金融通，以满足出口商在信用证项下的短期资金需求。这种融资方式适用于以下几种情况：出口商流动资金有限，依靠快速的资金周转开展业务；出口商在发货后、收款前遇到临时资金周转困难；出口商在发货后、收款前遇到新的投资机会，且预期收益率高于押汇利率；等等。出口押汇融资业务流程如图2-3-16所示。

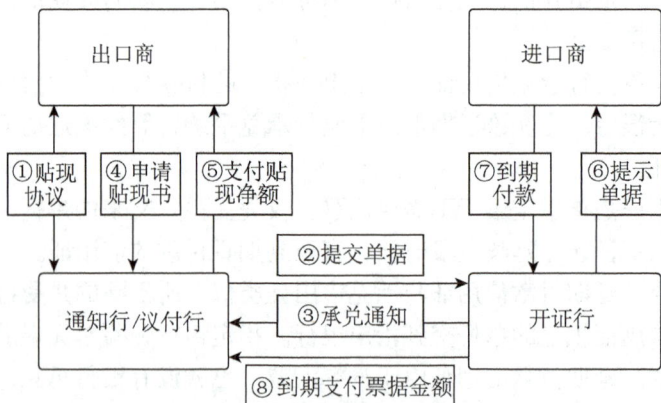

图2-3-16 出口押汇融资业务流程

进口押汇融资指进口商银行在进口信用证项下，凭有效凭证和商业单据代进口商对外垫付进口款项的短期资金融通。这种融资方式适用于以下情况：进口商遇到临时资金周转困难，无法按时付款赎单；进口商在付款前遇到新的投资机会，且预期收益率高于押汇利率；等等。进口商可向开证行提出书面的进口押汇申请，在押汇银行核定了授信额度后与银行签订正式押汇协议，确定金额、期限、利率、还款日期等。押汇期限一般与进口货物转卖的期限相匹配，并以销售回笼款项作为押汇的主要还款来源。进口押汇融资业务流程如图 2 - 3 - 17 所示。

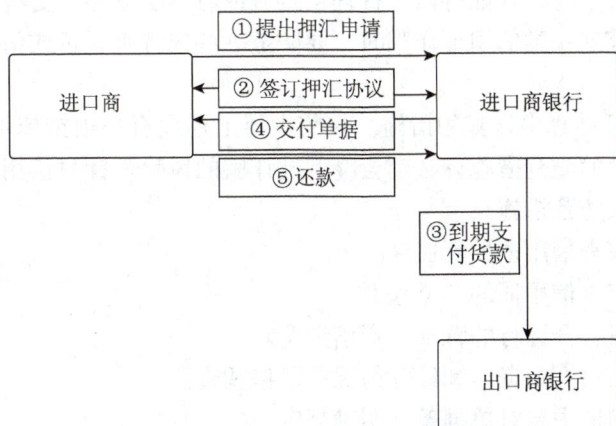

图 2 - 3 - 17　进口押汇融资业务流程

5. 信用证结算中的商业诈骗及防范措施

信用证方式的产生很大程度上是为了防止国际贸易中存在的双方不信任与诈骗行为。可以说，基于银行信用的信用证结算方式是较汇款和托收更为安全的一种国际结算方式。但银行只负责对单证的表面审查，对货物和合同基本不负责，这也就导致了一些商人的诈骗行为。因此，对进出口双方而言，采用信用证结算仍然存在一定的风险。

（1）信用证结算中的商业诈骗手段。采用信用证结算，常见的诈骗手段有以下五种。

①无中生有。此种诈骗手法相对来说比较初级，稍有头脑和贸易经验的人一眼就能识破。其做法是进出口双方达成合约后，进口商自己制作一份信用证申请书或信用证复印件，然后传真给出口商，出口商基于某种原因迅速备货，等货物出运后，出口商却收不到正本信用证，最终可能造成严重的损失。

②欺世盗名。此种诈骗方式是使用伪造、变造的信用证，进口商以事实上根本不存在的银行为名或冒用其他银行名义开立假信用证。在对外出口贸易中，对自己不熟悉的进口商，如果出现以下几种情况，出口商应该谨慎从事。

a. 未经通知行通知，信用证直接寄到受益人手中。

b. 信封无寄信人的详细地址，邮戳模糊。信用证签字非手签，采用印刷的方式。

c. 所用信用证格式陈旧。

d. 信用证条款前后矛盾，不合情理。

e. 信用证要求货物空运。

③借尸还魂。此种诈骗方式是使用已经作废的信用证，如过期的信用证或涂改变更原证的有效期限、金额和受益人名称等。

④暗箭伤人。此种诈骗方式下，进口商利用"软条款"进行诈骗，即开证申请人（进口商）在向开证行申请开立信用证时，想方设法地设置若干隐蔽性的"陷阱"，以便在信用证运作中置受益人（出口商）于完全被动的境地，而开证申请人或开证行随时可将受益人置于陷阱，最终以单证不符为由，解除信用证下的付款责任。

⑤狼狈为奸。此种诈骗方式下，进口商同小银行勾结开出信用证，以期向出口商诈骗，当出口商严格依照信用证内容备货、装船出运后，出口商凭信用证项下的一系列单据向议付行或开证行索汇时，开证行以种种理由推脱或者不予理会，更有甚者干脆宣布破产倒闭。因此，在防范这一类信用证诈骗时，要防范一些未曾听说过或信用不佳的小银行以及远期的信用征。

（2）防范信用证结算中诈骗的措施。目前世界上还没有一项措施可以完全防止诈骗，但是只要采取了有效的防范措施，必定会降低被诈骗的风险。针对信用证结算中的诈骗手段，主要有以下几条防范措施。

①出口商严格审查信用证的真实性。

②出口商严格审查信用证的"软条款"。

③出口商严格审查开证行的背景、资信情况。

④进口商要对出口商的资信和经营情况等严格调查。

⑤进口商在信用证中要对单据条款明确规定。

⑥进口商严格审核出口商提交的单据。

四、物流运费与运输保险费的计算

物流运费的计算和运输保险费的计算是物流结算中的两个关键内容。

（一）物流运费的计算

物流运费的计算与贸易商有着十分重要的关系，例如，一笔交易按照 CIF 价格成交，物流运费是多少，在价格构成中占多大比重，对于出口方的成本核算关系重大。即使采用 FOB 价格成交时，掌握物流运费的资料，对于计算各种价格条款之间的差额，做好比价工作也是十分重要的。物流运费是根据每个公司指定的运价表计算的，其基本内容是比较接近的。在计算物流运费时，除按照航线、路线和商品的等级，先按基本费率（Basis Rate）算出基本运费，然后还要查出各种附加费用的项目，将需要支出的附加费一一计算在内。物流运费的计算分为海运运费计算、公路运输运费计算、铁路运输运费计算和航空运输运费计算等。

1. 海运运费计算

（1）运费结构。海运运费包括基本运费和附加运费两部分。

基本运费有：普通货物运费、个别商品运费、等级运费、协议运费、集装箱运费等。

附加运费有：燃油附加费、货币贬值附加费、港口附加费、港口拥挤附加费、转船附加费、超长附加费、超重附加费、直航附加费、选港附加费、洗舱附加费、变更卸货港附加费、绕航附加费、旺季附加费、超额责任附加费等。

海上货物运输中，超长、超重的货物都要加收附加费，如果需要转船时，每转船一次则加收一次。如果运输的货物既超长又超重，则按其中收费高的一项收取附加费。

（2）计费标准。

①"W"表示该种货物按其毛重计算运费。

②"M"表示该种货物按其尺码或体积计算运费。

③ "W/M" 表示该种货物按其毛重和体积计算运费，并选择其中运费较高者。

④ "Ad. Val" 表示该种货物按其 FOB 价格的某一百分比计费，即从价运费。

⑤ "Ad. Val or W/M" 表示该种货物分别按其 FOB 价格的某一百分比和毛重、体积计费，并选择其中运费最高者。

⑥ "W/M plus Ad. Val" 表示该种货物除分别按其毛重和体积计费，并选择其中运费较高者外，还要加收按货物 FOB 价的某一百分比计算的运费。

运费吨有重量吨和尺码吨。对于重量吨，某些欧洲国家采用长吨计费。

（3）运费计算基础。

①整箱装（FCL）。以集装箱为运费的单位，集装箱有 20 英尺集装箱与 40 英尺集装箱两种，其中 1TNE = 1000KGS（1TNE 表示 1 吨）。

②拼箱装（LCL）。由船公司以能收取较高运价为准，运价表上常注记 W/M，表示船公司将就货品的重量吨或体积吨二者中择其运费较高者计算。

拼箱装时计算运费的单位分为两种。

a. 重量吨（Weight Ton）。

按货物总毛重计算时，以 1 吨（1 吨 = 1000 千克）为 1 个运费吨。

b. 体积吨（Measurement Ton）。

按货物总毛体积计算时，以 1 立方米（1 Cubic Meter，简称 1MTQ、1CBM 或 1CUM）为一个运费吨。

（4）运费分类计算方法。

①整箱装。

$$总运费 = 基本运费 + 港口附加费 + 燃油附加费$$

②拼箱装。

拼箱装时，运算计算分按体积与重量计算两种方式。

a. 按体积计算，X_1 = 单位基本运费 × 总毛体积。

b. 按重量计算，X_2 = 单位基本运费 × 总毛重。

结果取 X_1、X_2 中较大的一个。

（5）运价、运费与运价本。

运价：是指承运单位承运货物而付出的运输劳动的价格。运价指数是反映运价水平变动趋势的相对数量指标。常用的编制运价指数的方法有拉氏指数法和帕氏指数法。

运费：是承运人根据运输契约完成货物运输后从托运人处收取的报酬。

运价本：也称费率本或运价表，是船公司承运货物向托运人据以收取运费的费率表的汇总。运价本主要由条款与规定、商品分类和费率三部分组成。

（6）装箱班轮运费计算。

基本运费的计算方法如下。

①根据具体的航线按货物的等级和不同的计费标准来计算基本运费。

②对具体航线按货物等级及箱型、尺寸的包箱费率来计算基本运费。

③不考虑货物种类和级别仅按箱型、尺寸的包箱费率来计算基本运费。

实务中，常将基本运费和附加费合并在一起，以包干费的形式计收运费。此时的运价也称为包干费率，又称"全包价"（A. I. R）。

2. 公路运输运费计算

（1）货物运输计价标准。

①计费重量。

a. 计量单位。整批货物运输以吨为单位；零担货物运输以千克为单位；集装箱运输以箱为单位。

b. 重量确定。一般货物，按毛重计算；整批货物，吨以下计至100千克，尾数不足100千克的，四舍五入；零担货物起码计费重量为1千克，重量在1千克以上，尾数不足1千克的，四舍五入；零担运输轻泡货物以货物包装最长、最宽、最高部位尺寸计算体积，按每立方米折合333千克计算重量。

c. 包车运输按车辆的标记吨位计算。

d. 散装货物按体积由各省、自治区、直辖市统一规定重量换算标准计算重量。

②计费里程。货物运输计费里程以公里为单位，尾数不足1公里的，进整为1公里。

③包车货运计费时间。包车货运计费时间以小时为单位。起码计费时间为4小时；使用时间超过4小时的，按实际包用时间计算。整日包车，每日按8小时计算；使用时间超过8小时的，按实际使用时间计算。时间尾数不足半小时舍去，达到半小时进整为1小时。

④运价单位。

a. 整批运输：元/吨公里。

b. 零担运输：元/千克公里。

c. 集装箱运输：元/箱公里。

d. 包车运输：元/（吨位·小时）。

（2）货物运价价目。

①基本运价。

a. 整批货物基本运价：指整批普通货物在等级公路上运输的每吨公里运价。

b. 零担货物基本运价：指零担普通货物在等级公路上运输的每千克公里运价。

c. 集装箱基本运价：指各类标准集装箱重箱在等级公路上运输的每箱公里运价。

②吨（箱）次费。

a. 吨次费：对整批货物运输，在计算运费的同时，按货物重量加收吨次费。

b. 箱次费：对汽车集装箱运输，在计算运费的同时，加收箱次费。箱次费按不同箱型分别确定。

③普通货物运价。普通货物实行等级计价，以一等货物为基础，二等货物加成15%，三等货物加成30%。

④特种货物运价。

a. 长大笨重货物运价：一级长大笨重货物在整批货物基本运价的基础上加成40%～60%；二级长大笨重货物在整批货物基本运价的基础上加成60%～80%。

b. 危险货物运价：一级危险货物在整批（零担）货物基本运价的基础上加成60%～80%；二级危险货物在整批（零担）货物基本运价的基础上加成40%～60%。

c. 贵重、鲜活货物运价：贵重、鲜活货物在整批（零担）货物基本运价的基础上加成40%～60%。

⑤特种车辆运价。特种车辆运价按车辆的不同用途，在基本运价的基础上加成计算。

特种车辆运价和特种货物运价两个价目不准同时加成使用。

⑥非等级公路货运运价。非等级公路货物运价在整批（零担）货物基本运价的基础上加成 10%～20%。

⑦快速货运运价。快速货物运价按计价类别在相应运价的基础上加成计算。

⑧集装箱运价。

a. 标准集装箱运价。标准集装箱重箱运价按照不同规格的箱型的基本运价执行，标准集装箱空箱运价在标准集装箱重箱运价的基础上减成计算。

b. 非标准集装箱运价。非标准集装箱重箱运价按照不同规格的箱型，在标准集装箱基本运价的基础上加成计算，非标准集装箱空箱运价在非标准集装箱重箱运价的基础上减成计算。

c. 特种集装箱运价。特种集装箱运价按箱型在基本运价的基础上按装载不同特种货物的加成幅度加成计算。

（3）货物运输其他收费。

①调车费。应托运人要求，车辆调往外省、自治区、直辖市或调离驻地临时外出驻点参加营运，调车往返空驶者，可按全程往返空驶里程、车辆标记吨位和调出省基本运价的 50% 计收调车费。

②延滞费。

a. 发生下列情况，应按计时运价的 40% 核收延滞费。

因托运人或收货人责任引起的超过装卸时间定额。

应托运人要求运输特种或专项货物需要对车辆设备改装、拆卸和清理延误的时间。

因托运人或收货人造成不能及时装箱、卸箱、掏箱、拆箱、冷藏箱预冷等。

b. 由托运人或收、发货人责任造成的车辆在国外停留延滞，延滞费按计时包车运价的 60%～80% 核收。

c. 因承运人责任引起货物运输期限延误，应根据合同规定，按延滞费标准，由承运人向托运人支付违约金。

③装货（箱）落空损失费。应托运人要求，车辆开至约定地点装货（箱）落空造成的往返空驶里程，按其运价的 50% 计收装货（箱）落空损失费。

④道路阻塞停运费。汽车货物运输过程中，如发生自然灾害等不可抗力造成的道路阻滞，无法完成全程运输，需要就近卸存、接运时，卸存、接运费用由托运人负担。已完运程收取运费；未完远程不收运费；托运人要求回运的，回程运费减半；应托运人要求绕道行驶或改变到达地点时，运费按实际行驶里程核收。

⑤车辆处置费。应托运人要求，运输特种货物、非标准集装箱等需要对车辆改装、拆卸和清理所发生的工料费用，均由托运人负担。

⑥车辆通行费。车辆通过收费公路、渡口、桥梁、隧道等发生的费用，均由托运人负担。

⑦运输变更手续费。托运人要求取消或变更货物托运手续，应核收变更手续费。因变更运输，承运人已发生的有关费用应由托运人负担。

（4）货物运费计算。

①整批货物运费计算。

整批货物运费 = 吨次费 × 计费重量 + 整批货物运价 × 计费重量 × 计费里程 + 货物运输其他费用

②零担货物运费计算。

零担货物运费 = 零担货物运价 × 计费重量 × 计费里程 + 货物运输其他费用

③集装箱运费计算。

重（空）集装箱运费 = 重（空）集装箱运价 × 计费箱数 × 计费里程
+ 箱次费 × 计费箱数 + 货物运输其他费用

④计时包车运费计算。

计时包车运费 = 包车运价 × 包用车辆吨位 × 计费时间 + 货物运输其他费用

例1 某货主托运一批瓷砖，重4538千克，承运人公布的一级普货费率为1.2元/吨公里，吨次费为16元/吨，该批货物运输距离为36公里，瓷砖为普货三级，计价加成30%，途中通行收费为35元，货主应支付运费多少？

解 瓷砖重4538千克，超过3吨按整车办理，计费重量为4.5吨。

瓷砖为三级普货，计价加成30%。

运价 = 1.2 × （1 + 30%） = 1.56（元/吨公里）

运费 = 16 × 4.5 + 1.56 × 4.5 × 36 + 35 = 359.72 ≈ 360（元）

3. 铁路运输运费计算

铁路运输运费的计算依据的基本规章是《铁路货物运价规则》及其附件。它规定了计算货物运输费用的基本条件，各种货物运输使用的运价号、运价率，各种杂费的核收办法、费率及运价里程的计算方法等。全国营业铁路的货物运输，除军运、水陆联运、国际铁路联运过境运输及未与铁路网办理直通的临时营业铁路运输等另有规定者外，都按本规则计算货物运输费用。

计算货物运输费用的一般程序如下。

①按《货物运价里程表》算出发站至到站间的运价里程。

②根据货物运单上填写的货物名称，查找《铁路货物运输品名分类与代码表》和《铁路货物运输品名检查表》，确定适用的运价号。如规定特定运价时，按特定运价办理。

③整车和零担货物根据货物运价号，集装箱货物根据箱型，冷藏车货物根据车种，在铁路货物运价率表中查出适用的基价1和基价2。

④按《铁路货物运价规则》确定计费重量（集装箱为箱数）。

⑤货物适用的基价1与计费重量（集装箱为箱数）相乘，计算出发到运费；基价2与货物的运价里程相乘之积再与计费重量（集装箱为箱数）相乘，计算出运行运费。

⑥按《铁路货物运价规则》的规定计算杂费。

货物运费、杂费加总之和即为货物运输费用。

例2 一批（500吨）土豆需要从内蒙古自治区呼和浩特市运往北京市，试计算这一批货物的铁路运输运费。

解 运费计算办法：

整车货物每吨运价 = 基价1 + 基价2 × 运价公里

零担货物每10千克运价 = 基价1 + 基价2 × 运价公里

集装箱货物每箱运价 = 基价1 + 基价2 × 运价公里

第一步：经查《货物运价里程表》（略），内蒙古自治区呼和浩特市到北京市的里程为667公里。

第二步：经查常用铁路运输货物整车运价号码（见表2-3-4），土豆的运价号为2，查铁路运输货物运价计算表（见表2-3-5），对应的整车发到基价（基价1）为7.9元/吨，运行基价（基价2）为0.0651元/吨公里。

第三步：由于整车货物每吨运价＝基价1＋基价2×运价里程。

所以，此次运输的运价为7.9＋0.0651×667＝51.3217（元/吨）。

第四步：整车货物运输时，按货物实际重量计费，故本批货物的计算重量为500吨，运费为（7.9＋0.0651×667）×500＝25660.85≈25661（元）。

表2-3-4　常用铁路运输货物整车运价号码

货物品名	运价号	货物品名	运价号
洗精煤	5	水泥	5
粮食	2	食用盐	1
渣油	7	汽柴油	7
铝锭	5	硅铁	5
石灰氮	7	木材	5
机械设备	8	白糖	6
卷烟	6	烟叶	4
土豆	2	石膏	2

表2-3-5　铁路运输货物运价计算表

办理类别	运价号	基价1		基价2	
		单位	标准	单位	标准
整车	1	元/吨	7.4	元/吨公里	0.0565
	2	元/吨	7.9	元/吨公里	0.0651
	3	元/吨	10.5	元/吨公里	0.07
	4	元/吨	13.8	元/吨公里	0.0753
	5	元/吨	15.4	元/吨公里	0.0849
	6	元/吨	22.2	元/吨公里	0.1146
	7	元/吨		元/吨公里	0.4025
	8	元/吨		元/吨公里	
	9	元/吨		元/吨公里	
	加冰冷藏车	元/吨		元/吨公里	
	机械冷藏车	元/吨	16.7	元/吨公里	0.1134

办理类别	运价号	基价1		基价2	
		单位	标准	单位	标准
零担	21	元/10千克	0.168	元/10千克公里	0.00086
	22	元/10千克	0.235	元/10千克公里	0.0012
	23	元/10千克		元/10千克公里	
	24	元/10千克		元/10千克公里	
集装箱	1吨箱	元/箱		元/箱公里	
	5.6吨箱	元/箱		元/箱公里	
	10吨箱	元/箱		元/箱公里	
	20英尺箱	元/箱	387.5	元/箱公里	1.7325
	40英尺箱	元/箱	527	元/箱公里	2.3562

4. 航空运输运费计算

（1）运费。

①航空运费。航空运费是指航空公司将一票货物自始发地机场运至目的地机场所应收取的航空运输费用。该费用根据每票货物所适用的运价和货物的计费重量计算而得。

一票货物是指使用同一份航空货运单的货物。

②其他费用。其他费用是指由承运人、代理人或其他部门收取的与航空运输有关的费用。

（2）计费重量。计费重量是指用以计算货物航空运费的重量。

货物的计费重量，或者是货物的实际毛重，或者是货物的体积重量，或者是较高重量分界点的重量。

①实际毛重。实际毛重是包括货物包装在内的货物重量。

②体积重量。体积重量的计算，按IATA（国际航空运输协会）的标准：以最长、最宽、最高的三边的厘米长度计算体积，6000立方厘米的货物的体积重量为1千克，小数部分四舍五入。

$$6000cm^3 \longrightarrow 1kg$$

$$1m^3 \longrightarrow 167kg$$

③计费重量。

一般货物的实际毛重与体积重量两者取高者；但当货物按较高重量分界点的较低运价计算的航空运费较低时，则以较高重量分界点的货物起始重量作为货物的计费重量。

国际航空运输协会规定，国际货物的计费重量以0.5千克为最小单位。重量尾数不足0.5千克的，按0.5千克计算；重量尾数为0.5千克以上不足1千克的，按1千克计算。

例如：

$$103.001kg \quad \rightarrow \quad 103.5kg$$

$$103.501kg \quad \rightarrow \quad 104.0kg$$

（3）最低运费。最低运费（Minimum Charge）也叫起码运费，是指一票货物自始发地机场至目的地机场航空运费的最低限额，是航空公司办理一票货物所能接受的最低运费。

不同地区有不同的起码运费。

（4）货物航空运价、运费的货币进整。对于以"0.1""0.01""1""10"等为进位单位的货币，其货币进位就是我们常说四舍五入。

（5）国内航线货物运价结构如下。

①普通货物运价。

a. 基础运价（代号 N）。中国民用航空局统一规定各航段货物基础运价，基础运价为45 千克以下普通货物运价，金额以元为单位。

b. 重量分界点运价（代号 Q）。国内航线货物运输建立 45 千克以上、100 千克以上、300 千克以上 3 级重量分界点及运价。

②等级货物运价（代号 S）。急件、生物制品、珍贵植物和植物制品、活体动物、骨灰、灵柩、鲜活易腐物品、贵重物品、枪械、弹药、押运货物等特种货物实行等级货物运价，按照基础运价的 150% 计收。

③指定商品运价（代号 C）。对于一些批量大、季节性强、单位价值低的货物，航空公司可申请建立指定商品运价。

指定商品运价是指适用于自规定的始发地至规定的目的地运输特定品名货物的运价。

通常情况下，指定商品运价低于相应的普通货物运价。就其性质而言，该运价是一种优惠性质的运价。鉴于此，指定商品运价在使用时，对货物的起讫地点、运价使用期限、货物运价的最低重量等均有特定的条件。

指定商品运费计算步骤如下。

a. 先查询运价表，如有指定商品代号，则考虑使用指定商品运价。

b. 查找品名表，找出与运输品名相对应的指定商品代号。

c. 如果货物的计费重量超过指定商品运价的最低重量，则优先使用指定商品运价。

d. 如果货物的计费重量没有达到指定商品运价的最低重量，则需要计算并比较。

④最低运费（代号 M）。每票国内航空货物最低运费为人民币 30 元。

⑤集装货物运价。以集装箱、集装板作为一个运输单元运输货物时，航空公司可申请建立集装货物运价。

⑥国内航空邮件运费。普通邮件运费按照普通货物基础运价计收；特快专递邮件运费按照普通货物基础运价的 150% 计收。

用货物的计费重量和其适用的普通货物运价计算而得的航空运费不得低于运价资料上公布的航空运费的最低收费标准（M）。

这里，代号"N""Q""M"在航空货运单中，主要用于填制运费计算栏中"RATE CLASS"一栏。

（6）运价使用规则。

①直达货物运价优先于分段相加组成的运价。

②指定商品运价优先于等级货物运价和普通货物运价。

③等级货物运价优先于普通货物运价。

（7）计费规则。

①货物运费以"元"为单位，1 元以下四舍五入。

②最低运费，按重量计得的运费与最低运费相比取其高者。

③按实际重量计得的运费与按较高重量分界点运价计得的运费比较取其低者。

④分段相加组成运价时，不考虑实际运输路线，不同运价组成点组成的运价相比取其低者。

（8）有关运价的其他规定。各种不同的航空运价和费用都有下列共同点。

①运价是指从一个机场到另一个机场的运费，而且只适用于单一方向。

②不包括其他额外费用，如提货、报关、交接和仓储等产生的费用。

③运价通常使用当地货币公布。

④一般以千克或磅为计算单位。

⑤航空运单中的运价以出具运单之日的运价为准。

例3 普通货物运价及计算。

Routing：Shanghai，CHINA（SHA）to Tokyo，JAPAN（TYO）。

Commodity：Sample。

Gross Weight：25.2kg。

Dimensions：82cm×48cm×32cm。

计算该票货物的运费。

运价表如表2－3－6所示。

表2－3－6 运价表

SHANGHAI	CN		SHA
Y. RENMINBI	CNY		KG
TOKYO	JP	M	230.00
		N	37.51
		45	28.13

解 体积：82cm×48cm×32 cm＝125952cm^3。

体积重量：125952cm^3÷6000cm^3/kg＝20.992kg≈21.0kg。

毛重：25.2kg。

计费重量：25.5kg。

适用运价：37.51 元/kg。

运费：25.5×37.51≈956.51（元）。

（二）运输保险费的计算

1. 投保

我国出口货物一般采取逐笔投保的办法。按 FOB 或 CFR 术语成交的出口货物，卖方无办理保险的义务，但卖方在履行交货之前，货物自仓库到装船这一段时间内，仍承担货物可能遭受意外损失的风险，需要自行安排这段时间内的保险事宜。按 CIF 或 CIP 等术语成交的出口货物，卖方负有办理保险的责任，一般应在货物从装运仓库运往码头或车站之前办妥投保手续。我国进口货物大多采用预约保险的办法，各专业进出口公司或其收货代理人同保险公司事先签有预约保险合同（Open Cover）。签订合同后，保险公司负有自动承保的责任。

2. 保险金额的确定和保险费的计算

（1）保险金额（Insured Amount）。按照国际保险市场的习惯做法，出口货物的保险金额一般按 CIF 货值的 110% 计算，这增加的 10% 为加成率，也就是买方进行这笔交易所付的费用和预期利润。保险金额计算的公式如下。

$$保险金额 = CIF 货值 × （1 + 加成率）$$

（2）保险费（Premium）。投保人按约定方式缴纳保险费是保险合同生效的条件。保险费率（Premium Rate）是由保险公司根据一定时期、不同种类的货物的赔付率，按不同险别和目的地确定的。保险费则根据保险费率表按保险金额计算，其计算公式是：保险费 = 保险金额 × 保险费率。在我国出口业务中，CFR 和 CIF 是两种常用的术语。鉴于保险费是按 CIF 货值为基础的保险金额计算的，两种术语价格应按下述方式换算。

$$由 CIF 价换算成 CFR 价：CFR 价 = CIF 价 × ［1 - 保险费率 × （1 + 加成率）］$$

$$由 CFR 价换算成 CIF 价：CIF 价 = CFR 价 / ［1 - 保险费率 × （1 + 加成率）］$$

在进口业务中，按双方签订的预约保险合同承担，保险金额按进口货物的 CIF 货值计算，不另加减，保险费率按"特约费率表"规定的平均费率计算；如果 FOB 进口货物，则将平均运费率换算为 CFR 货值后再计算保险金额，其计算公式如下。

$$FOB 进口货物：保险金额 = ［FOB 价 × （1 + 平均运费率）］/ （1 - 平均保险费率）$$

$$CFR 进口货物：保险金额 = CFR 价 / （1 - 平均保险费率）$$

任务实施

本任务的第一个子任务采用汇款结算，涉及四个基本当事人，其中，澳大利亚 VORLL 公司是汇款人，澳大利亚西太平洋银行是汇出行，山东风华物流有限公司指定中国银行青岛市分行为汇入行，山东风华物流有限公司是收款人。在实际操作中，澳大利亚 VORLL 公司在委托澳大利亚西太平洋银行汇出款项时，必须填写汇款申请书，澳大利亚西太平洋银行在收取了与汇款金额相当的现金或凭证和相关手续费用之后，即根据汇款申请书上的委托指示，委托中国银行青岛市分行付款或授权其向收款人解付汇款。

采用票汇方式进行结算，其基本操作步骤如下。

（1）澳大利亚 VORLL 公司与山东风华物流有限公司签订了电子产品买卖合同。

（2）澳大利亚 VORLL 公司到澳大利亚西太平洋银行填写票汇申请书，并提交款项和支付相应的手续费。

（3）澳大利亚西太平洋银行应澳大利亚 VORLL 公司的申请，开立以汇入行为付款人的银行即期汇票。

（4）澳大利亚西太平洋银行开立汇票后，将汇款通知书（票根）寄给中国银行青岛市分行。

（5）澳大利亚 VORLL 公司拿到汇票后，自行寄给收款人。

（6）山东风华物流有限公司持汇票向中国银行青岛市分行提示，要求付款。

（7）中国银行青岛市分行核验汇票与票根无误后，解付票款给山东风华物流有限公司。

（8）中国银行青岛市分行向澳大利亚西太平洋银行发送付讫通知书，表明货款已按委托要求支付给收款人。

本任务的第二个子任务采用远期付款交单的方式进行结算。

其基本操作步骤如下。

（1）山东风华物流有限公司发货。

（2）山东风华物流有限公司填写托收申请书，开立远期汇票，连同货运单据交中国银行青岛市分行，委托其代收货款。

（3）中国银行青岛市分行根据托收申请书缮制托收指示书，连同跟单汇票交澳大利亚西太平洋银行委托代收。

（4）澳大利亚西太平洋银行按托收指示向澳大利亚 VORLL 公司提示跟单汇票要求承兑。

（5）澳大利亚 VORLL 公司承兑汇票。

（6）到期日澳大利亚西太平洋银行提示汇票要求付款。

（7）澳大利亚 VORLL 公司付款。

（8）澳大利亚西太平洋银行交单。

（9）澳大利亚 VORLL 公司提货。

（10）澳大利亚西太平洋银行办理转账手续，并通知中国银行青岛市分行款已收妥。

（11）中国银行青岛市分行向山东风华物流有限公司交款。

本任务的第三个子任务采用不可撤销保兑即期信用证的方式进行结算。

其基本操作步骤如下。

（1）出口商（山东风华物流有限公司）和进口商（澳大利亚 VORLL 公司）签订电子产品贸易合同。

（2）进口商澳大利亚 VORLL 公司向开户银行（澳大利亚西太平洋银行）申请开立不可撤销保兑即期信用证。其基本程序是：澳大利亚 VORLL 公司向澳大利亚西太平洋银行提供合同样本及附件→向澳大利亚西太平洋银行申请并填写开证申请书→向澳大利亚西太平洋银行提供一定比例的押金或担保→向澳大利亚西太平洋银行提交开证的相应手续费用。

（3）澳大利亚 VORLL 公司开户银行澳大利亚西太平洋银行审核后接受申请，开出信用证并指示出口方银行通知受益人。

（4）出口方银行（中国银行青岛市分行）向受益人（山东风华物流有限公司）通知信用证。中国银行青岛市分行收到国外来证，通过核对印鉴或密押证实其真实性；随后将信用证通知受益人，并就条款中的潜在风险作出提示。

（5）出口商（山东风华物流有限公司）审证无异议后按信用证规定发货。

（6）受益人（山东风华物流有限公司）按信用证条款备货装运后向出口方银行（中国银行青岛市分行）提交出口单据，申请押汇。

（7）出口方银行（中国银行青岛市分行）审核单据无误后，扣除利息和手续费用，贴现垫支款项。

（8）出口方银行（中国银行青岛市分行）向澳大利亚西太平洋银行寄单索偿。

（9）澳大利亚西太平洋银行审证一致后向中国银行青岛市分行付款。

（10）澳大利亚西太平洋银行通知进口商付款赎单，澳大利亚 VORLL 公司付款赎单。

（11）开证行（澳大利亚西太平洋银行）放单，澳大利亚 VORLL 公司凭单据提货。

归纳总结

本任务的归纳总结如图 2 – 3 – 18 所示。

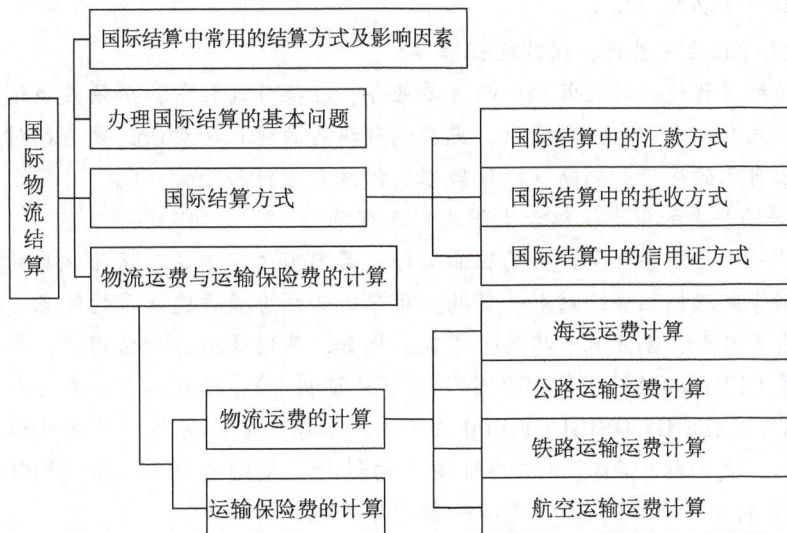

图 2 – 3 – 18　国际物流结算归纳总结

小技巧

信用证结算审单准则

1. 按照《跟单信用证统一惯例》（以下简称《统一惯例》）的规定审单

《统一惯例》是确保在世界范围内将信用证作为可靠支付手段的准则，已被大多数的国家与地区接受和使用。《统一惯例》所体现出来的国际标准银行惯例是各国银行处理结算业务必须遵循的基本准则。我们必须按照《统一惯例》的要求，合理谨慎地审核信用证要求的所有单据，以确定其表面上是否与信用证条款相符。

2. 按照信用证所规定的条件、条款审单

信用证是根据买卖双方的贸易合同而开立的，它一旦为各有关当事人所接受，即成为各有关当事人必须遵循的契约性文件。在信用证结算业务中，各有关当事人必须受其约束，按照信用证所规定的条款，逐条对照，以确定单据是否满足信用证的要求。当信用证的规定与《统一惯例》有抵触时，则应遵循信用证优先于《统一惯例》的原则，按照信用证的要求审核单据。这其中又包括表面一致性和内容相符性两条原则。

（1）遵循表面一致性原则。受益人提交的单据名称及其内容等表面上必须与信用证规定完全一致。例如，某信用证将货物描述为 ATTACHES SANITAIRE（卫生洁具附件），而受益人具体的货为 EXPANSION BOLT（膨胀螺栓），有关单据中货物描述仍必须与信用证的规定相一致。有的单据因某种特殊作用（如清关报税等）需显示具体货名时，我们仍必须将信用证所规定的 ATTACHES SANITAIRE 显示在其上，而在其后加注具体货名 EXPAN-SION BOLT。

（2）遵循内容相符性原则。我们在审单时应注意避免照搬、照抄信用证的原话，只要内容相符即可。例如，信用证的有关人称指向、时态、语态等，转到单据上时，应作相应的调整，以避免不必要的误会。

3. 按照银行的经营思想、操作规程审单

国际贸易结算作为银行经营的一项重要业务，在操作过程中，必须按照银行的有关操作规程行事。尤其是在向客户融资时，更应明确银行的观点和看法，更有权对单据有关条目的处理作出自己的选择和判断，以体现银行的经营方针和经营作风。

4. 按照普遍联系的观点，结合上下文内容审单

信用证是一个与商务合同分离的独立文件，其内容是完整的、互为联系的。其中要求的条件、单据等是相辅相成、前后一贯的。审单时必须遵循普遍联系的观点，结合上下文内容进行，避免片面、孤立地看待某一条款。例如，某国开出一份信用证，要求提交的单据中有一项是 CERTIFICATE OF ORIGIN（原产地证明书），而在后文中又要求受益人将副本 GSP CERTIFICATE OF ORIGIN FORM A（普惠制原产地证明书）寄交开证申请人。结合上下文内容，我们就能判断出信用证要求向银行提交的是副本 GSP CERTIFICATE OF ORIGIN（普惠制原产地证明书），而非一般的原产地证明书。

5. 按照合情、合理、合法的原则审单

所谓合情、合理、合法是指审单员应根据自己所掌握的国际贸易结算知识，对各种单据的完整性和准确性，作出合乎情理的判断。例如，普惠制原产地证明书是施惠国赋予受惠国出口货物减免的一种优惠凭证，其"收货人"一栏，应填写最终买主。

思考与训练

一、简答题

1. 简述信用证的含义及特点。
2. 简述信用证的种类。
3. 简述信用证的主要当事人。
4. 简述信用证操作的基本流程。

二、技能训练题

资料：辽宁大连某外贸公司曾收到一份由喀麦隆客商申请开出的信用证，总金额为30万美元。当地中国银行审核后，发觉该证金额、受益人名称有涂改的痕迹，银行提醒该外贸公司注意，并立即向开证行查询，最后查明此信用证被客商涂改，事实上，这是一份已经失效的旧信用证。

任务：根据以上案例分析，在使用信用证结算的进出口贸易中应该如何防范信用证诈骗？

评分标准：教材中介绍了信用证结算中的诈骗行为表现为五个方面，每正确说出一方面得20分。

参考文献

［1］杨静．国际商务单证实训教程［M］．北京：对外经济贸易大学出版社，2018.

［2］广银芳．进出口单证实训教程［M］.3 版．南京：东南大学出版社，2020.

［3］中国国际贸易学会商务专业培训考试办公室．外贸跟单理论与实务：2015 年版［M］.北京：中国商务出版社，2015.

［4］中华人民共和国中央人民政府．中华人民共和国民法典［A/OL］.（2020 - 06 - 01）［2023 - 02 - 01］.http：//www. gov. cn/xinwen/2020 - 06/01/content_ 5516649. htm.

［5］肖旭．国际货运代理［M］.3 版．北京：高等教育出版社，2019.

［6］曹军，陈兴霞．仓储与配送管理［M］.北京：中国物资出版社，2010.

［7］戴正翔．国际物流单证实训教程［M］.北京：清华大学出版社，北京交通大学出版社，2009.

［8］中华人民共和国中央人民政府．中华人民共和国票据法［A/OL］.（2005 - 07 - 11）［2023 - 02 - 01］.http：//www. gov. cn/banshi/2005 - 07/11/content_ 13699. htm.

［9］中华人民共和国海关总署．海关总署公告 2019 年第 18 号（关于修订《中华人民共和国海关进出口货物报关单填制规范》的公告）［A/OL］.（2019 - 01 - 22）［2023 - 02 - 01］. http：//www. customs. gov. cn/customs/302249/302266/302267/2281037/index. html.

［10］中华人民共和国商务部．商务部 海关总署关于公布《进口许可证管理货物目录（2022 年）》的公告：商务部公告 2021 年第 49 号［A/OL］.（2021 - 12 - 31）［2023 - 02 - 01］. http：//wms. mofcom. gov. cn/article/zcfb/g/202112/20211203233738. shtml.

［11］中华人民共和国商务部．商务部 海关总署关于公布《出口许可证管理货物目录（2022 年）》的公告：2021 年第 50 号［A/OL］.（2021 - 12 - 31）［2023 - 02 - 01］. http：//www. mofcom. gov. cn/article/zwgk/gkzcfb/202112/20211203233746. shtml.

附录 英文术语

A

Acceptance Credit　承兑信用证

Acceptance　接受，承兑

Additional Declaration　附加声明

Adverse Exchange　逆汇

Advising/Notifying Bank　通知行

Advice of Collection　托收通知

Agency　代理

Air Waybill　航空运单

All Risks（AR）　一切险

Allowance　折扣

Anticipatory Credit　预支信用证

Applicant/Opener　开证申请人

Application for Banker's Draft　银行汇票申请书

B

Back to Back Credit　背对背信用证

Bank Credit　银行信用

Banker's Acceptance Bill　银行承兑汇票

Banker's Draft　银行汇票

Banker's Letter of Guarantee　银行保函

Banker's Promissory Note　银行本票

Basic Charges　基本费

Bearer　持票人

Beneficiary　受益人

Bill of Exchange/Draft　汇票

Bill of Lading（B/L）　海运提单

Bill Purchased　出口押汇

Blank B/L　不记名提单

Blank Endorsement　空白背书

Bunker Surcharge　燃油附加费

C

Cable　电报

Canada Customs Invoice　加拿大海关发票

Capacity　容积

Carriage and Insurance Paid to（CIP）　运费、保险费付至

Carriage Paid to（CPT）　运费付至

Carrier　承运人

Case　箱

Cash on Delivery　交货后付款

Certificate of Origin（C/O）　原产地证明书

Certificate of Origin of the People's Republic of China　中华人民共和国原产地证明书

Check　支票

Chinese Description　产品名称

Claim　索赔

Clean B/L　清洁提单

Clean Bill　光票

Clean Collection　光票托收

Collecting Bank　代收行

Collection Order　托收委托书

Collection Payment Advice　托收支付通知书

Combined Transport B/L　联合运输提单

Commercial Acceptance Bill　商业承兑汇票

Commercial Credit　商业信用

Commercial Documents　商业单据

Commercial Draft　商业汇票

Commercial Invoice　商业发票

Commission　佣金

Commitment Fee　承诺费

Compensation Trade　补偿贸易

Conditions　承保险别

Confirmed Credit　保兑信用证

Confirming Bank　保兑行

Consignee　收货人

Consignor　发货人

Consular Invoice　领事发票

Container B/L　集装箱提单

Container　集装箱

Copy　副本

Correspondent Banks　代理银行

Cost and Freight　成本加运费

Cost，Insurance and Freight（CIF）　成本、保险费和运费

Cover Method　头寸付款

Credit Advice　贷记通知书

Crossed Check　划线支票

Currency　货币

Customer Can Not Pay P&G　客户不能付款

Customer Code　客户代码

Customer's Name　客户全称

Customs Invoice　海关发票

D

Dangerous Cargo Mark　危险品标志

Days of Grace　宽限期

Debit Advice　付讫借记通知

Debtor　债权人

Deferred Payment Credit　延期付款信用证

Delivered EX Ship（DES）　目的港船上交货

Delivery Order　提货单

Delivery　交货

Demand Draft；Remittance by Banker's Demand Draft（D/D）　票汇

Demonstrative Order　指示式抬头

Depreciate　贬值

Description of Goods　商品名称及货物描述

Direct B/L　直达提单

Discount Rate　贴现率

Discount　贴现、折扣

Discrepancy　不符之处

Dishonor　拒付

Documentary Bill　跟单汇票

Documentary Collection　跟单托收

Documentary Credit Application　跟单信用证申请书

Documentary L/C　跟单信用证

Documents Against Acceptance（D/A）　承兑交单

Documents Against Payment（D/P）　付款交单

Dozen　打

Drawee　受票人

Drawer　出票人

Drawn Clause　出票条款

Duplicate　一式两份

E

Endorsement　背书、批单

Entry Inwards　进口报关单

Entry Outwards　出口报关单

Expired/Overage Product　产品超过保质期

Expiry Date　有效期

Export Licence of the People's Republic of China　中华人民共和国出口许可证

Export Licence　出口许可证

Extra Charges　额外费用

Extraneous Risks　外来风险

F

Favorable Exchange　顺汇

Final Destination　目的地，最终目的港

Force Majeure　不可抗力

Foreign Exchange Rates　外汇汇率

Foul B/L　不清洁提单

Free from Particular Average（FPA）　平安险

Free on Board（FOB）　船上交货

Freight and Charges　运费和其他费用

G

General Addition Risks　一般附加险

General Average　共同海损

Generalized System of Preferences（GSP）　普惠制

Gross Weight　毛重

Guarantee　保证人

H

Hard Currency　硬通货

I

Import Bill Advance　进口押汇

Import Licence　进口许可证

Importer　进口商

Inspection and Acceptance　验收

Inspection before Delivery　交货前检验

Inspection Certificate of Packing　包装检验证书

Inspection Certificate of Quality　品质检验证书

Inspection Certificate of Weight or Quantity　重量或数量检验证书

Inspection Certificate on Damage Cargo　残损检验证书

Inspection Certificate　检验证书

Inspection of Document　单证检查

Inspection　检验

Inspectorate General of Customs　海关稽查总局

Installment　分期付款

Instructions for Bank Transfer　银行转账指示

Insurance Certification　保险凭证

Insurance Policy　保险单

Insurance　保险

Insured Amount　保险金额

Insured　被保险人

Inward Remittance　汇入汇款

Irrevocable Credit　不可撤销信用证

Issue　出票

Issuing/Opening Bank　开证行

Item Code　产品号码

L

Legal Weight　法定重量

Letter of Credit（L/C）　信用证

Letter of Indemnity　保函

Line of Credit　信用额度

Liner　班轮，班机

Liter　升

Loading Certificate　装货证明书

Loading Charge　装船费

Logistics Documents　物流单证

Long Length Additional　超长附加费

Long Ton　长吨

M

Mail Transfer（M/T）　信汇

Marks & Nos.　唛头号

Mate's Receipt（M/R）　大副收据

Means of Conveyance　运输工具

Measurement　尺码

Miscellaneous Clause　其他条款

More or Less Clause　溢短装条款

Multimodal Transport Document（MTD）　多式联运单据

N

Name of Commodity　商品名称

Named Consignee B/L　记名提单

Natural Calamity　自然灾害

Negotiating Bank　议付行

Negotiation Credit　议付信用证

Net Weight　净重

Notary Public　公证人

Notification of Documentary Credit　跟单信用证通知书

Numerical Container List　集装箱装载清单

O

Ocean Vessel　海运船名

On Board B/L　已装船提单

Open B/L　不记名提单

Operative Instruments　有效票据

Order B/L　指示提单

Original Bill of Lading　正本提单

Original　正本

Ounce　盎司
Outward Documentary Bill　出口押汇
Outward Remittance　汇出汇款
Overland Transportation Risks　陆运险

P

Packing　包装
Packing List　装箱单
Packing Specification　装箱说明
Partial Shipments　分批装运
Particular Average　单独海损
Parties　当事人
Payable to Bearer　持票人式抬头
Payee　收款人
Paying Bank Agent　代付行
Paying Bank　付款行
Payment After Arrival of Goods　货到付款
Payment Currency　支付货币
Payment in Advance　预付货款
Payment Order　支付通知书
Piece　件
Place of Origin　原产地
Place of Receipt　收货地点
Port Additional Surcharge　港口附加费
Port of Destination　目的港
Port of Discharge　卸货港
Port of Shipment　装运港
Port of Loading　装货港
Pound　磅
Premium　保费
Premium and Rate　保险费和费率
Prepaid　预付
Presentation　提示
Presenting Bank　提示行
Price　单价
Principal　委托人
Prior Party　前手
Progressive Payment　分期付款
Promissory Note　本票
Purchase Confirmation　购买确认书

Purchase Contract　购买合同

Q

Quadruplicate　一式四份
Quality Certificate　品质检验证书
Quality　质量
Quantity　数量
Quotation　报价

R

Railway Advice　铁路货运通知单
Railway Bill　铁路运单
Railway Consignment Note　铁路托运单
Rate　费率
Received for Shipment B/L　备运提单
Receiving Bank　汇入行
Reciprocal Credit　对开信用证
Recourse　追索
Reimbursement of Remittance Cover　汇款的偿付，拨头寸
Reimbursing Bank　偿付行
Remittance　汇款
Remitter　汇款人
Remittance Advice　汇款通知
Remittance Against Documents　凭单付汇
Remittance Fee　汇费
Remitting Bank　托收行
Restrictive Order　限制式抬头
Results of Inspection　检验结果
Returning Products Report　产品退货报告单
Revocable Credit　可撤销信用证
Revolving Credit　循环信用证

S

Sales Confirmation　销售确认书
Sales Contract　销售合同
Sanitary Inspection Certificate　卫生检验证书
Sea Way Bill　海运单
Settlement of the Payment　货款结算
Shipped on Board　已装船

Shipper　托运人

Shipper's Letter of Instruction　货物托运书

Shipping Advice　装船通知

Shipping Mark　唛头

Shipping Note　托运单

Shipping Order　装货单

Sight Credit　即期信用证

Sight/Demand Bill　即期汇票

Signature　签名

Soft Currency　软通货

Special Addition Risks　特别附加险

Special Endorsement　特别背书

Specifications　规格

Stamp & Signature　有效的签章

Stand – by Letter of Credit　备用信用证

Steamer　轮船

Straight B/L　记名提单

Subsequent Party　后手

Surcharges　附加费

T

Telegraphic Transfer（T/T）　电汇

Tenor　付款期限

Terms of Payment　支付条件

Terms of Shipment　装运条件

Through B/L　联运提单

Time of Delivery　交货期

Time of Shipment　装运期

Time/Usance Bill　远期汇票

To Order B/L　指示提单

Total Loss　全部损失

Trade Mark　商标

Transferable Credit　可转让信用证

Transport Package　运输包装

Transshipment　转船，转运

Transshipment Surcharge　转船附加费

Trust Receipt　信托收据

U

Unclean B/L　不清洁提单

Unit Price　单价

Usance Credit　远期信用证

V

Vendor　卖方

Veterinary Certificate　兽医检验证书

Volume　体积

W

Weight Certificate　重量检验证书

Weight List　重量单

Weight Ton（W/T）　重量吨